U0516288

权威·前沿·原创

皮书系列为
"十二五""十三五"国家重点图书出版规划项目

BLUE BOOK

智 库 成 果 出 版 与 传 播 平 台

天津法治蓝皮书
BLUE BOOK OF RULE OF LAW IN TIANJIN

天津法治发展报告 *No.1*（2021）
ANNUAL REPORT ON RULE OF LAW IN TIANJIN No.1 (2021)

主　　编 / 靳方华
执行主编 / 刘志松
副 主 编 / 王　焱

社会科学文献出版社
SOCIAL SCIENCES ACADEMIC PRESS（CHINA）

图书在版编目（CIP）数据

天津法治发展报告 . No.1，2021 ／ 靳方华主编 . --
北京：社会科学文献出版社，2021.11
（天津法治蓝皮书）
ISBN 978 - 7 - 5201 - 9203 - 3

Ⅰ. ①天… Ⅱ. ①靳… Ⅲ. ①社会主义法治 - 建设 -
研究报告 - 天津 - 2021 Ⅳ. ①D927.21

中国版本图书馆 CIP 数据核字（2021）第 210395 号

天津法治蓝皮书
天津法治发展报告 No.1（2021）

主　　编／靳方华
执行主编／刘志松
副 主 编／王　焱

出 版 人／王利民
组稿编辑／曹长香
责任编辑／郑凤云　单远举
责任印制／王京美

出　　版／社会科学文献出版社（010）59367162
　　　　　地址：北京市北三环中路甲 29 号院华龙大厦　邮编：100029
　　　　　网址：www.ssap.com.cn
发　　行／市场营销中心（010）59367081　59367083
印　　装／天津千鹤文化传播有限公司

规　　格／开 本：787mm × 1092mm　1/16
　　　　　印 张：21.75　字 数：328 千字
版　　次／2021 年 11 月第 1 版　2021 年 11 月第 1 次印刷
书　　号／ISBN 978 - 7 - 5201 - 9203 - 3
定　　价／139.00 元

天津法治蓝皮书
编　委　会

摘　要

　　近年来，天津市坚决贯彻落实以习近平同志为核心的党中央决策部署，以雷霆万钧之力、滴水穿石之功，持续推动习近平法治思想在津沽大地创新实践。坚持党对全面依法治市的领导，坚持以人民为中心，坚持依法治市、依法执政、依法行政共同推进，坚持法治天津、法治政府、法治社会一体建设，从立法、执法、司法、守法、普法各领域全面发力，加快经济、政治、文化、社会和生态文明建设各领域法治化进程，大力营造法治化营商环境。法治天津建设迈上了新台阶，全社会办事依法、遇事找法、解决问题用法、化解矛盾靠法的氛围日益浓厚，以法治防风险、保安全、护稳定、促发展、保民生的成效日益彰显。

　　天津市委依法治市办、天津市法学会、天津社会科学院编撰出版了《天津法治发展报告 No.1（2021）》，作为第一部天津法治蓝皮书，全景展示了法治天津建设的主要成就，生动反映了天津市学习贯彻习近平法治思想和推进科学立法、严格执法、公正司法、全民守法的经验做法、初步成效，对于天津的法治建设意义重大。全书由总报告和各专题板块 22 篇分报告组成。

　　总报告全面系统地总结了 2018 年以来天津贯彻中央全面依法治国的重大决策部署，深入推进法治天津建设的成效与经验，梳理了天津法治建设各方面的大量实践创新，并提出了"十四五"时期促进天津法治发展的重要举措。

　　人大法治工作与立法专题对天津的地方立法历程进行了回顾，总结了近年来天津地方立法取得的突出成果，以及推动地方立法创新形成的一批经验做法，并对未来的天津立法提出了预测分析和具体措施。天津市在京津冀协

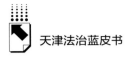

同、生态环境、社会治理等方面，突出地方立法特色，推进治理体系规范化、法治化，取得了较大成效。

法治政府专题对天津市法治政府建设进行了全面分析，从转变政府职能、重点领域行政执法、优化营商环境、强化执法监督等方面系统总结了具体成果，归纳了天津法治政府建设的主要措施和经验做法，提出了"十四五"时期天津法治政府建设的规划设想。在推行"双随机、一公开"监管模式、行政复议改革和综合行政执法改革中，天津市重视制度建设，用制度规范执法行为，用法律保障执法效果，确保改革措施充分落地。

司法体制改革专题总结了天津市以司法责任制为核心的基础性改革，深入推进司法体制综合配套改革，内设机制和工作机制改革、以审判为中心的刑事诉讼制度改革等重点领域取得了丰硕成果。2018 年以来，司法行政系统和公安系统都进行了积极的实践探索和改革创新，积累了丰富的改革经验，对"十四五"时期发展也进行了深入细致的规划部署。

法治社会专题总结了天津市近年来在普法工作、社会治理法治化、法治社区和法治乡村建设、社会矛盾化解、社会治安保障和法治文化弘扬等方面的进展，法治社会建设成效明显。"十四五"时期天津将继续深入完善基层治理法治化，拓展矛盾纠纷多元化解机制的实践广度和深度，完善各类机制建设。

另外，天津还在营商环境法治化、疫情防控、"飞地"治理等方面积累了丰富的实践创新经验。

关键词： 法治发展　法治建设　改革创新

目 录

Ⅰ 总报告

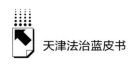
Ⅱ 人大法治工作与立法

Ⅲ 法治政府

IV　司法体制改革

V　法治社会

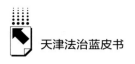
Ⅵ 典型经验与案例

皮书数据库阅读**使用指南**

总 报 告

General Report

B.1

2018～2020年天津市法治建设发展
总体状况与未来五年展望

天津法治发展总报告课题组 *

摘　要： 近年来，天津市深入学习贯彻习近平法治思想，深入推进法
治天津建设。坚持法治保障，全力服务经济持续健康发展。
用法治思维和法治方式谋划发展，从立法、执法、司法、守
法各环节全面发力，努力营造法治化营商环境。坚持维护社
会稳定，全力依法助推社会治理创新。坚持法治为民，全力
依法守护群众高品质生活。坚持依法防控，全力保障打赢疫
情防控总体战。在"十四五"时期天津要健全党领导全面依
法治市的体制机制，全面夯实法治天津建设的政治根基，法

---

　* 执笔人：王焱。课题组成员：王焱，天津社会科学院法学研究所，法学博士，副研究员；刘
志松，天津社会科学院法学研究所所长，研究员。本文系2021年度天津市全面依法治市重大
研究课题"天津法治发展报告"（课题编号：YFZS21—001）阶段性成果。市委依法治市办
提供相关资料。

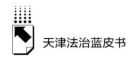

治天津、法治政府、法治社会建设整体推进，推动良法善治，要在优化法治化营商环境、加强高质量立法、深入推进司法体制改革、推进法治政府建设、促进法治社会发展、筑牢法治保障体系等多个领域深化创新实践，力争取得更大成效。

关键词：　法治建设　法治天津　法治政府　营商环境　社会治理

2018年以来，天津市坚持以习近平法治思想为指导，坚决贯彻落实习近平总书记对天津提出的"三个着力"重要要求，全面贯彻党的十九大及历次全会、中央全面依法治国工作会议精神，准确把握"四个全面"战略布局，从坚决做到"两个维护"的政治高度，立足"天津之特、天津之责、天津之为"，全力抓好党中央全面依法治国战略部署充分落地、贯彻实施；统筹推进科学立法、严格执法、公正司法、全民守法，在法治轨道上大力推动城市治理体系和治理能力现代化，取得了丰富的理论成果、制度成果和实践成果，形成了一系列具有天津特色的经验做法。

一　深入学习贯彻习近平法治思想

天津市委、市政府认真贯彻落实中央决策部署，坚定不移地把学习宣传贯彻习近平法治思想作为重大政治任务，强力组织推进，将学习宣传贯彻习近平法治思想情况作为党政主要负责人年终"述法"首要内容，将各区各部门学习宣传贯彻情况作为法治督察、绩效考评的重要内容，着力把习近平法治思想贯彻落实到法治天津建设各方面和全过程。

（一）紧紧抓住领导干部学习教育

市委书记带头履行推进法治建设第一责任人职责，主持召开市委常委会专题学习，先学一步、学深一层，为全市作出表率。各区各部门坚决贯彻落实党中央部署要求，通过召开党委（党组）会议，理论学习中心组集体学习、政府常务会等深入学习，认真研究学习贯彻具体措施。举办了市管干部"学习贯彻习近平法治思想　推进法治天津建设"专题研讨班，对全市48名局级领导干部进行教育培训，邀请了中央依法治国办相关领导来天津授课。举办了全市政法系统领导干部学习贯彻习近平法治思想专题研讨班，市政法系统和市人大常委会法工委、市政协社法委230名领导干部参加了培训。

（二）重点抓好党员干部和法治工作队伍学习教育

全市政法系统举办大讲堂、读书班、研讨班，各区各部门把习近平法治思想作为法律服务者教育培训的必训内容，开展了全战线、全覆盖的培训轮训。各区在第一批政法队伍教育整顿中，把习近平法治思想作为重要学习任务，政法委书记走上讲台为政法干警作专题辅导。全市行政执法机关把习近平法治思想作为新增执法人员任职资格考试内容，普遍举办了习近平法治思想专题讲座，组织开展了2021年"法律明白人"网上学习培训，对全市2万余名"法律明白人""法治带头人"进行专题培训。

将习近平法治思想纳入国家工作人员网上学法用法考试，委托高校及研究机构法学专家编写学习内容，组织全市12万余名国家工作人员进行专章学习。各区各部门普遍开展专家学者授课、法治工作机构讲法、开设内网学习专栏等活动，着力抓好广大党员干部学习教育。在政府各部门编制印发"全面推进依法治国学习资料摘编"。全市法院面向1532名党支部书记开展示范培训班，各级党组织采取读书班、报告会、支部学习等形式把学习宣传贯彻习近平法治思想与党史学习教育紧密结合。

（三）充分发挥新闻媒体宣传报道作用

组织《天津日报》、天津广播电视台、《今晚报》等本市主要媒体，刊播（发）《用法治力量为美好生活护航——以习近平法治思想引领法治天津

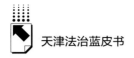
建设》《天津以法治力量推进北方国际航运枢纽建设》等重要报道，多角度多层次开展习近平法治思想宣传报道。用好媒体融合成果，组织津云等新媒体集纳《坚持以习近平法治思想为指导　奋力开创全面依法治国新局面》《习近平法治思想的实践要求》等中央媒体权威稿件，推出原创报道 210 余篇，不断加大对习近平法治思想的网上宣传力度，进一步增强习近平法治思想的覆盖面和渗透力。

（四）深入推动思想解读与理论研究

开展全面依法治市重大课题研究，围绕难点问题设立十大课题，开展调查研究，促使研究成果转化为工作成效。举办"学习贯彻习近平法治思想　推进城市治理体系和治理能力现代化"论坛，邀请专家学者深入解读习近平法治思想，研究讨论"十四五"时期法治天津建设规划。组织开展"百名法学家百场报告会"法治宣讲活动，组织"全国杰出青年法学家"等专家学者采取线上线下相结合模式开展法治宣讲，持续加强解读阐释。

二　坚持党的领导，全力夯实法治建设政治根基

（一）市委领导坚强有力，加强规划落实责任

天津市委高度重视，将全面依法治市摆在突出位置上来抓，坚持把党的领导体现到法治天津建设的全领域和全过程，充分发挥党委总揽全局、协调各方的领导核心作用，确保法治天津建设始终保持正确的政治方向。

天津市十一次党代会将"民主法治"列入"五个现代化天津"目标任务，将依法治市作为现代化大都市建设的重要内容，摆在突出位置上来抓。制定法治建设五年规划，构建党领导全面依法治市大格局。市委书记、市委依法治市委员会主任李鸿忠同志坚持以上率下、带头示范，带头实行《党政主要负责人履行推进法治建设第一责任人职责规定》，审阅《关于党政主要负责人履行推进法治建设第一责任人职责情况列入年终述

职内容工作的意见》，多次主持召开市委常委会会议、市委全面依法治市委员会会议等，出席市委全面依法治市工作会议并讲话，仅对市委依法治市办呈报的文件批示就达86次，听取依法审理中央交办重大专案、推进法治化营商环境建设工作等工作汇报，召开会议部署扫黑除恶、依法防控疫情、市域社会治理等重大工作，研究解决依法整治散乱污企业、违建大棚房、"飞地"等突出问题。市政府主要领导将法治政府建设摆在政府工作全局的重要位置谋划推动，带头加强学法，落实市政府常务会议集体学法制度。研究法治政府建设中的重大议题，市政府常务会议专题听取年度法治政府建设情况报告、专题审议政府年度立法计划、专题听取全市行政执法"三项制度"工作和"典型差案"等情况汇报。市委政法委、市委依法治市办主要领导认真履行推进法治建设职责，先后16次召集依法治市办公室会议，谋划、部署、推动全面依法治市各项重点工作，抓紧抓实抓细各项措施落实以及谋划。谋划将党政主要负责人履行法治建设第一责任人职责作为全面依法治市绩效考评重要指标，强调要以述法工作为抓手，推动法治责任落实。

（二）统筹推动高效有序，完善体制机制解决重点问题

坚持抓统筹、抓重点、抓难点，不断健全完善党领导全面依法治市工作的架构体系。制定出台《市委全面依法治市委员会办公室督办工作办法》《全面依法治市工作报告制度》等文件，进一步健全完善依法治市制度体系。推动各区配齐配强人员力量，统筹推动解决各区委依法治区办内设机构设置不健全的问题。先后对学习宣传贯彻习近平法治思想、依法防控疫情、《民法典》学习宣传实施、食品药品监管执法司法、法治化营商环境建设、党委理论中心组和市政府部门专题学法等进行统一部署。开展行政执法和政法系统"典型差案""示范优案"评查，推进党委及其部门法律顾问全覆盖，构建综合解决执行难工作大格局。重点抓重大行政决策、行政负责人出庭应诉、行政诉讼、执法不担当不作为、行政执法与刑事司法衔接等突出问题，推动各种顽疾有序解决，法治建设取得明显成效。

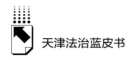
（三）督促落实强力有效，强化考核督办推动机制

全力打造法治督察、全面依法治市考评、述法评议、"典型差案"评查、"示范优案"评选、法治政府示范创建、第三方评估、重点任务督办、法治队伍能力测评、重大事项报告等推动工作的"十大利器"。充分用好统筹协调、督察督办、督促推动、追责问责、奖惩激励等手段，强力推动法治建设工作往深里走、往实里走。运用法治督察利剑，对标中央部署，牵头开展督察，督工作成效、促问题解决。全面依法治市纳入全市绩效考评，实现考评全覆盖、责任全压实。开展述法评议，督促"关键少数"履职尽责。建立年度重点工作任务督办台账，每月跟踪督办 100 多项任务进展情况。全面开展"示范创建"，聘请第三方评估机构把脉问诊，推动法治政府建设水平提升。深化"典型差案"评查、"示范优案"评选，倒逼行政执法责任主体改进工作。对各级法治工作人员专业能力进行考查，建设德才兼备的高素质法治队伍。落实重大事项报告制度，强化各项任务统筹推动，不断提升法治天津建设水平。

三 坚持服务大局，全力依法保障经济社会高质量发展

天津市牢牢抓住创新发展这个关键环节，立法、执法、司法、守法四个环节全面发力，努力营造法治化营商环境，健全社会创新发展的法治保障体系，用法治保障经济社会高质量发展。

（一）加强地方立法保障，积极推进科学立法、高质量立法

在四大直辖市中率先出台《天津市优化营商环境条例》，并先后制定《天津市社会信用条例》《天津国家自主创新示范区条例》等多部地方性法规，有效保障和促进各类市场主体平等发展。出台《天津市营商环境建设评价实施方案》，构建营商环境建设的评价指标体系，将"法治良好"作为营商环境建设的重要指标，努力推动法治成为天津城市发展的核心竞争力。

市委全面依法治市委员会出台《加强全市法治化营商环境建设 15 条措施》，依法平等保护各类市场主体，加大知识产权保护力度，健全政府守信践诺机制，打造市场化、法治化、国际化营商环境。推动完成首个京津冀实质性立法协同项目《机动车和非道路移动机械排放污染防治条例》，树立区域协同立法样板。与北京、河北加强执法司法协作，保障京津冀协同发展重点领域取得突破。

（二）加强执法司法保障，不断提升司法质效

坚决整治行政执法不作为乱作为，及时纠正执法问题，推广运用非强制性手段，坚决杜绝"执法扰企"现象。市委依法治市办评选"政法机关优化法治化营商环境十大典型案例"，引导执法办案更加注重保护企业合法权益。市委政法委牵头出台《政法机关服务民营企业十条措施》，健全完善司法服务保障举措。全市各级法院加大知识产权、环境资源、涉外海商事等审判力度，对土地、国资、法院生效判决执行等重点领域持续开展专项整治。市司法行政系统在 2020 年组织开展民营企业"法治体检"专项活动，共有 1575 名律师开展服务 2737 件次，受益企业 4849 家，挽回经济损失近 6000 万元。执法单位积极推行市场轻微违法行为免罚清单，运用说服教育、劝导示范、行政指导等非强制手段，严格依法纠错，开展精准普法。依法推进蓝天、碧水、净土"三大保卫战"，以法治保障七里海湿地生态修复。违法"大棚房"全部拆除，2.2 万家"散乱污"企业彻底整治。

（三）加强政务创新保障，提升行政效率和规范化水平

全力推进承诺制标准化智能化便利化行政审批制度改革，大幅减少办事程序，压缩办事期限，市级行政许可事项从 1133 项减少到 228 项，企业开办审批只需 1 天时间。持续推进权责清单事项和公共服务事项网上办理，先后发布网上办事指南 1565 个、四级事项实施清单 31649 个，除特殊事项外，网上可办率达到 100%。落实"放管服"改革要求，持续做好取消事项、减少申请材料、压减办事环节和时限工作，最大限度推动政务服务"就近办"

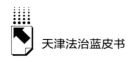
"马上办""零跑动""全市通办"，实现"32 证合一"。持续推进审批标准化建设，规范审批事项名称、设定依据、申请条件、申请材料、审查标准、办理程序和办结时限等 96 个要素，编制 1565 个标准化操作规程，实现同一事项、同一名称、同一依据、同一编码、同一规程。推行跨部门"双随机"联查、行政机关联合惩戒制度等改革措施，首批推出全国版电子营业执照，构建事中事后监管天津模式。

（四）加强法治督察保障，推动难点问题整改解决

市人大常委会组织开展优化营商环境条例专项执法检查，全面排查出五大方面 19 项问题，逐一抓好整改。市委依法治市办牵头组织开展法治化营商环境专项执法检查，先后核查出 82 条问题线索，建立整改清单，实行销号整改。抓好法治服务保障民营企业发展问题协调督办，积极依法协调推动武清区某制药企业脱困，避免破产倒闭。抓好民营企业难点问题挂牌督办，针对督察中发现的个别政府部门不讲诚信、新官不理旧账等问题进行挂牌督办，先后督促解决滨海新区政府部门拖欠税收返款问题、东丽区拖欠企业拆迁补偿款问题，进一步提升政府公信力，依法保护市场主体合法权益。

四 坚持维护社会稳定，全力依法助推社会治理创新

天津市积极适应治理能力现代化的新要求，坚持和发展新时代"枫桥经验"，加强和创新推进依法治理，依靠法治解决社会矛盾和问题，在法治轨道上推进城市治理体系和治理能力现代化。

（一）大力推进风险评估，防范社会稳定风险

坚持法治思维和法治方式防范社会稳定风险，先后制定重大决策社会稳定风险评估办法、防范化解和妥善处置群体性事件措施等多份规范性文件，为社会稳定风险评估提供了制度依据，推进依法维稳、源头维稳、制度保

稳。全市共有2000余项重大建设项目开展社会稳定风险评估工作，涉及旧城改造、小城镇建设、能源、社会事业、国企改革、大型群众性活动等多个领域，坚决把重大问题解决在萌芽状态。

（二）全力化解重大风险，筑牢"政治护城河"

市委办公厅、市政府办公厅印发《天津市党委和政府维护稳定工作领导责任制规定（试行）》，规范实施各级党委、政府特别是党政"一把手"维护稳定工作领导责任制，把坚持党的绝对领导、履行"天津之特、天津之卫"职责、筑牢"政治护城河"的刚性制度落地落实。通过党内规范性文件固化"党委统一领导、党政齐抓共管、主管部门牵头负责、有关部门各尽其职"的维稳工作机制。加强京津冀协同，落实环京"护城河"工作机制，确保不让任何风险隐患流入北京，坚决扛起维护国家政治安全和拱卫首都社会大局稳定的首责首要。2020年和2021年连续两年重要节点全部实现进京非访、群体性事件、重大公共安全事故等"六个零发生"，圆满完成"国庆70周年""建党百年"等一系列重大维稳安保任务。

（三）开展纠纷多元化解，健全矛盾调解体系

市委常委会会议专题研究，市委、市政府"两厅"专门出台意见，建立并实体运行了市级、16个市辖区、257个街乡镇和功能区三级社会矛盾纠纷调处化解中心。实现"一站式联合接待、一揽子调处纠纷、一条龙服务群众"。坚持把非诉讼纠纷解决机制挺在前面，在全市法院积极探索一体化矛盾纠纷调处中心建设。依法多元化解、就地解决矛盾纠纷，共排查化解各类矛盾纠纷15万余件，调处成功率达97%，全市信访总量同比下降36%。

（四）创新社会治理体系，实现精准化、智能化

深化"战区制、主官上、权下放"党建引领基层治理体制机制创新，推进市域社会治理现代化试点全域创建、一体推进，建立网格员"九全"

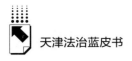

工作机制。发挥网格员在社区直接联系群众、服务群众作用，打通基层治理"最后一米"。推进"互联网＋网格服务管理"，以"津治通一体化社会治理平台"为载体，实现基层治理精准化、智能化。目前"津治通"平台已有6万多名注册用户，累计上报社会治理事件627万起，办结607万起。

（五）破解"飞地"治理难题，填补治理空白

针对行政区划与管辖权不统一、治理空白问题，深入摸排出10个区546处"飞地"，抓住立法先行、行政执法、司法管辖等关键环节，坚持分类推进、依法施治。市委十一届九次全会审议通过《天津市部分行政区域界线变更方案》，2020年4月，市委决定开展"飞地"基层社会治理属地化工作，经过8个月治理，546处"飞地"全部达到了压实属地责任、排除安全隐患、民生保障兜底的治理要求。全市共投入整治资金1.6亿元、拆迁安置资金3.4亿元，排除问题隐患1.1万个、兜底重点扶助人员民生保障20.9万人、拆除违建11.9万平方米。

五　坚持法治为民，全力依法守护群众高品质生活

天津市坚持以人民为中心的发展思想，全面贯彻习近平法治思想的实践要求，着力解决人民群众关心的突出问题，用法治守护人民群众的高品质生活。

（一）努力提升群众生活安全感

深入推进扫黑除恶专项斗争，累计打掉涉黑组织27个、恶势力犯罪集团71个、涉恶犯罪团伙505个，查处涉黑涉恶腐败和"保护伞"以及扫黑除恶工作推动不力案件399件708人。积极推进"无黑"城市创建，基层"无黑"创建率达到99.2%。深入推进"云剑""云端"等专项行动，命案、枪案、绑架案连续6年全部破案，命案连续3年发案数不超过100起。

依法严打民生领域违法犯罪，持续深入开展打击非法集资犯罪专项行动，发案数、投资受损人数、涉案金额均大幅下降。着力强化社会治安防控体系标准化建设，深入实施道路交通安全"六大提升工程"，道路交通死亡事故数下降8.4%，死亡人数同比下降9.68%，人民群众的幸福感、安全感指数明显提升。

（二）努力提高群众司法获得感

持续深化司法为民，积极回应人民群众的教育、就业、医疗、住房等民生诉求。2019～2020年，天津法院系统共审结劳动争议、房地产、医疗纠纷等案件7.15万件。加强"一老一小"权益保障，2019～2020年，共审结婚姻家庭、抚养赡养等案件3.97万件。依法判处并及时发布侵害烈士名誉、遗弃新生婴儿、因不履行赡养义务撤销房屋赠与等案件。坚持把最好最优的服务提供给人民群众，全面升级改造诉讼服务中心，构建"一站式""一次办"诉讼服务平台，让司法红利最大限度地惠及人民群众。市检察院精心办好"检察为民实事"。依法守护食品药品安全，对制售假药劣药、有毒有害食品等犯罪103人提起公诉。开通12309服务热线，设立社区检察岗，打通检察服务"最后一公里"。开展"公益诉讼守护美好生活"等活动，推动解决保健食品虚假宣传、窨井盖缺失破损、违规占用盲道等群众关心的热点问题。

（三）努力提高群众法治体验感

优化法律服务，构建全业务、全时空服务网络，不断提升公共法律服务水平。建立公共法律服务体系建设联席会议制度，推动"三大平台"融合发展，发挥"12348"热线7×24小时全业务、全时空法律咨询作用，让群众足不出户找到"说法地方"。探索建立热线咨询转办工作机制。做好公共法律服务"后半篇文章"，探索建立热线转办法律援助和热线转办事项导入区矛调中心工作机制，努力打通服务群众的"最后一公里"。积极开展法律援助。深入开展"法援惠民生、扶贫奔小康"品牌活动，加强妇女、老年

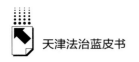

人、残疾人等特殊群体法律援助，优先受理、极速办理农民工讨薪案件，有力缓解农民工"燃眉之急"，人民群众的法治体验感大幅度提升。

六　坚持依法防控，全力保障打赢疫情防控总体战

天津市认真落实中央全面依法治国委员会第三次会议精神，深刻领会习近平总书记关于"疫情防控越是到最吃劲的时候越要坚持依法防控"重要指示精神，充分运用法治手段统筹推进疫情防控和经济社会发展，全面提升依法防控、依法治理能力。

（一）高效立法提供支撑

2020年疫情之初，市人大常委会于2月14日作出《天津市人民代表大会常务委员会关于依法做好新型冠状病毒肺炎疫情防控工作　切实保障人民群众生命健康安全的决定》，同日作出的《天津市人民代表大会常务委员会关于禁止食用野生动物的决定》是疫情暴发以来省级人大作出的首个专项"禁野"决定，2020年5月18日市人大常委会审议通过《天津市突发卫生公共事件应急管理办法》，为科学精准打赢疫情防控阻击战提供有力的法治支撑。为积极适应常态化疫情防控和公共卫生事业建设发展需要，努力形成与超大城市相适应的公共卫生领域法规规章体系，加快推进"天津市院前医疗急救服务条例""天津市中医药条例"等立法进程。

（二）执法司法全力保障

各级执法司法机关依法从严从快打击严重损害人民群众生命财产安全、影响社会安全稳定和防疫工作大局的各类违法犯罪行为。全市公安机关严打涉疫违法犯罪288起，抓获犯罪嫌疑人355名。市检察院对涉疫案件100%提前介入引导侦查，依法批准逮捕妨害疫情防控案件47件62人、提起公诉90件118人。全市卫生健康系统共开展卫生健康监督检查113258户次，办

理行政处罚案件 5492 件，罚款 1091 万余元。津南区对某惠民药店处以 300 万元重罚，成为全国第一批严厉打击疫情防控期间哄抬物价案例。

（三）依法打击维护稳定

市委政法委和市级政法机关均出台意见，对依法从严从快打击破坏疫情防控的违法犯罪行为、服务保障民营经济发展进行工作指导。市高级人民法院印发《关于依法严厉打击妨害新型冠状病毒感染肺炎疫情防控犯罪行为的通知》《关于进一步发挥刑事审判职能　为依法防控疫情提供有力司法保障的意见》，指导全市法院依法从严从快打击妨害疫情防控、暴力伤医、制假售假、造谣传谣等违法犯罪。截至目前，全市法院累计受理各类涉疫情犯罪 58 件 69 人，依法审结 56 件 66 人。

（四）普法宣传凝聚共识

以"防控疫情　法治同行"专项法治宣传行动为纽带，整合各部门、各单位资源优势，推进疫情防控法治宣传全面铺开。通过发布倡议书、新闻发布会、新闻访谈等形式，在全社会达成依法防疫共识。整理与疫情相关的法律法规 77 部、法律问答 332 个，形成法律知识汇编，面向群众深入宣传解读。搜集整理发布以案释法案例，引导广大群众遵纪守法。发布有关哄抬物价、制假售假、抗拒疫情防控措施等违法犯罪行为的以案释法典型案例，引导广大群众遵纪守法。通过天津快板、海报挂图等加强野生动物管理法治宣传。将海外入境人员作为普法重点对象，深入宣传检疫要求和法律义务责任。大力宣传"歌诗达赛琳娜"号邮轮等公共卫生事件处置情况，得到网民一致好评。

（五）复工复产恢复秩序

出台服务保障企业复工复产、涉疫矛盾纠纷化解等文件。加大行政审判力度，依法保障市政府出台的疫情防控政策规定以及针对隐瞒病史等行为采取的行政处罚及强制措施实施。依法慎用强制执行措施，积极促成执行和

解，助推企业复工复产。组建律师公益法律服务团，发布公益法律服务空中课堂 20 讲，创新依法防疫宣传形式。全市组建 49 个公益法律服务团，深入开展民营企业"法治体检"活动。成立志愿法律服务律师团，为全市中小外贸企业无偿提供应对疫情影响专项国际贸易法律咨询服务。

（六）常态化防控巩固成效

坚持科学依法做好疫情常态化防控工作，有序推进生产生活秩序恢复。继续坚持毫不放松抓细抓实全市"外防输入、内防反弹"的各项工作。织密筑牢疫情防控网，在维护正常生产生活秩序的基础上，进一步优化疫情防控政策措施。持续筑坝护坝，坚决阻止本土疫情输入。强化以案为鉴的警示作用，持续落实"两港"刚性防控措施。扎实有力推进高质量免疫屏障构建。树立底线思维，及早做好疫情应对准备。加大政策宣传力度，强化社会整体防控氛围。

七　坚持率先突破，全力推进法治政府建设

围绕把天津建设成为法治建设先行区的目标和"一基地三区"功能定位，天津市坚持将法治政府建设摆在全面依法治市的突出位置，不断提升和改进各级政府和政府各部门依法行政、创新发展、服务经济、保障民生的能力水平。

（一）全面推进法治政府示范创建

扎实开展法治政府建设示范创建，以创建促提升，以示范带发展。2019年，西青区入选第一批全国法治政府建设示范区，滨海新区"行政执法监督平台建设"入选第一批全国法治政府建设示范项目。2020 年组织开展法治政府建设集中攻坚专项行动，对标法治政府示范指标体系，有效推动各区、各部门补短板、强弱项。2021 年全面铺开创建工作，印发工作方案、编制创建指标、明确市级牵头部门、开展业务培训、评查申报材料、组织网络展示、组织专家评审等一系列工作，16 个区示范创建全面调动，宣传发动营造氛围，

与人民网合作广泛展示法治政府建设示范创建申报综合地区和项目，网络总投票量达850余万人次，群众参与热情高涨。组织开展三方评估机构对16个区、27个市政府部门实地走访核查法治建设情况，准确把脉"病因"，开出有效"药方"，全面"问诊"法治政府建设，精准助力法治政府建设再上新台阶。

（二）大力优化法治化营商环境

完成新一轮政府机构改革工作，为优化法治化营商环境打好基础。进一步明确职权事项的管理权限。建立天津市优化营商环境工作联席会议制度，打造协同高效的工作格局。制定出台《天津市优化营商环境条例》，对《中共天津市委、天津市人民政府关于营造企业家创业发展良好环境的规定》《中共天津市委、天津市人民政府关于进一步促进民营经济发展的若干意见》等政策措施进行法治转化。印发《天津市优化营商环境三年行动计划》，出台实施"津八条""民营经济19条""海河英才"行动计划等政策措施，在全市组织开展加强法治化营商环境建设专项行动，持续赋能城市高质量发展。

（三）着力完善依法行政制度规范

构建各方参与的立法工作格局。严格按照市人大常委会和市政府立法规划、年度立法计划完成立法任务。加强行政立法京津冀协同。相关立法草案均征求北京市、河北省意见；制定出台《天津市机动车和非道路移动机械排放污染防治条例》，在省级层面为全国区域协同立法提供了制度范本。加强和改进立法调研。充分发挥政府法律顾问和智库专家作用，扩大公众有序参与，健全公众意见采纳反馈机制。加强行政规范性文件管理。制定出台《天津市行政规范性文件管理规定》，公布市级行政规范性文件制定主体清单，2019年以来共审核市政府重大行政决策、重大行政行为、重大投资项目、合作协议和行政规范性文件等2649件，切实把好法律关口。

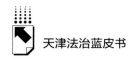

（四）推进决策科学化民主化法治化

严格执行国务院《重大行政决策程序暂行条例》，制定出台《天津市重大行政决策程序规定》。进一步明确重大行政决策事项范围，细化重大行政决策的制定、公布、执行和调整程序，将重大行政决策活动全面纳入法治化轨道。严格履行公众参与、专家论证、风险评估、合法性审查、集体讨论决定等法定程序，压实政府部门研究论证和可行性研究责任，牢牢把好法律审核关。严格依法推进决策程序，切实提升行政决策公信力和执行力。制定出台《天津市外聘政府法律顾问工作规则》。对涉及公众利益的重大事项，听取各界人士特别是利害关系人意见。对社会关注度高的决策事项及时解释说明。

（五）全面推动行政复议体制改革

认真贯彻落实中央全面依法治国委员会印发的行政复议体制改革方案，专门成立行政复议体制改革领导小组，领导、统筹全市行政复议体制改革工作，同时督促、指导全市各区政府成立相应区级行政复议体制改革领导小组。制定出台行政复议体制改革20项配套制度，对行政复议立案、会商、专家咨询、案件审查、法律文书制作送达、法律文书履行及督察、案件回访、应急处置等进行细化规定，扎实推进行政复议规范化、专业化、信息化建设，获司法部肯定并向全国介绍推广。2019～2020年，直接纠错1201件，调解解决复议案件1898件，实现了政治效果、法律效果和社会效果的统一。

八　坚持统筹协调，全力推进法治天津建设

天津市坚持统筹考虑法治建设各个环节、各种要素、各个领域和各个方面，整体谋划推进工作，确保法治建设取得新的成效。

（一）高质量立法迈上新台阶

坚持地方立法服务发展大局。紧紧围绕生态环保、推进高质量发展

等中央和市委重大部署，服务疫情防控和经济社会发展，积极履职尽责，坚持科学立法、民主立法、依法立法，努力做好新时代地方立法工作。先后制定公安机关警务辅助人员管理条例等多部法规，在全国率先制定省级知识产权保护条例和不动产登记条例。坚持地方立法融进社会主义核心价值观。将实践中广泛认同、较为成熟的道德要求，上升为法律规范，通过法治倡导和推动践行社会主义核心价值观。《天津市预防和治理校园欺凌若干规定》成为全国首部关于治理校园欺凌的地方性法规。制定《天津市文明行为促进条例》，以法治的刚性治理不文明行为。坚持地方立法推动京津冀协同发展。会同北京、河北共同推动建立三省市人大立法工作协同座谈会和人大法制工作机构联席会议，研究形成《京津冀人大常委会关于协同推进强化公共卫生法治保障立法修法工作的意见》，用制度保障协同立法有序推进，在省级层面为全国区域协同立法提供了制度范本。

（二）执法规范化取得新成效

加强行政执法规范化建设。全面推行行政执法"三项制度"，制定市场监管、安全生产领域轻微违法违规行为免罚清单。出台《关于建立行政执法争议协调机制的意见》，规范和明确执法实践中的权限争议。着力解决行政执法不严格、不规范、不文明、不透明问题。深化综合行政执法改革。组建市场监管、生态环境保护等8个领域市级综合行政执法队伍，压茬推进区级综合执法改革。深化街道乡镇一支队伍管执法，市、区两级共向街道乡镇综合执法大队核拨1274个事业编制，充实加强基层执法人员力量。加强重点领域执法。着力提升食品药品、知识产权保护、安全生产、生态环境等重点领域执法水平，不断提升行政执法质量和效率。加强行政执法监督，全力推进市级执法监督平台开发和应用。以市政府令形式出台《天津市行政执法监督平台管理办法》，完成792个执法部门的执法基础信息归集工作，实现对执法行为的全方位、实时化监管。着力推动行政执法队伍专业化规范化。2020年共完成1600余名新增执法人员公共法律知识考试，积极推进规

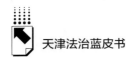
范执法服装和标志工作，加强行政执法证件管理，市政府拨专款为全市统一制作新的行政执法证件。

（三）司法公信力获得新提升

坚持公正司法，紧盯重大专案办理。严格依法按程序推进案件办理，牢固树立底线思维，防范化解各类风险，确保办成经得起历史和法律检验的铁案，实现"三个效果"的有机统一。近年来天津政法机关先后依法审理了周永康、令计划、孙政才、赵正永、赖小民等重大案件。紧盯司法体制改革。四项重点改革全面到位，先后创新形成了涉军维稳、法检内设机构改革、司法救助、公安服务民生双十条、司法政务标准化等一批新经验。认罪认罚从宽制度改革顺利推进。推动全市员额制改革，制定《关于在员额法官检察官遴选中加强政治素质考察的意见》，实行笔试、考核、面试 3 个环节政治与业务双重考察，对政治理论掌握不到位、学用结合能力不强的 9 名干警取消了入额资格。紧盯政法工作难点破解。市委全面依法治市委员会出台加强行刑衔接工作意见，明确案件移送标准、移送程序、责任主体等问题。建立全市行刑衔接联席会议制度，集中解决各执法单位反映的 28 个问题和土地领域案件移送系列问题。市委依法治市办在全国首批出台加强源头治理解决执行难工作意见，牵头制定建立执行联动中心工作方案，协调有关部门在市、区两级组建执行联动中心，加强执行联动机制建设，有效解决"联而不动、动而乏力"的问题，建立综合治理执行难工作大格局，相关工作经验做法被最高人民法院向全国推广介绍。法检"两院"工作报告人大通过率屡创新高，2021年法检"两院"人大工作报告实现历史性双 100% 通过。

（四）守法普法开创新局面

"七五"普法圆满收官。"宪法进万家""美好生活民法典相伴"等普法活动，让群众感受到法治就在身边。狠抓"谁执法谁普法"责任制落实。建立普法责任制联席会议制度，制订全市普法责任清单。深入开展普法宣传活动。组织"12·4"国家宪法日和宪法宣传周活动，深入开展"送宪法进万家""宪法精神七进"活动。打造《法眼大律师》等优秀普法品牌，精心打造市级法治宣传教育示范点。建立覆盖市、区、街镇、基层社区、农村的普法网络，畅通普法宣传"最后一米"。掀起《民法典》学习宣传热潮。全市各单位专题学习，成立《民法典》宣讲团，广泛开展报告会、辅导讲座，充分运用媒体进行宣讲，带动全社会普及《民法典》。

九　坚持紧盯重点，全力打造高素质法治工作队伍

紧抓领导干部这个"关键少数"，大力推进法治队伍建设，为推进全面依法治市提供组织保障和人才保障。

（一）狠抓法治建设责任落实

2020年印发《进一步推动党政主要负责人履行推进法治建设第一责任人职责的意见》，列出职责任务清单，形成责任闭环。2021年出台《关于党政主要负责人履行推进法治建设第一责任人职责情况列入年终述职内容工作的实施方案》，将党政主要负责人履行推进法治建设职责情况纳入年终述职内容，实现述法主体全覆盖、述法形式多样化。坚持把党政主要负责人履行推进法治建设第一责任人职责情况作为全面依法治市必考内容，加强考核评价和督促检查，压紧压实责任体系。

（二）狠抓法治能力建设

对全市16个区依法治区办、法院、检察院、公安局、司法局及行政执法人员法治能力素养进行全面考查，提升各领域法治建设工作能力。推进旁听庭审活动常态化制度化，创新开展领导干部特殊"法治教育课"，各区各部门每年至少开展一次旁听庭审活动，实现"旁听一案、教育一片"。连续7年组织全市国家工作人员参加网上平台学法考法。将法治建设纳入新提任处级党政领导干部任职资格考试重要内容，促进领导干部依法决策、依法行政、依法办事。

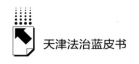

（三）狠抓法治队伍建设

坚持强基导向，16 个区依法治区办人员编制全部到位，率先打通法治建设"最后一公里"，确保"有机构办事、有人员干事"。组织开展全员政治轮训，深入政法系统推进教育整顿，打造一支党和人民信得过、靠得住、能放心的政法铁军。组织开展行政执法、政法机关"典型差案"评查工作，实施反向激励、责任倒逼，警示教育执法司法人员担当作为、依法履职，推动实现执法司法队伍的担当作为精神面貌、服务群众宗旨意识、业务素质能力本领、严格依法履职水平、扎实细致工作作风"五个有力提升"，努力让人民群众在每一项执法行为、每一个司法案件中感受到公平正义。

十 未来五年天津法治建设重点任务与展望

"十四五"时期是天津在全面建成高质量小康社会基础上，开启全面建设社会主义现代化大都市新征程的第一个五年，是推动高质量发展、构建新发展格局的关键时期。未来 5 年，天津将充分发挥固根本、稳预期、立长远的保障作用，一体化推进法治天津、法治政府、法治社会建设，全面推进科学立法、严格执法、公正司法、全民守法，为"十四五"时期天津实现高质量发展、全面建设社会主义现代化大都市提供有力的法治保障。

（一）加强高质量立法，以良法促发展、保善治

1. 健全立法工作机制

健全市委领导下的立法协调机制，确保立法工作与市委决策有效衔接。加强人大主导立法工作机制建设，强化市人大常委会组成人员的立法工作职责。更好地发挥人大代表在立法中的作用，完善人大代表分专题全程参与立法制度。注重发挥政府在立法工作中的重要作用，强化政府部门间立法协调。健全立法征求意见机制，对与企业生产经营密切相关的立法项目，充分听取企业和行业协会、商会意见。发挥基层立法联系点机制作用，健全立法咨询

专家制度。落实立法涉及重大利益调整事项论证咨询制度和争议较大的重要立法事项第三方评估制度。健全法规规章草案公示制度，完善公众意见采纳反馈机制。

2. 加强重点领域和新兴领域立法，加强立法监督工作

加快推进公共卫生领域立法工作，2022年底前形成与超大城市相适应的公共卫生领域法规规章体系。加强高质量发展立法，制定修改促进乡村振兴、科学技术普及、轨道交通运营安全、保障粮食安全等法规规章。加强惠民立法，制定修改未成年人保护、预防未成年人犯罪、燃气管理等法规规章。加强社会治理立法，制定修改信访、行政调解等法规规章。加强弘德立法，制定修改殡葬管理、红十字会管理等法规规章。加强生态环境保护立法，制定修改生态环境教育、生态保护补偿、工业节能等法规规章。完善法规规章清理制度。

建立健全立法监督工作机制，完善立法监督程序。加强和改进备案审查工作，将"一府一委两院"制定的规范性文件按规定纳入本级人大常委会备案审查范围，落实备案审查衔接联动机制，做到有件必备、有备必审、有错必纠。建立备案审查工作年度报告制度。

（二）加强法治政府建设，构建职责明确、依法行政的政府治理体系

1. 依法全面履行政府职能

加大简政放权力度，深入推进承诺制、标准化、智能化、便利化审批制度改革，持续整治变相设置行政许可事项的违法违规行为。持续开展"减证便民"行动，全面落实证明事项告知承诺制。编制政府部门权责清单、行政备案事项清单、公共服务事项清单、政府性基金和行政事业性收费目录清单、行政中介服务事项清单、证明事项清单等，实行动态管理。

制定重大行政决策事项目录和标准，严格履行重大行政决策公众参与、专家论证、风险评估、合法性审查、集体讨论决定等法定程序。全面推行重大民生决策事项民意调查制度。建立健全重大行政决策跟踪反馈和评估制度。

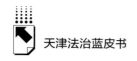
全面推行行政规范性文件合法性审核机制、备案审查和清理机制，建立行政规范性文件后评估制度。

2. 深化行政执法体制改革

最大限度减少不必要的行政执法事项，全面深化街道（乡镇）"一支队伍管执法"改革，推动执法重心向区、街道（乡镇）下移。健全事前事中事后监管有效衔接、信息互联互通共享机制，推进市信用信息共享平台与市行政执法监督平台、基层治理平台衔接协同。全面落实行政执法公示制度、执法全过程记录制度、重大执法决定法制审核制度及相关配套制度，建立行政执法年度报告制度。加大重点领域执法力度，加强日常执法监督，开展执法专项整治。建立健全行政执法风险防控机制。严格执行突发事件应对有关法律法规，依法实施应急处置措施。

加强覆盖市、区、街道（乡镇）三级的行政执法协调监督工作体系建设，推动市级部门对本系统行政执法的纵向监督。全面落实行政执法责任制和责任追究制度，完善行政执法投诉举报和处理机制。加快推进行政复议体制改革，2022 年底前基本形成公正权威、统一高效的行政复议工作体制。

（三）加强司法公信力建设，推进公正高效权威司法

1. 全面落实司法责任制

坚持和加强党对司法工作的绝对领导，落实法官、检察官办案主体地位，健全重大疑难复杂案件由院庭长直接审理和担任领导职务的检察官直接办案制度。健全专业法官会议和检察官联席会议制度。完善案例指导制度，深化审判、检察案例研究中心建设，建立健全类案及关联案件检索机制。强化办案专业化分工、类案专业化办理。

2. 深化以审判为中心的刑事诉讼制度改革

健全侦查机关调查收集证据制度，规范补充侦查、不起诉、撤回起诉制度。完善检察机关提前介入机制，落实侦查机关重大疑难案件听取检察机关意见制度。完善庭前会议、非法证据排除制度，规范法庭调查和庭审量刑程序，落实证人、鉴定人、侦查人员出庭作证制度，完善技术侦查证据的法庭

调查和使用规则。完善认罪认罚从宽制度，落实宽严相济刑事政策。建立健全涉案财物管理工作机制。逐步实行不服司法机关生效裁判和决定的申诉由律师代理制度。

3. 深化民事诉讼制度改革

加快推进跨域立案诉讼服务改革，2022年底前实现诉讼服务就近能办、同城通办、异地可办。优化司法确认程序适用。全面推进"分调裁审"机制改革，扩大小额诉讼程序适用范围，开展民事一审简易程序案件庭审模式改革试点。全面推进诉讼服务中心建设，打造全流程一体化在线诉讼服务平台系统。

4. 深化执行体制改革

深入推进审执分离，优化执行权配置，落实统一管理、统一指挥、统一协调的执行工作机制。加强司法裁判执行联动中心建设，建立健全联合惩戒机制。完善刑罚执行制度，统一刑罚执行体制。深化监狱体制机制改革，实行罪犯分类、监狱分级管理制度。完善监狱、看守所与社区矫正和安置帮教机构工作对接机制。完善社区矫正制度。

5. 健全完善政法领域执法司法制约监督体系

严格落实防止干预司法"三个规定"，建立健全督办追责机制。健全法官、检察官办案制约和监督制度，全面推行法官、检察官办案责任制，健全审判人员、检察人员权责清单。健全司法人员惩戒制度，推动惩戒委员会发挥实质性作用。加强审判权、检察权运行监督管理，健全履职指引和案件监管全程留痕制度，建立领导干部办案定期公示通报、考核监督机制。建立执行案件动态监控机制，加强对消极执行、久拖不执等行为的监督。加强检察机关公益诉讼工作，常态化开展"守护渤海"检察公益诉讼专项监督。完善检察建议制度和司法建议制度。

（四）加强法治化营商环境建设，全力打造一流营商环境

1. 营造公平开放的市场环境

严格执行市场准入负面清单制度，持续推进"放管服"改革，清理修订

不符合优化营商环境要求的法规规章及行政规范性文件。全面落实公平竞争审查制度，定期清理妨碍统一市场和公平竞争的政策措施。加强反垄断、反不正当竞争执法，维护市场公平竞争秩序。加强地方金融监管，完善现代金融监管机制。2021年底前完成"双随机、一公开"监管信息化平台建设，强化重点领域重点监管，探索信用监管、大数据监管、包容审慎监管等新型监管方式，推广创新"信用＋执法监管"场景应用。

2. 依法保护产权

依法平等保护国有、民营、外资等各类市场主体产权，鼓励引导企业建立规范的法人治理结构。依法慎用查封、扣押、冻结等措施，最大限度降低对生产经营活动的不利影响。建立健全涉产权冤错案件有效防范和常态化纠错机制，加大执法力度。完善知识产权民事、刑事、行政案件"三合一"办案机制，健全典型案例发布和重大案件公开审理机制。落实知识产权惩罚性赔偿制度。高标准建设中国（天津）知识产权保护中心，加快建设"一站式"知识产权保护平台，2023年底前基本形成知识产权纠纷多元化解机制。

3. 加强政务诚信建设

各级政府及有关部门要严格兑现依法作出的政策承诺，认真履行与投资主体依法签订的各类合同。推进重点领域政务失信行为治理，构建诚信法治政务环境。完善城市信用状况监测评价体系。全面清理违法违规的涉企收费、检查、摊派事项和评比达标表彰活动。完善行政事业性收费、经营服务性收费管理机制和市场决定价格机制。全面落实政务服务"好差评"制度。推进电子证照应用和相关政府信息系统数据共享，深化"政务一网通"平台建设。优化"企业开办一窗通"服务平台，逐步实现各类市场主体全覆盖。

（五）加强领导干部法治能力建设，发挥关键少数示范引领作用

1. 推动党政主要负责人履行法治建设第一责任人职责

各级党政主要负责人要认真贯彻落实党中央关于法治建设的重大决策部署，带头尊法学法守法用法，定期召开专题会议听取法治建设情况汇报，研究部署法治建设工作，将履行推进法治建设第一责任人职责情况列入年终述

职内容。各级党委（党组）要带头尊崇和执行宪法，各区各部门各单位和全市广大党员干部群众必须遵守宪法和法律，维护宪法尊严，保证宪法实施。一切法规规章、规范性文件都不得同宪法相抵触，坚决纠正违宪违法行为。全面落实宪法宣誓制度。

2. 突出法治的用人导向，加强领导干部法治教育

全面推行领导干部任前法律知识考试制度，加强各级立法、执法、司法机关领导班子法治能力建设，将法治建设成效纳入政绩考核指标体系。按层级、分批次开展专题法治教育培训，建立领导干部应知应会法律法规清单制度。完善国家工作人员学法用法考试制度。落实党委（党组）理论学习中心组集体学法、政府常务会议定期学法制度。

（六）全面提升市民法治素养，推动全社会尊法学法守法用法

1. 深入开展宪法学习宣传教育，加大全民普法力度

深入开展尊崇宪法、学习宪法、遵守宪法、维护宪法、运用宪法的宪法学习宣传教育活动。持续开展"12·4"国家宪法日和"宪法宣传周"集中宣传。加强青少年宪法法律教育，将宪法实践有机融入学校管理、学生学习生活。加强社会主义法治文化建设，制定和实施"八五"普法规划。大力推进"津门普法"平台建设，加强普法讲师团和普法志愿队伍建设。

2. 广泛推动群众参与社会治理

深入推进市域社会治理现代化试点创建。发挥工会、共青团、妇联等群团组织引领联系群众参与社会治理的作用。加大公德失范、诚信缺失违法行为惩处力度，完善守信联合激励和失信联合惩戒工作机制，建立失信惩戒对象名单制度，依法依规明确适用范围、惩治标准和救济机制。扎实推进法治乡村建设，实施"法律明白人""法治带头人"培养工程，深化"民主法治示范村（社区）"创建。

3. 加强公共法律服务体系建设

完善基本公共法律服务供给方式，基本建成普惠均等、便捷高效、智能精准的公共法律服务体系。2022年底前市、区、街道（乡镇）、社区（村）

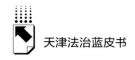

四级公共法律服务实体平台建成率达到100%。建立公共法律服务动态监测机制，逐步构建公共法律服务评价体系。创新发展新时代"枫桥经验"，完善人民调解组织网络。健全市、区、街道（乡镇）社会矛盾纠纷调处化解中心，完善多元预防调处化解机制。完善多元化法律援助服务方式，有序推进行政裁决工作，探索扩大行政裁决适用范围。

（七）加快推进法治人才队伍建设，组建高素质法治工作队伍

1. 推进法治专门队伍革命化、正规化、专业化、职业化

深入推进政法队伍教育整顿，建设忠诚干净担当的高素质专业化政法队伍。加强行政执法队伍建设，强化执法人员业务培训，培养执法骨干人才。健全法官、检察官员额管理制度，实现员额进出常态化、制度化。建立健全立法、执法、司法部门干部和人才常态化交流机制，推动政法部门优秀年轻干部到基层一线和艰苦岗位培养锻炼。

2. 加强法治人才培养

全面落实卓越法治人才教育培养计划2.0版，2023年底前建立起凸显时代特征、体现天津特色的法治人才培养体系，着力培养一批信念坚定、德法兼修、明法笃行的高素质法治人才。加快发展律师、公证、司法鉴定、仲裁、调解等法律服务队伍，完善职业道德评价机制。健全律师惩戒机制和惩戒信息共享机制，建立律师不良执业信息记录披露和查询制度。

（八）加强法治保障体系建设，筑牢法治天津建设的坚实后盾

1. 加强政治和组织保障

各级党委（党组）和领导干部要支持立法、执法、司法机关开展工作，支持司法机关依法独立公正行使职权。严格领导干部干预司法活动、插手具体案件处理的责任追究。加强党对法治监督工作的集中统一领导，形成法治监督合力，发挥整体监督效能。推进执纪执法贯通、有效衔接司法。全面推进立法公开、执法公开、司法公开，逐步扩大公开范围，提升公开服务水平，主动接受社会监督。

2. 加强科技和信息化保障

充分运用大数据、云计算、人工智能等现代科技手段，全面建设"智慧法治"，加快推进跨部门大数据办案平台建设，加快智慧法院、智慧检务、智慧公安、智慧司法建设。推进公共法律服务实体平台、热线平台、网络平台有机融合。

3. 推进京津冀法治协同

加强重要领域协同立法，落实京津冀协同立法工作座谈会和法制工作机构联席会议机制。加强环境保护联防联控、食品安全监管、知识产权保护等领域执法协同，完善执法工作机制。建立司法领域情况通报反馈机制、案件移送机制、调查取证和执行协作机制、重大案件会商和联合办理机制。

（九）加快形成完善的党内法规体系，坚定不移推进依规治党

1. 健全党内法规制度

认真编制实施市委党内法规制定工作规划计划，扎实做好市委党内法规清理工作。加大市委党内法规解释力度。加强市委党内法规和规范性文件备案审查。建立党内法规学习培训制度，将党内法规列为教育培训的重要内容，列入法治宣传教育规划重要任务，建立党内法规学习宣传责任制。

2. 狠抓党内法规实施

建立健全党内法规执行责任制，强化监督检查和追责问责，严肃查处违反党内法规的各种行为。将党组织和党员领导干部履行执规责任制情况纳入领导班子和领导干部考核内容，与党风廉政建设责任制、党建工作、法治建设等考核结合进行。建立党内法规实施评估制度，推动党内法规有力实施。

3. 强化党内法规制度建设保障

加强党内法规专门工作队伍建设，突出政治标准，充实各级党内法规工作机构人员力量，加强专业化建设。加强党内法规理论研究，重点建设一批党内法规研究智库和研究教育基地，发挥党内法规研究中心作用。健全党内法规后备人才培养机制，为党内法规事业持续发展提供人才支撑。

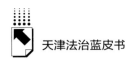
（十）加强党对法治天津建设的领导

1. 深入学习宣传习近平法治思想，推进依法执政

认真组织广大党员干部和人民群众深入学习贯彻习近平法治思想，坚持以习近平法治思想引领领导干部法治能力建设，将习近平法治思想作为各级党委（党组）理论学习中心组重点学习内容，列为党校（行政学院）、干部学院、社会主义学院重点课程。组织法治工作队伍全战线、全覆盖的培训轮训。把习近平法治思想融入学校教育，纳入高校法治理论教学体系，组织专家学者深入研究阐释。

2. 加强党对全面依法治市的统一领导、统一部署、统筹协调

加强市委领导依法治市工作制度建设。健全各级党委（党组）领导法治工作的制度和工作机制，统筹整合各方面资源和力量，提升运用法治思维和法治方式巩固执政地位的能力。推进党的领导入法入规。完善党领导人大、政府、政协、监察机关、审判机关、检察机关、人民团体、企事业单位、基层群众自治组织、社会组织等制度。将坚持党的全面领导的要求载入国有企业、高等学校、有关社会组织等的章程。完善党委依法决策机制，健全议事规则和决策程序，加强党委重大决策合法性审查。按照相关规定扎实推进法治政府示范创建。

参考文献

[1]《天津市国民经济和社会发展第十四个五年规划和二〇三五年远景目标纲要》，《天津日报》2021 年 2 月 9 日。
[2]《法治中国建设规划（2020～2025 年）》，《人民日报》2021 年 1 月 11 日。
[3] 陈甦、田禾主编《中国法治发展报告 No. 19（2021）》，社会科学文献出版社，2021。
[4]《天津市 2021 年政府工作报告》，《天津日报》2021 年 2 月 1 日。
[5] 袁曙宏：《建设法治政府》，《人民日报》2017 年 12 月 27 日。

人大法治工作与立法

Legal Work and Legislation of People's Congress

B.2
党的十八大以来天津市地方立法的
成就、经验与展望

天津市人大工作与立法研究课题组*

摘　要：　党的十八大以来，天津市人大及其常委会在市委领导下，始终坚持科学立法、民主立法、依法立法，努力发挥立法的引领推动作用，制定和通过了一大批保障天津市经济社会发展的地方性法规，立法工作取得了长足进步。坚持党的领导，坚持发挥人大主导作用，形成立法工作强大合力。坚持行稳致远，坚持注重实效，确保立法高质量，形成了值得总结的经验做法。当前地方立法需求日益旺盛，立法工作步伐越来

＊　执笔人：张宜云，天津市人大立法研究所，副研究员，研究方向：地方立法。课题组组长：王泽庆，市人大法制委主任委员、市人大常委会法工委主任，市人大立法研究所所长。副组长：雷颖君，市人大常委会法工委副主任；王洋，市人大常委会法工委副主任。成员：赵新，市人大常委会法工委一处副处长；张瑾，市人大立法研究所副所长；张宜云，市人大立法研究所副研究员；周静文，市人大立法研究所副研究员；马楠，市人大立法研究所助理研究员；房福鹏，市人大常委会法工委规章备案审查处一级主任科员。

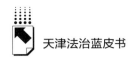

越快，立法质量要求越来越高。"十四五"时期，天津将进一步加强重点领域、新兴领域立法，突出天津地方立法特色，注重小切口立法，进一步提升地方立法的精细化水平。

关键词： 地方立法　协同立法　特色立法　精细立法

党的十八大以来，中国特色社会主义进入新时代。以习近平同志为核心的党中央，从全面推进依法治国的高度，对人大立法工作作出一系列重要指示和部署，对做好新时代立法工作提出新的更高要求。习近平总书记指出，人民群众对立法的期盼，已经不是有没有，而是好不好、管不管用、能不能解决问题；不是什么法都能治国，也不是什么法都能治好国；越是强调法治，越是要提高立法质量。地方立法是中国特色社会主义法律体系的重要组成部分，是国家立法的重要补充，在国家治理和法治建设中的作用日益凸显。天津市人大及其常委会在市委的领导下，紧紧围绕贯彻落实党和国家决策部署，努力发挥立法的引领推动作用，发挥人大在立法工作中的主导作用，立法机制愈加完善，立法质量稳步提高，立法权威逐步显现，立法实效显著提升，开创了地方立法工作新局面，实现由"有法可依"到"良法善治"的重大转变，为天津改革发展稳定提供了坚实的法治保障①。

一　党的十八大以来天津市地方立法的主要成就

党的十八大以来，天津市十五届、十六届、十七届人大及其常委会紧密结合天津发展需要和实际，突出地方特色和针对性、实效性，创造性做好地方立法工作，取得了累累硕果。天津市人大及其常委会共通过地方性法规和

---

① 参见全国人大常委会办公厅研究室编《地方人大设立常委会 40 年理论与实践》（上册），中国民主法制出版社，2020，第 295 ~ 296 页。

法规性决定 122 件，制定地方性法规 81 件、修改法规 124 件次、废止法规 21 件（见表 1）。其中，2012 年 11 月至 2013 年初，天津市十五届人大及其常委会通过地方性法规和法规性决定 5 件；2013 年初至 2017 年，换届后的天津市十六届人大及其常委会五年间共通过地方性法规和法规性决定 64 件；2018 年初至 2020 年，换届后的天津市十七届人大及其常委会三年间共通过地方性法规和法规性决定 53 件（见附件）。截至 2021 年 1 月 1 日，天津市现行有效的地方性法规为 220 件。这些地方性法规为天津经济发展、文化繁荣、社会和谐、人民幸福、生态文明提供了有力的法治保障。

表 1　党的十八大以来天津市人大及其常委会立法情况

年份	通过法规/决定（件）	制定（件）	修改（件次）	废止（件）
2012	4	2	2	0
2013	8	3	4	0
2014	14	9	5	2
2015	10	8	2	1
2016	13	7	26	4
2017	20	13	14	6
2018	17	9	48	1
2019	16	13	14	2
2020	20	16	9	5
总计	122	81	124	21

数据来源：天津市人民代表大会常务委员会法制工作委员会。

（一）保障京津冀协同发展重大国家战略实施，持续推进京津冀协同立法

2014 年京津冀协同发展重大国家战略实施以来，天津市人大主动增强协同意识，与北京市、河北省人大一道，积极推动京津冀协同立法。三地人大常委会先后召开七次立法工作联席会议，先后制定了《关于加强京津冀人大立法工作协同的若干意见》《京津冀人大立法项目协同办法》《京津冀

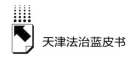
人大法制工作机构联系办法》《京津冀人大立法项目协同实施细则》《京津冀人大常委会关于协同推进强化公共卫生法治保障立法修法工作的意见》5个协同立法规范性文件，建立协同立法工作机制。优先推动交通一体化、生态环保、产业升级转移三个重点协同领域立法项目，在27件地方性法规中设专章或专条规定区域协同。在制定涉及京津冀协同发展的地方性法规时，就涉及区域发展的内容征求北京市、河北省人大常委会意见，增强京津冀区域地方性法规的一致性、协同性和融合性。特别是2019年京津冀三地人大协同起草、同步审议通过的机动车和非道路移动机械排放污染防治条例，在法规名称、立法原则、调整对象、篇章结构、主要制度、协同机制等方面保持协同一致，实现了协同起草、同步审议、分别由各自代表大会审议通过并同时施行。这是京津冀首个同步立法的实质性成果，也是我国第一部区域协同统一对污染防治作出全面规定的区域性立法，率先在省级层面为全国区域协同立法提供了制度范本。2020年与京冀人大联合对机动车和非道路移动机械排放污染防治条例实施情况开展了监督工作探索，协同推进公共卫生领域立法修法，积极参与白洋淀生态环境治理和保护条例协同立法和2022年冬奥会法治保障工作。

（二）立法主动适应改革需要，实现与改革决策紧密衔接

1. 通过立法推动和保障改革开放创新

聚焦地方改革发展实践提出的问题和立法需求，发挥立法推动和保障改革创新的作用，将立法的"定"与改革的"变"有机结合起来，坚持在法治前提下推进改革和在改革中完善法治相统一。作出《天津市人民代表大会常务委员会关于在中国（天津）自由贸易试验区暂时调整实施本市有关地方性法规规定的决定》《天津市人民代表大会常务委员会关于鼓励促进改革创新的决定》，修订《天津滨海新区条例》，制定《中国（天津）自由贸易试验区条例》，为天津自贸试验区制度创新、先行先试提供了有力的法治保障。为适应市场和质量监督管理体制改革，制定市场和质量监督管理若干规定。为适应机构改革需要，作出关于市人民政府机构改革涉及地方性法规

规定的行政机关职责调整问题的决定。为推进新时代滨海新区高质量发展，作出《天津市人民代表大会常务委员会关于促进和保障新时代滨海新区高质量发展的决定》，修改《天津经济技术开发区条例》《天津港保税区条例》《天津新技术产业园区管理条例》，将法定机构改革纳入法治轨道，依法授权滨海新区先行先试、加强制度创新。制定《天津国家自主创新示范区条例》，把自主创新示范区建设和改革探索的重要成果和经验以法治形式固化下来，助推自主创新示范区建设全面升级。

2. 推动与改革相关配套法规的修改废止工作

2016 年为贯彻党的十八届三中、四中全会精神，对 172 件法规进行全面清理，及时发现与改革决策不一致、不适应的问题，分三批对 23 件法规作出修改。2017 年按照全国人大常委会要求，对涉及生态文明建设和环境保护的 44 件法规进行专项清理，分两批对 8 件法规作出修改。2018 年按照全国人大常委会要求，对有关生态环境保护和"放管服"改革及行政审批制度改革的 43 件法规进行了清理。2019 年落实国务院取消和下放一批行政许可事项的要求，对 10 件法规作出修改。2020 年落实"放管服"改革和国家机构改革工作要求，对 7 件法规作出修改，废止了 1 件法规。

（三）立法主动适应经济发展新要求，服务促进高质量发展

围绕适应经济发展新要求，以高质量立法服务促进高质量发展。为促进改革开放、鼓励创新创业、优化营商环境，制定了《天津市促进商业发展若干规定》《天津市促进中小企业发展条例》《天津市农民专业合作社促进条例》《天津市不动产登记条例》《天津市公共电信基础设施建设和保护条例》《天津市政府投资管理条例》《天津市地方金融监督管理条例》《天津市优化营商环境条例》《天津市知识产权保护条例》《天津市社会信用条例》等法规，激发市场主体的活力、创造力和竞争力。围绕加快实施创新驱动发展战略、推进自主创新，制定或者修改了《天津市促进科技成果转化条例》《天津市实施〈中华人民共和国农业技术推广法〉办法》《天津市实施〈中华人民共和国种子法〉办法》《天津市专利促进与保护条例》《天津市农业

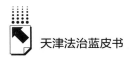

机械化促进条例》《天津国家自主创新示范区条例》等法规。作出推进实施国土空间发展战略的决定，其中，《天津市不动产登记条例》是全国首部系统规范不动产统一登记的地方性法规，《天津市知识产权保护条例》是全国首部省级知识产权保护的综合性地方性法规。天津成为全国第 2 个制定促进大数据发展应用条例的城市，为加快构建数字经济和智慧城市提供了法律依据。在直辖市中率先制定了《天津市优化营商环境条例》《天津市地方金融监督管理条例》。这些法规为推动天津高质量发展提供了有力的制度支撑和法治保障。

（四）持续强化精神文明立法，践行社会主义核心价值观

将践行社会主义核心价值观作为地方立法工作的基本遵循。制定了《关于进一步把社会主义核心价值观融入天津市地方立法有关工作的意见》，提出分步落实的专项立法计划。制定《天津市人体器官捐献条例》这是全国第一部专门针对人体器官捐献工作的地方性法规，弘扬捐献人体器官挽救生命的人道主义和无私奉献精神。2019 年天津市人体器官百万人口捐献率居全国首位。在全国率先制定《天津市预防和治理校园欺凌若干规定》保护学生身心健康，保障校园良好的教育环境。为倡导文明行为，提升城市文明程度，制定了《天津市文明行为促进条例》与《天津市促进精神文明建设条例》，形成立法姊妹篇，以法治的刚性和硬度积极推动市民文明生活方式和行为习惯的养成。为提高全社会信用水平，增强诚信意识，加强信用监管，在全国较早制定了《天津市社会信用条例》。制定了《天津市见义勇为人员奖励和保护条例》《天津市志愿服务条例》《天津市禁毒条例》《天津市公共文化服务保障与促进条例》《天津市生活垃圾管理条例》等一系列法规，以地方性法规的硬约束，推动形成抑恶扬善的社会风尚。

（五）加强民生和社会治理立法，回应人民美好生活需要

坚持立法为民，着力保障和改善民生，紧紧围绕人民群众最关心的住房、就业、养老、教育、医疗、社会保障、出行、安全、特殊群体权益、公

平正义等问题开展立法工作，让改革发展成果更多更公平地惠及全体人民。制定或者修改《天津市〈中华人民共和国义务教育法〉办法》《天津市教育督导条例》《天津市学前教育条例》《天津市医疗纠纷处置条例》《天津市公共文化服务保障与促进条例》《天津市人口与计划生育条例》《天津市房地产交易管理条例》《天津市不动产登记条例》《天津市住房公积金管理条例》《天津市物业管理条例》《天津市客运公共交通管理条例》《天津市失业保险条例》《天津市基本医疗保险条例》《天津市养老服务促进条例》《天津市医疗纠纷处置条例》《天津市妇女权益保障条例》《天津市少数民族权益保障规定》等法规。围绕平安天津建设，制定或者修改了《天津市学校安全条例》《天津市医院安全秩序管理条例》《天津市实施〈中华人民共和国突发事件应对法〉办法》《天津市安全生产条例》《天津市人民代表大会常务委员会关于禁止燃放烟花爆竹的决定》《天津市预防未成年人犯罪条例》《天津市沿海边防治安管理条例》《天津市禁毒条例》《天津市特种设备安全条例》《天津市道路交通安全若干规定》《天津市公安机关警务辅助人员管理条例》《天津市司法鉴定管理条例》等法规，全面提升城市安全保障水平，维护社会公平正义。

（六）持续加强生态文明立法，全面推动天津绿色发展

在生态文明领域立法方面持续发力。天津市人民代表大会连续审议通过《天津市绿化条例》《天津市大气污染防治条例》《天津市水污染防治条例》《天津市人民代表大会关于农作物秸秆综合利用和露天禁烧的决定》《天津市生态环境保护条例》《天津市机动车和非道路移动机械排放污染防治条例》，实行史上最严的污染防治措施。常委会作出了《天津市人民代表大会常务委员会关于批准划定永久性保护生态区域的决定》，这是全国首个划定生态保护红线的法规文件。作出了《天津市人民代表大会常务委员会关于加强滨海新区与中心城区中间地带规划管控 建设绿色生态屏障的决定》，为优化城市空间格局提供了制度保障。常委会还制定了《天津市湿地保护条例》《天津市人工影响天气管理条例》《天津市土壤污染防治

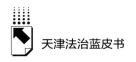

条例》《天津市生活垃圾管理条例》《天津市绿色生态屏障管控地区管理若干规定》等法规。这些地方性法规共同构成了天津市生态文明建设的法规制度体系，为促进人与自然和谐共生、全面推动绿色发展提供了有力的法治保障。

（七）立法保障人民当家作主，提升社会治理能力和水平

围绕人大及其常委会履行职责，制定《天津市人民代表大会代表建议、批评和意见工作条例》《天津市人民代表大会常务委员会执法检查办法》《天津市预算审查监督条例》《天津市人民代表大会常务委员会讨论、决定重大事项的规定》《天津市人民代表大会常务委员会审查监督规范性文件办法》等多件地方性法规，修改《天津市地方性法规制定条例》《天津市人民代表大会常务委员会公示地方性法规案办法》《天津市制定地方性法规听证办法》等。紧扣全面提高社会主义现代化大都市治理能力和水平，创新社会治理。修改《天津市物业管理条例》明确加强基层党组织对物业管理活动的领导，健全完善基层治理工作机制，打通社会治理"最后一公里"。制定《天津市街道办事处条例》将党建引领基层治理创新工作机制转化为法规制度，理顺条块关系，明确分工定位，建立职责清单制度，推动权责、资源、力量下沉，促进形成党建引领、区域统筹、条块协同、上下联动、共建共治共享的工作格局。在全国率先制定《天津市网络虚假信息治理若干规定》，强调依法管网、依法办网、依法上网，加强网络文明建设，推动形成健康文明用网的良好氛围。制定《天津市宗教事务条例》，促进构建积极健康的宗教关系。制定《天津市工会劳动法律监督条例》，依法维护劳动者合法权益。

（八）强化疫情防控法治保障，维护人民生命健康安全

为应对新冠肺炎疫情的发生及扩散，天津市人大常委会及时作出《天津市人民代表大会常务委员会关于依法做好新型冠状病毒肺炎疫情防控工作切实保障人民群众生命健康安全的决定》，支持并授权政府依法实施临时性

应急行政管理措施，动员全社会共同抗疫、共渡难关，确保疫情防控工作在法治轨道上科学有序开展。在全国率先作出《天津市人大常委会关于禁止食用野生动物的决定》，建立全链条监管制度，对相关违法行为作出严厉处罚规定，为革除滥食野生动物陋习提供了法律依据。制定实施了《关于强化公共卫生领域专项立法修法工作安排》，补短板、堵漏洞、强弱项，加快完善重大疫情防控和公共卫生安全方面的法规，以法治刚性和硬度保障公共卫生安全。制定《天津市突发公共卫生事件应急管理办法》，推动天津疫情防控经验制度化、规范化，创新、强化了信息报告制度，报告流程由串联改为串联、并联结合，使信息报告流程能够在两至三小时完成。审议了《天津市野生动物保护条例》《天津市动物防疫条例（修订草案）》等。

二　主要经验做法

天津市人大及其常委会坚持推进科学立法、民主立法、依法立法，确保地方立法始终体现党的主张、符合人民意志、反映时代需求。

（一）坚持党的领导，确保地方立法政治方向正确

1. 旗帜鲜明讲政治

坚持政治属性是立法活动、立法工作的第一属性的定位，自觉用习近平新时代中国特色社会主义思想、习近平法治思想武装头脑、指引立法，增强"四个意识"，坚定"四个自信"，做到"两个维护"，确保地方立法工作政治方向正确。

2. 坚决贯彻落实党中央部署和市委工作要求

在中国特色社会主义法律体系框架下，围绕推动"五位一体"总体布局和"四个全面"战略布局在天津实施，深入贯彻落实党中央关于京津冀协同发展重大国家战略和市委的实施要求、习近平总书记对天津工作"三个着力"的重要要求、中央和市委关于进一步把社会主义核心价值观融入法治建设等要求，从地方立法角度保障党的路线方针政策和市委重大决策部

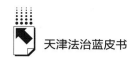
署的贯彻实施，使党的主张成为全社会共同遵守的制度规范。

3. 持续完善党领导立法工作的制度保障

认真贯彻中央关于加强党领导立法工作的意见和市委的实施意见，出台了相关制度规范。健全重大事项向市委请示报告制度，明确常委会党组向市委请示报告的范围和程序，将立法计划和政治性强、敏感度高的重要立法项目提请市委全面依法治市委员会审议。贯彻落实市委领导下的立法协调机制、工作机构日常联系机制、规范性文件备案审查衔接联动机制，确保党对立法工作的领导落到实处。

（二）坚持发挥人大主导作用，形成立法工作强大合力

1. 坚持"六个统一"，把好立项关

为妥善处理旺盛的立法需求和有限的立法资源之间的矛盾，常委会党组在市委领导下，科学统筹编制立法规划、立法计划，抓牢法规立项主动权。在充分论证、反复探索实践的基础上，逐步形成了"中央部署的、市委要求的、群众期盼的、实践急需的、条件成熟的和协调平衡的""六个统一"的立项标准，为把好立项关提供了科学路径。

2. 创新起草工作机制，夯实立法起草工作基础，形成工作合力

不断完善党委领导、人大主导、政府依托、各方参与的立法工作格局。常委会不断创新起草工作机制，把握法规起草主导权。充分发挥组织协调优势，通过提前介入、全程参与，联合起草、组织起草；实施"双组长制"等，从源头上把控部门利益倾向，夯实立法起草工作基础。推行联合起草工作模式，人大与政府相关部门、代表、专家学者组成联合起草组共同推进起草工作。对于涉及部门多、综合性强、协调难度大的项目，实行由常委会相关分管领导和市政府相关分管领导共同牵头的"双组长制"，推动起草工作提质增效。

3. 完善法规草案审议机制，提高审议质量和效率

实行常委会分组审议等行之有效的制度，健全审议意见的吸收采纳机制，着力提高审议和修改质量。充分发挥法制委员会统一审议职能，强化对

法规草案内容的把控，抓住关键条款，保证法规草案合法性、法规之间的协调性。充分发挥专门委员会的审议职能，利用与有关专业部门日常联系、熟悉业务的优势，对立法的必要性、合理性等提出审议意见，为常委会审议法规草案把好第一关。

4. 尊重代表主体地位，充分发挥代表和专家学者作用

实行代表、专家学者分专题全程参与立法工作机制。发挥人民代表大会立法职能，除换届大会外，连续六年将事关天津发展大局、事关群众切身利益、社会关注度高的重要法规草案提请大会审议，实现代表大会审议法规草案常态化。针对提交代表大会审议的法规草案，组织代表进行会前集中研读，使代表充分了解立法背景、主要内容、实施准备等情况，进一步统一思想，凝聚共识。

（三）坚持行稳致远，确保立法高质量

提高立法质量，重在务实管用。天津市人大及其常委会坚持立好法、立良法、立务实管用之法，通过高质量立法践行科学立法、民主立法、依法立法的重要要求。

1. 坚持科学立法

立法工作应当严格遵循规律，做到符合自然规律、社会规律、立法规律。深化立法调研，逐步建立起多层次、广覆盖的立法调研工作机制，强化立法调研的针对性和精细度。深入开展立法评估。制定了《关于地方立法中涉及的重大利益调整论证咨询的工作规范》和《关于争议较大的重要地方立法事项引入第三方评估的工作规范》。委托高等院校对《天津市促进科技成果转化条例》进行法规通过前评估，对法规草案结构安排的科学性、合理性以及制度设计的可行性等进行科学研判。委托第三方对《天津市建设工程质量管理条例》《天津市建筑市场管理条例》《天津市消费者权益保护条例》开展立法后评估，为法规的修改完善提供参考和依据。深度推进立法研究，综合分析地方立法特点，梳理立法工作经验，总结立法工作规律，先后形成了《京津冀协同发展立法保障研究》《京津沪渝四直辖市地方

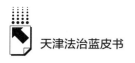
立法特点研究》《地方立法工作 40 年的成就与经验》《地方立法精细化研究与探索》《地方立法工作体系研究》《充分发挥人大立法主导作用的路径探索》等重要研究成果，为地方立法工作提供重要的理论支撑。

2. 坚持民主立法

积极探索在地方立法工作中坚持和践行全过程人民民主的实现形式和路径。建立法规草案公示征求意见制度，实行立法听证和论证制度。在立法中不断畅通和拓宽倾听民意的渠道，通过座谈、论证、听证等多种方式，征集、吸纳社会各方面意见。通过面对面交流沟通、发函、媒体公示法规草案、设立热线电话等方式，充分征求各方面意见，使地方立法更加接地气。不断完善基层立法联系点建设，充分发挥基层立法联系点的桥梁纽带作用，加强与设立在部分区人大常委会法制室、乡镇人大、人大代表所在企业、基层律师工作委员会等基层单位的 8 个基层立法联系点的联系，所有法规草案都要通过基层立法联系点征求基层单位和群众的意见建议，使地方性法规更充分地汇聚民意、集中民智，也为法规的实施奠定了坚实的社会基础和广泛的群众基础。

3. 坚持依法立法

始终做到依职权立法，凡是规定为国家事权的立法事项，绝不越权；严格依照程序立法，严格遵守《立法法》的规定，保证立法程序规范。坚决守住立法底线，努力做到不抵触、有特色、可操作，确保与国家法律、行政法规、地方性法规协调一致、有效衔接。围绕落实"放管服"改革、《民法典》实施等，市人大常委会积极运用"一揽子打包"立法技术，分多个批次，修改、废止了相关地方性法规。不断加强和改进备案审查工作，加强备案审查制度和能力建设，按照"有件必备、有备必审、有错必纠"的工作要求，制定实施规范性文件备案审查办法，理顺备案审查工作流程，对备案审查工作各个环节作出更加细化的规定，全力维护国家法治的统一、权威和尊严。

（四）坚持注重实效，以法规实施推动法治进程

徒法不足以自行。天津市人大常委会创新工作机制，扎实推动法规落地落实见效。

1. 注重加强立法宣传

牢牢把握立法全过程舆论引导主动权，不断创新立法宣传工作机制。综合运用新闻发布会、宣传贯彻推动会、执法人员培训、媒体法规解读以及第一时间召开新闻发布会等多种形式，深入宣传法规内容。鼓励各类媒体利用各自优势宣传法规，主动配合中央和地方媒体采访报道，努力使立法的过程成为普及法律知识、弘扬法治精神、增强全社会法治观念的路径，为法律法规实施营造良好的社会环境和舆论氛围。

2. 以人大监督推动法规实施

把立法和法规实施放在同等重要位置，统筹运用执法检查、专题询问等方式，确保把法规制度优势转化为治理效能。重要法规实施后，及时组织开展监督工作，推进地方性法规进入执法、融入司法、列入普法，增强地方性法规实施的刚性和硬度。以《天津市文明行为促进条例》为例，2019 年 5 月，天津市人大常委会在条例生效后第十天即对条例组织开展执法检查，针对条例实施中的突出问题进行专题询问。2020 年 5 月，常委会再次对该条例实施情况开展执法检查，逐项核查了 2019 年执法检查整改落实情况，对新发现的问题，督促相关执法部门及时认真解决，使法规文本的内容切实成为社会普遍遵守的规范。除《天津市文明行为促进条例》外，常委会还对《天津市优化营商环境条例》《天津市机动车和非道路移动机械污染防治条例》等法规同步开展了执法检查，以人大监督强力推动法规的贯彻执行。

三　当前地方立法的发展新趋势

加快完善中国特色社会主义法律体系，为全面建设社会主义现代化国家提供法治保障，是新时代新任务对立法工作提出的新要求。新时代立法工作要立足于新发展阶段、贯彻新发展理念，构建新发展格局，紧扣国家治理体系和治理能力现代化提出的实际法律需求，积极回应人民群众美好生活需求对法治建设的呼声期待，使各项工作更好地围绕中心和大局、更好地服务国家和人民。当前地方立法工作呈现出以下新趋势。

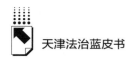

（一）立法需求日益旺盛

进入新时代，随着党和国家事业不断发展、人民美好生活需要日益增长、国际环境深刻复杂变化，各方面对立法的需求越来越多，也越来越迫切。新时代我国社会主要矛盾转化为"人民日益增长的美好生活需要和不平衡不充分的发展之间的矛盾"，反映在地方立法工作中，集中表现为"立法需求旺盛"与"立法资源有限"的矛盾。覆盖广、数量多、节奏快、要求高已经成为立法工作的新常态①。从近八年来天津市人大代表提出的地方立法议案情况（见表2）可以得到印证。

表2 天津市十六届、十七届人大代表提出的立法议案情况

序号	代表大会		议案总数（件）	立法议案（件）
	年份	会次		
1	2013	十六届一次	15	13
2	2014	十六届二次	10	9
3	2015	十六届三次	20	17
4	2016	十六届四次	44	34
5	2017	十六届六次	47	35
6	2018	十七届一次	42	30
7	2019	十七届二次	69	51
8	2020	十七届三次	83	70
总计	8 年	8 次	330	259

数据来源：天津市人民代表大会常务委员会法制工作委员会。

（二）立法工作步伐越来越快

当前，我国立法工作已经进入加快发展的新阶段②。2021 年 1 月，中共中央印发的《法治中国建设规划（2020～2025 年）》明确要求，"研究完善

---

① 2021 年 4 月 29 日栗战书在第十三届全国人大常委会第二十八次会议上的讲话，中国人大网，http：//www. npc. gov. cn/npc/c30834/202105/6c815986b20e46c3b31732206e323bd7. shtml。

② 《立法工作进入加快发展新阶段——解读全国人大常委会 2021 年度立法工作计划》，《法治日报》2021 年 6 月 15 日。

人大常委会会议制度，探索增加人大常委会审议法律法规案的会次安排"，这为各地加快立法工作步伐指明了方向。提高效率是对议事的普遍要求。2021年十三届全国人大四次会议修改了全国人大议事规则，明确提高议事质量和效率，代表在大会各种会议上发言应当围绕会议确定的议题进行，提出精简法律案审议程序等要求。全国人大议事规则的修改为地方人大下一步修改议事规则提供了方向，地方人大及其常委会应当进一步明确规范程序，提高议事效率。

（三）立法质量要求越来越高

《法治中国建设规划（2020~2025年）》明确要求，"逐步提高人大常委会专职委员特别是有法治实践经验的专职委员比例"，有立法权的地方应当紧密结合本地发展需要和实际，突出地方特色和针对性、实效性，创造性做好地方立法工作。健全地方立法工作机制，提高立法质量，确保不与上位法相抵触，切实避免越权立法、重复立法、盲目立法。

四 "十四五"时期天津地方立法展望

"十四五"时期，天津地方立法工作要主动适应新发展阶段，贯彻新发展理念，服务新发展格局，加快立法工作步伐，立好法、立良法，立务实管用之法，为全面建设社会主义现代化大都市提供法治保障。2021年是"十四五"开局之年，是中国共产党成立100周年，是实施"十四五"规划、开启全面建设社会主义现代化国家新征程的第一年，立法任务非常繁重，以高质量立法服务保障天津高质量发展，以优异的立法工作成绩献礼建党100周年。

（一）以习近平法治思想为指导，进一步提高立法质量和效率

习近平法治思想是习近平新时代中国特色社会主义思想的重要组成部分，是马克思主义法治理论中国化的最新成果，是全面依法治国的根本遵循和行动指南。在地方立法工作中要全面准确学习领会贯彻习近平法治思想，

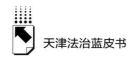

不断夯实新时期立法工作的思想理论基础。加快立法节奏，是新时期对地方立法工作提出的新要求。要坚持急用先行，区分轻重缓急，进一步提高立法质量和效率，不断加快立法工作步伐，多立快立务实管用的好法良法，努力使立法进程同治国理政、改革开放和现代化建设进程相适应。进一步提高审议效率。把需要多方沟通的问题解决在审议之前，对立法中存在的分歧，根据中央精神和市委要求，适时作出科学合理的决策，及时提请审议或表决通过，避免因个别条款意见分歧而久议不决，保障法规顺利审议和及时通过。对于实践急需且各方面意见一致的法规项目，经一次审议即表决通过。通过地方立法进一步明确提高议事效率要求。

（二）适应新时代新形势新任务，进一步加强重点领域、新兴领域立法

习近平总书记在全面依法治国工作会议上提出，要积极推进国家安全、科技创新、公共卫生、生物安全、生态文明、防范风险、涉外法治等重要领域立法。地方立法要吃透党中央精神，从政治和全局的高度深刻认识新时代立法工作担负的使命责任，集中力量、全力以赴完成好党中央部署的重大立法任务，积极回应人民群众对立法工作的新要求新期待，为推动高质量发展、统筹发展和安全提供法治支撑。要坚持聚焦重点，把有限的立法资源用在"刀刃上"。坚持推进重点领域立法，紧紧围绕高质量发展、保障改善民生、生态文明建设、社会主义核心价值观入法入规、基层社会治理以及京津冀协同发展等重点领域，实现以良法促进发展、保障善治。同时注重关注新兴领域立法，做好前瞻性立法研究，及时回应数字经济、互联网金融、人工智能、大数据、云计算等新兴技术领域的时代立法需求。

（三）立足实现"一基地三区"功能定位，进一步突出天津地方立法特色

地方特色是地方立法的生命力所在。做好地方立法工作，必须从本地实际出发，反映本地特有的区位优势、发展特点和战略机遇对地方立法调整的

需求，突出地方特色。《京津冀协同发展规划纲要》明确赋予天津全国先进制造研发基地、北方国际航运核心区、金融创新运营示范区、改革开放先行区"一基地三区"的功能定位。天津市委、市政府在《天津市国民经济和社会发展第十四个五年规划和二〇三五年远景目标的建议》中将基本实现"一基地三区"功能定位作为全市"十四五"规划的第一目标，把天津功能定位放到区域整体功能中去把握，将"一基地三区"建设作为落实京津冀协同发展重大国家战略的重要抓手，作为推动天津高质量发展的重要引擎。为进一步落实国家重大战略和"十四五"规划要求，开好局，起好步，需要通过地方立法，为加快实现"一基地三区"功能定位提供更为充分有效的法律制度供给和保障。目前，天津市人大常委会已经将制定推进北方国际航运枢纽建设条例、促进智能制造发展条例、海水淡化与综合利用条例等立法项目以及修改《天津市科学技术普及条例》列为 2021 年度安排审议项目①。

（四）注重"小切口"立法，进一步提升地方立法精细化水平

党的十八届四中全会提出"推进立法精细化"的要求。要充分发挥地方立法补充、先行、创制的积极作用，通过"小切口"立法解决大问题，不追求立法的"大而全"和"小而全"，增强立法的针对性、及时性和可操作性。一是在立法项目上进一步精细化，精选立法项目。围绕天津法治建设的实际需求，着重从改革发展的重点特色领域选题立项，法规要"小而精""精而准"，善于以小见大。二是在法规体例上进一步精细化，不盲目追求法规体系和结构完整，"需要几条制定几条"。三是在条款内容设计上进一步精细化，以立足实用、确保管用为基本要求，以解决问题、推进发展、保障合法权益为基本出发点，针对关键问题和薄弱环节创新具体制度、制订切实可行的解决措施，注重用具体、明确的量化标准和叙述取代笼统、模糊的原则性要求，细化自由裁量权范围等，增强法规的可操作性和可执行性。

---

① 详见《天津市人大常委会 2021 年度立法项目》，天津人大微信公众号，2021 年 3 月 31 日。

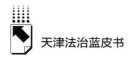

附件

党的十八大以来天津市人大及其常委会通过的法规及有关法规性决定目录

序号	通过时间	法规/决定名称
天津市十五届人大及其常委会		
1	2012 年 11 月 22 日	《天津市实施〈中华人民共和国村民委员会组织法〉办法》(修订)
2	2012 年 11 月 22 日	《天津市实施〈中华人民共和国义务教育法〉办法》(修订)
3	2012 年 12 月 24 日	《天津市人体器官捐献条例》
4	2012 年 12 月 24 日	《天津市无线电管理条例》
5	2013 年 1 月 21 日	《天津市建设工程施工安全管理条例》
天津市十六届人大及其常委会		
1	2013 年 7 月 23 日	《天津市促进商业发展若干规定》
2	2013 年 9 月 24 日	《天津市人民代表大会常务委员会关于修改〈天津市盐业管理条例〉的决定》
3	2013 年 9 月 24 日	《天津市人民代表大会常务委员会关于修改〈天津市科学技术普及条例〉的决定》
4	2013 年 11 月 7 日	《天津市人民代表大会常务委员会人事任免办法》
5	2013 年 11 月 7 日	《天津市少数民族权益保障规定》
6	2013 年 12 月 17 日	《天津市教育督导条例》
7	2013 年 12 月 17 日	《天津市实施〈中华人民共和国水土保持法〉办法》
8	2014 年 1 月 22 日	《天津市绿化条例》
9	2014 年 2 月 14 日	《天津市人民代表大会常务委员会关于批准划定永久性保护生态区域的决定》
10	2014 年 2 月 14 日	《天津市人民代表大会常务委员会关于修改〈天津市人口与计划生育条例〉的决定》
11	2014 年 5 月 23 日	《天津市促进中小企业发展条例》
12	2014 年 5 月 23 日	《天津市人民代表大会常务委员会关于修改〈天津市房地产交易管理条例〉的决定》
13	2014 年 5 月 23 日	《天津市人民代表大会常务委员会关于修改〈天津市制定地方性法规听证办法〉的决定》
14	2014 年 7 月 25 日	《天津市人民代表大会常务委员会公示地方性法规案办法》(修订)
15	2014 年 7 月 25 日	《天津市农民专业合作社促进条例》
16	2014 年 11 月 28 日	《天津市失业保险条例》(修订)
17	2014 年 11 月 28 日	《天津市电力设施保护条例》
18	2014 年 11 月 28 日	《天津市医疗纠纷处置条例》

续表

序号	通过时间	法规/决定名称
19	2014 年 11 月 28 日	《天津市预防未成年人犯罪条例》
20	2014 年 12 月 23 日	《天津市养老服务促进条例》
21	2014 年 12 月 23 日	《天津市实施〈中华人民共和国国防动员法〉办法》
22	2015 年 1 月 15 日	《天津市人民代表大会常务委员会关于在中国（天津）自由贸易试验区暂时调整实施本市有关地方性法规规定的决定》
23	2015 年 1 月 30 日	《天津市大气污染防治条例》
24	2015 年 3 月 24 日	《天津市人民代表大会常务委员会关于鼓励促进改革创新的决定》
25	2015 年 5 月 21 日	《天津滨海新区条例》（修订）
26	2015 年 5 月 21 日	《天津市实施〈中华人民共和国突发事件应对法〉办法》
27	2015 年 7 月 24 日	《天津市学校安全条例》
28	2015 年 8 月 19 日	《天津市客运公共交通管理条例》
29	2015 年 11 月 27 日	《天津市人民代表大会常务委员会关于修改〈天津市海洋环境保护条例〉的决定》
30	2015 年 12 月 24 日	《中国（天津）自由贸易试验区条例》
31	2015 年 12 月 24 日	《天津市实施宪法宣誓制度办法》
32	2016 年 1 月 24 日	《天津市人民代表大会常务委员会关于修改〈天津市人口与计划生育条例〉的决定》
33	2016 年 1 月 29 日	《天津市水污染防治条例》
34	2016 年 3 月 30 日	《天津市人民代表大会常务委员会关于修改部分地方性法规的决定》
35	2016 年 3 月 30 日	《天津市沿海边防治安管理条例》
36	2016 年 5 月 27 日	《天津市人民代表大会常务委员会关于修改部分地方性法规的决定》
37	2016 年 5 月 27 日	《天津市学前教育条例》
38	2016 年 7 月 29 日	《天津市不动产登记条例》
39	2016 年 7 月 29 日	《天津市湿地保护条例》
40	2016 年 7 月 29 日	《天津市人民代表大会常务委员会关于修改部分地方性法规的决定》
41	2016 年 9 月 28 日	《天津市人民代表大会常务委员会关于修改〈天津市地方性法规制定条例〉的决定》
42	2016 年 11 月 18 日	《天津市安全生产条例》（修订）
43	2016 年 11 月 18 日	《天津市妇女权益保障条例》
44	2016 年 12 月 15 日	《天津市实施〈中华人民共和国农业技术推广法〉办法》（修订）
45	2017 年 1 月 9 日	《天津市医院安全秩序管理条例》

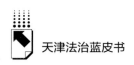

续表

序号	通过时间	法规/决定名称
46	2017 年 1 月 20 日	《天津市人民代表大会代表建议、批评和意见工作条例》
47	2017 年 1 月 20 日	《天津市人民代表大会关于农作物秸秆综合利用和露天禁烧的决定》
48	2017 年 3 月 22 日	《天津市人民代表大会常务委员会关于修改〈天津市实施《中华人民共和国台湾同胞投资保护法》办法〉的决定》
49	2017 年 6 月 2 日	《天津市住房公积金管理条例》（修订）
50	2017 年 7 月 26 日	《天津市促进科技成果转化条例》
51	2017 年 7 月 26 日	《天津市人民代表大会常务委员会关于修改〈天津市实施《中华人民共和国母婴保健法》办法〉的决定》
52	2017 年 7 月 26 日	《天津市人工影响天气管理条例》
53	2017 年 9 月 27 日	《天津市市场和质量监督管理若干规定》
54	2017 年 9 月 27 日	《天津市人民代表大会常务委员会执法检查办法》
55	2017 年 11 月 28 日	《天津市公共电信基础设施建设和保护条例》
56	2017 年 11 月 28 日	《天津市人民代表大会常务委员会关于修改部分地方性法规的决定》
57	2017 年 11 月 28 日	《天津市见义勇为人员奖励和保护条例》
58	2017 年 11 月 28 日	《天津市禁毒条例》
59	2017 年 11 月 28 日	《天津市志愿服务条例》
60	2017 年 11 月 28 日	《天津市人民代表大会常务委员会关于禁止燃放烟花爆竹的决定》
61	2017 年 12 月 22 日	《天津市公路管理条例》（修订）
62	2017 年 12 月 22 日	《天津市人民代表大会常务委员会关于天津市应税大气污染物和水污染物具体使用税额的决定》
63	2017 年 12 月 22 日	《天津市人民代表大会常务委员会关于修改〈天津市人民代表大会常务委员会人事任免办法〉〈天津市实施宪法宣誓制度办法〉的决定》
64	2017 年 12 月 22 日	《天津市人民代表大会常务委员会关于修改部分地方性法规的决定》
天津市十七届人大及其常委会		
1	2018 年 3 月 29 日	《天津市人民代表大会常务委员会关于修改〈天津市实施宪法宣誓制度办法〉的决定》
2	2018 年 3 月 29 日	《天津市人民代表大会常务委员会关于加强滨海新区与中心城区中间地带规划管控建设绿色生态屏障的决定》
3	2018 年 5 月 28 日	《天津市人民代表大会常务委员会关于修改〈天津市物业管理条例〉的决定》

续表

序号	通过时间	法规/决定名称
4	2018 年 7 月 25 日	《天津市人民代表大会常务委员会讨论、决定重大事项的规定》（修订）
5	2018 年 9 月 29 日	《天津市公共文化服务保障与促进条例》
6	2018 年 9 月 29 日	《天津市特种设备安全条例》
7	2018 年 9 月 29 日	《天津市实施〈中华人民共和国种子法〉办法》（修订）
8	2018 年 9 月 29 日	《天津市人民代表大会常务委员会关于修改部分地方性法规的决定》
9	2018 年 11 月 21 日	《天津市预防和治理校园欺凌若干规定》
10	2018 年 11 月 21 日	《天津市预算审查监督条例》
11	2018 年 11 月 21 日	《天津市促进精神文明建设条例》
12	2018 年 11 月 21 日	《天津市人民代表大会常务委员会关于市人民政府机构改革涉及地方性法规规定的行政机关职责调整问题的决定》
13	2018 年 11 月 21 日	《天津市人民代表大会常务委员会关于修改〈天津市消费者权益保护条例〉等四部地方性法规的决定》
14	2018 年 12 月 14 日	《天津市促进大数据发展应用条例》
15	2018 年 12 月 14 日	《天津市非物质文化遗产保护条例》
16	2018 年 12 月 14 日	《天津市地名管理条例》（修订）
17	2018 年 12 月 14 日	《天津市人民代表大会常务委员会关于修改〈天津市植物保护条例〉等三十二部地方性法规的决定》
18	2019 年 1 月 18 日	《天津市生态环境保护条例》
19	2019 年 3 月 29 日	《天津市文明行为促进条例》
20	2019 年 5 月 30 日	《天津市地方金融监督管理条例》
21	2019 年 5 月 30 日	《天津市人民代表大会常务委员会关于天津市耕地占用税具体适用税额的决定》
22	2019 年 5 月 30 日	《天津市人民代表大会常务委员会关于修改〈天津市实施《中华人民共和国城市居民委员会组织法》办法〉等十部地方性法规的决定》
23	2019 年 5 月 30 日	《天津市人民代表大会常务委员会关于修改〈天津经济技术开发区条例〉〈天津港保税区条例〉〈天津新技术产业园区管理条例〉的决定》
24	2019 年 7 月 31 日	《天津市优化营商环境条例》
25	2019 年 7 月 31 日	《天津市政府投资管理条例》
26	2019 年 7 月 31 日	《天津市人民代表大会常务委员会关于修改〈天津市节约用水条例〉的决定》
27	2019 年 9 月 27 日	《天津市知识产权保护条例》

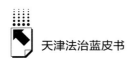

续表

序号	通过时间	法规/决定名称
28	2019 年 9 月 27 日	《天津市司法鉴定管理条例》
29	2019 年 9 月 27 日	《天津市公安机关警务辅助人员管理条例》
30	2019 年 9 月 27 日	《天津市人民代表大会常务委员会关于促进和保障新时代滨海新区高质量发展的决定》
31	2019 年 12 月 11 日	《天津市土壤污染防治条例》
32	2019 年 12 月 11 日	《天津市农业机械化促进条例》
33	2019 年 12 月 11 日	《天津市基本医疗保险条例》
34	2020 年 1 月 3 日	《天津市人民代表大会常务委员会关于推进实施国土空间发展战略的决定》
35	2020 年 1 月 18 日	《天津市机动车和非道路移动机械排放污染防治条例》
36	2020 年 2 月 14 日	《天津市人民代表大会常务委员会关于依法做好新型冠状病毒肺炎疫情防控工作　切实保障人民群众生命健康安全的决定》
37	2020 年 2 月 14 日	《天津市人民代表大会常务委员会关于禁止食用野生动物的决定》
38	2020 年 5 月 18 日	《天津国家自主创新示范区条例》
39	2020 年 5 月 18 日	《天津市突发公共卫生事件应急管理办法》
40	2020 年 7 月 29 日	《天津市生活垃圾管理条例》
41	2020 年 7 月 29 日	《天津市宗教事务条例》
42	2020 年 7 月 29 日	《天津市人民代表大会常务委员会关于天津市资源税适用税率、计征方式及减征免征办法的决定》
43	2020 年 7 月 29 日	《天津市人民代表大会常务委员会关于修改〈天津市海洋环境保护条例〉的决定》
44	2020 年 9 月 25 日	《天津市街道办事处条例》
45	2020 年 9 月 25 日	《天津市人民代表大会常务委员会和区人民代表大会常务委员会规范性文件备案审查办法》
46	2020 年 9 月 25 日	《天津市绿色生态屏障管控地区管理若干规定》
47	2020 年 9 月 25 日	《天津市人民代表大会常务委员会关于修改〈天津市供电用电条例〉等七部地方性法规的决定》
48	2020 年 9 月 25 日	《天津市人民代表大会常务委员会关于废止〈天津市社会办医机构管理条例〉的决定》
49	2020 年 12 月 1 日	《天津市网络虚假信息治理若干规定》
50	2020 年 12 月 1 日	《天津市工会劳动法律监督条例》
51	2020 年 12 月 1 日	《天津市道路交通安全若干规定》
52	2020 年 12 月 1 日	《天津市社会信用条例》
53	2020 年 12 月 1 日	《天津市养老服务促进条例》(修订)
通过地方性法规和法规性决定共计 122 件		

数据来源：天津市人民代表大会常务委员会法制工作委员会。

B.3
京津冀协同立法的天津实践
与完善保障机制探索

张宜云*

摘　要： 自京津冀协同发展作为重大国家战略实施以来，天津市加强与北京市、河北省的沟通协商，着力推动京津冀立法工作协同，建立完善协同立法体制机制，优先部署有关京津冀协同发展的立法项目，组织开展京津冀协同发展立法引领与保障专题研究，从立法层面保障促进京津冀协同发展重大国家战略贯彻落实，协同立法工作取得显著成效。未来将进一步创新协同立法体制机制，拓宽协同立法领域和协同工作领域，发挥区域协同先行先试作用，不断探索完善协同立法事项范围，创造性地做好立法、监督等工作。

关键词： 协同立法　立法项目协同　协同机制　保障机制

京津冀协同发展是习近平总书记谋划推动的重大国家战略，是统筹推进"五位一体"总体布局、协调推进"四个全面"战略布局和贯彻落实新发展理念的伟大实践。天津市人大常委会坚持以习近平新时代中国特色社会主义思想为指导，认真学习贯彻习近平总书记关于京津冀协同发展的重大战略思想，学习贯彻习近平总书记对天津工作"三个着力"重要要求，牢固树立

---

* 张宜云，天津市人大立法研究所，副研究员，研究方向：地方立法。市人大常委会法制工作委员会、市人大立法研究所提供相关资料。

"四个意识"，坚定"四个自信"，做到"两个维护"，认真贯彻落实中央决策部署和市委要求，始终把推动京津冀协同发展作为重大政治任务，加强与北京市、河北省的沟通协商，着力推动京津冀立法工作协同，建立完善协同立法体制机制，优先安排有关京津冀协同发展的立法项目，组织开展京津冀协同发展立法引领与保障专题研究，从立法层面为京津冀协同发展重大国家战略的实施筑牢法治根基，扎实推进协同立法工作，取得了丰硕的成果。目前，天津市在《天津市生态环境保护条例》《中国（天津）自由贸易试验区条例》《天津市公路管理条例》等27件地方性法规中设专章或专条规定了区域协同（见附件）。在制定涉及京津冀协同发展的地方性法规时，专门就涉及区域发展的内容征求北京市、河北省人大常委会意见，力求通过制度规范增强京津冀区域一致性、协同性和融合性。

一 天津市持续推进协同立法的实践成效

2014年京津冀协同发展上升为重大国家战略以来，天津市主动增强协同意识，与北京市、河北省一道，认真贯彻中央和市委关于京津冀协同发展的总体部署和工作要求，积极推动京津冀协同立法，不断把"协"的文章做足，把"同"的文章做宽，把"协同"的文章做实做深。三地人大先后召开七次立法工作联席会议，制定了《关于加强京津冀人大立法工作协同的若干意见》《京津冀人大立法项目协同办法》《京津冀人大法制工作机构联系办法》《京津冀人大立法项目协同实施细则》等规范性文件，优先推动交通一体化、生态环保、产业升级转移三个重点协同领域立法项目，构建起比较系统的协同立法工作机制。

（一）加强与京冀两地人大协作，持续推进立法工作协同

1. 持续推进立法项目协同

按照《京津冀协同发展规划纲要》要求，环境保护是协同发展的重中之重。同呼吸，共命运，深受雾霾困扰的京津冀区域，共同治理大气污染成

为三地的高度共识，也成为三地协同立法的重点和切入点。天津市人大常委会注重加强与京冀两地的合作，积极推进立法项目协同。与京冀两地人大积极探索建立了立法项目协同机制，就协同方式、协同内容等进行了初步实践。在确定事关京津冀协同发展的重要立法项目时，采取主动登门听取意见或者书面征求意见的方式，与京冀人大充分沟通协商。同时，对北京市、河北省人大常委会征求意见的立法项目，高度重视，深入研究论证，积极提出意见建议。

市人大常委会先后将公路管理条例、生态环境保护条例、机动车和非道路移动机械排放污染防治条例确定为三地重点协同立法项目。值得指出的是，机动车和非道路移动机械排放污染防治条例，在全国人大常委会法工委指导下，三地人大先后11次召开座谈会、联席会、协调会、论证会等，交流工作情况，加强沟通协调，在法规名称、立法原则、调整对象、篇章结构、主要制度、协同机制等方面取得协调一致。在2020年初的三地人代会上分别表决通过，并同步实施。这是京津冀第一个同步立法的实质性成果，是我国第一部区域协同统一对有关污染防治作出全面规定的区域性立法，率先在省级层面为全国区域协同立法提供了制度范本，探索了地方立法新形式。通过多年不懈努力，天津与京冀两地项目内容协同层次更高，项目协同实践方式更加紧密，立法项目协同全面持续深化，立法工作协同取得突破性进展。

2. 优先保障京津冀协同发展重大立法项目落实

京津冀协同发展重大国家战略的核心是有序疏解北京非首都功能。天津市人大常委会高度重视京津冀协同发展立法保障，积极主动承接北京非首都功能疏解，全力支持和服务河北雄安新区建设，紧密围绕《京津冀协同发展规划纲要》提出的生态环境保护、交通一体化、产业升级转移等三个需要率先突破的重点领域，将有关京津冀协同发展的立法项目作为立法计划重点，集中优势力量加快推进立法进程，优先保障京津冀协同发展重大立法项目落实，全力推进重大国家战略在天津实施。落实全国人大常委会领导同志关于雄安新区建设和白洋淀水资源保护工作的批示，对《白洋淀生态环境

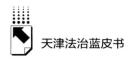

治理和保护条例（草案）》进行认真研究，围绕京津冀区域协同治理、联席会商和联防共治机制等问题提出修改建议。参加在雄安新区召开的征求意见建议座谈会，三地人大常委会分管负责同志及法工委相关负责同志对雄安新区和白洋淀生态环境治理情况进行立法调研，共同讨论完善《白洋淀生态环境治理和保护条例（草案）》，就落实协同治理的机制措施等问题提出工作建议，为协同做好雄安新区建设和白洋淀生态环境保护立法贡献力量。

（二）加强协同发展立法保障理论研究，推动研究成果转化

为更好地实现三地协同立法、提高立法工作水平，天津市深入开展协同发展立法保障理论研究。天津市人大常委会高度重视立法保障理论研究工作，2015 年 5 月以来在常委会有关领导同志的指导下，组织优势力量开展了京津冀协同发展立法引领与保障专题研究，于 2017 年 9 月形成了《京津冀协同发展立法引领与保障研究报告》，在第四次京津冀人大立法工作协同座谈会上正式发布。报告紧密围绕京津冀协同发展重大国家战略、促进区域发展的相关立法例研究、京津冀协同发展立法引领与保障的实现途径、健全京津冀协同发展立法引领与保障的工作机制等方面，进行了深入系统阐述，围绕京津冀协同发展的立法需求，从国家立法、三省市协同立法和天津市立法三个层面进行分析，提出了 34 项立法项目建议，为天津更好地推动三地立法工作协同提供了有力的理论支撑和项目支持。报告形成后，积极推动立法项目建议转化。截至目前，对报告中提出的 13 项国家层面立法项目建议，通过在津的全国人大代表在全国人民代表大会会议期间提出 3 件议案和 1 件建议，分别是关于制订"京津冀区域规划法"的议案、关于制订"京津冀区域生态补偿法"的议案、关于制订"京津冀区域大气污染防治特别应对法"的议案和关于制订"京津冀交通一体化促进条例"的建议，得到了全国人大和国务院有关部门的重视。报告中提出的 21 项地方协同立法项目建议，有 9 项已转化为地方性法规，有 6 项已列入《天津市第十七届人大常委会立法规划（2020～2022 年）》，从立法工作层面保障了京津冀协同发展重大国家战略的实施。

（三）与京冀人大开展联合监督，推动立法协同法规落地落实

机动车和非道路移动机械排放污染防治条例是京津冀协同立法的首个实质性成果，也是京津冀三地人大常委会在监督工作中协同开展的第一个项目，实现了立法同步、实施同步、检查同步。在条例施行前，三地人大常委会共同商定对条例实施情况协同开展执法检查。2020年4月27日，京津冀三地人大通过视频方式联合召开新闻发布会，共同发布三地的机动车和非道路移动机械排放污染防治条例，宣布三地人大将探索尝试协同进行执法检查，确保条例实施。2020年6月11日，三地人大常委会同时启动对条例的执法检查。执法检查采取了京津冀分别自查与三地联合调研相结合的方式，在各自检查的基础上，三地人大常委会副主任共同带队在天津市武清区、河北省廊坊市和北京市开展了条例实施情况的联合检查和调研，促进区域环境协同治理。2020年9月，在第七次京津冀协同立法工作座谈会上，三地人大常委会交流了执法检查情况，形成了进一步贯彻实施条例、共同改善区域大气环境质量的意见建议。

二 立法协同的推进机制与制度保障

（一）制定实施协同立法系列规范性文件

1. 建立立法工作协同顶层制度框架

天津市人大常委会深刻认识京津冀协同发展重大国家战略的重要意义，坚持以制度建设为依托，加强立法协同的顶层设计，建立起京津冀立法工作协同制度框架。2014年，积极响应河北省人大常委会提出的关于加强京津冀协同立法的建议，主动承担起草了《关于加强京津冀人大立法工作协同的若干意见（讨论稿）》，经与北京市、河北省两地法制工作机构共同研究修改，在2015年3月天津召开的第一次京津冀人大立法工作协同座谈会上讨论并一致通过。该意见就加强三地人大立法工作协同问题作出全面安排，

明确了三地人大要加强立法沟通协商和信息共享,加强重大立法项目联合攻关,加强地方立法理论研究协作,加强立法工作经验和立法成果的交流互鉴,建立健全立法工作协同保障机制。该意见的制定出台,标志着天津市与京冀两地立法工作协同制度框架正式确立,奠定了区域立法工作协同的制度基础。

2. 形成协同立法专项制度规范

立法工作协同制度框架确立后,天津市人大常委会深入推进立法协同相关工作开展。2016 年天津市人大常委会修改《天津市地方性法规制定条例》,增加规定:"地方性法规案涉及区域协同发展的,还可以征求相关省、自治区、直辖市人民代表大会常务委员会有关工作机构的意见。"2017 年、2018 年、2020 年牵头研究起草了《京津冀人大法制工作机构联系办法》《京津冀人大关于协同推进强化公共卫生法治保障立法修法工作的意见》,参与起草了《京津冀人大立法项目协同办法》《京津冀人大立法项目协同实施细则》4 个专项制度文件。其中,《京津冀人大法制工作机构联系办法》从三地立法工作联系沟通方式、联席会议机制、联席会议议题、法规草案意见征求机制、立法信息共享机制、理论研究协作机制等方面作了相应规定。《京津冀人大立法项目协同办法》就具体立法项目如何协同工作提出了要求,明确了三地立法项目协同原则、项目确定方式、协同起草方式、项目会商机制、法规宣传解释协作、立法后评估等事项。《京津冀人大立法项目协同实施细则》在《京津冀人大立法项目协同办法》基础上,对项目协同的有关事项作了更为细化的规定,明确了三级沟通协调机制建立、立法项目协同实施方案确定、立法共性问题研究和相关成果落实、法规清理协同开展等内容。2020 年新冠肺炎疫情发生后,三地人大积极落实党中央关于突出抓好北京等重点地区疫情防控、完善京津冀联防联控机制的要求,着眼于保障人民群众生命安全和身体健康、防范化解重大公共卫生风险,协同推进公共卫生法治保障立法修法工作。在天津召开的第七次京津冀协同立法工作座谈会上,原则通过了《京津冀人大关于协同推进强化公共卫生法治保障立法修法工作的意见》。意见明确,三地人大常委会协同推动完成传染病防治、院前医疗急救服务、促进中医药发展、突发事件应对和动物防疫等 5 项立法修法重点工作任务。在巩固完善已有协同立法工作机制基础上，进一步总结经验，创新机制，建立重大项目联合攻关、重点项目联合起草、加强工作沟通协调、加强协同立法工作宣传和继续探索协同开展执法检查等保障机制。

上述五个协同立法规范性文件（见表1）分别经京津冀三地人大常委会主任会议审议通过后在三地印发实施，以制度机制保障了协同立法的有序推进，增强了三地人大立法工作协同实效。

表 1　京津冀三地人大协同立法规范性文件

序号	时间	文件名称
1	2015 年 3 月	《关于加强京津冀人大立法工作协同的若干意见》
2	2017 年 2 月	《京津冀人大立法项目协同办法》
3	2017 年 9 月	《京津冀人大立法项目协同实施细则》
4	2018 年 7 月	《京津冀人大法制工作机构联系办法》
5	2020 年 9 月	《京津冀人大常委会关于协同推进强化公共卫生法治保障立法修法工作的意见》

数据来源：天津市人民代表大会常务委员会法制工作委员会。

（二）建立完善立法工作协同相关会议机制

1. 京津冀人大立法工作协同座谈会

为保障京津冀人大立法工作协同机制的长期持续发展，天津市人大常委会与京冀两地人大常委会商定，采取三方轮流牵头组织的方式，建立京津冀人大立法工作协同座谈会制度。截至 2020 年座谈会已召开七次，其中第一次、第四次、第七次会议在天津举行。2017 年召开的第四次会议和 2020 年 9 月召开的第七次会议，均邀请全国人大常委会相关领导到会指导，为京津冀协同立法把脉问诊，指明方向。借助会议平台，与京冀两地共同讨论研究协同立法机制文件，交流立法规划、年度立法计划，讨论重

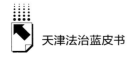
要法规的立法工作，研究有关立法专门问题。七年来，得益于全国人大法工委的帮助和指导，京津冀人大立法工作协同座谈会取得了丰硕成果，有效增强了三地人大的沟通交流，推动京津冀立法工作协同朝着更加成熟和完善的方向发展。

2. 京津冀人大法制工作机构联席会议

为更好地保障京津冀人大立法工作协同座谈会的顺利召开，推动立法协同相关工作的开展，天津市人大与北京市、河北省人大常委会商定，建立三地人大法制工作机构联席会议制度。截至 2020 年，联席会议已召开七次。借助这个平台，天津市人大与京冀两地研究确定京津冀人大立法工作协同座谈会议题，就协同立法项目有关具体问题及立法工作协同中的其他问题进行沟通交流，针对加强 2022 年冬奥会法制保障工作、机动车和非道路移动机械排放污染防治立法、白洋淀生态环境保护立法等积极提出意见建议，得到了京冀两地的高度认可，推动了立法协同相关工作的有序开展。

（三）建立完善立法项目协同机制

通过协商制定实施《京津冀人大立法项目协同办法》《京津冀人大立法项目协同实施细则》，天津市人大与京冀两地人大积极探索建立了立法项目协同机制，就协同方式、协同内容等进行了初步实践。将有序疏解北京非首都功能作为核心课题，在交通一体化、生态环保、产业升级转移等重点领域，选择关联度高的重要立法项目协同工作。建立常委会主管领导、法制工作机构负责人、立法项目小组三级沟通协调机制。在立法项目协同工作中，进一步深化和完善京津冀协同立法会商机制和信息共享机制，加强立法项目的协商沟通，共享重要立法信息。通过京津冀人大立法工作联席会议商定协同立法项目。协同立法项目经京津冀人大立法工作联席会议商定后，由各自的法制工作机构向人大常委会主任会议报告。立法项目协同起草可以采取三种方式：一方起草、其他两方密切配合，联合起草、协同修改，三方商定基本原则、分别起草。

三 深入推进京津冀协同立法的未来展望

区域协同立法作为立法领域的新事物，通过整合区域内立法资源优势，满足区域改革发展的共性需求，对于落实和推动区域协调发展战略具有积极意义。展望今后一个时期与京冀两地的区域协同立法，可以从以下几个方面重点发力。

（一）进一步创新协同立法体制机制

进入新时代，区域协调发展更加注重完善机制建设。习近平总书记指出，区域协调发展要简政放权，清理阻碍要素合理流动的地方性政策法规，清除市场壁垒，推动劳动力、资本、技术等要素跨区域流动。区域协同立法要持续创新协同立法体制机制，在现有工作基础上，紧密结合新时代新形势新要求，进一步发挥区域协同先行先试作用，不断探索完善协同立法事项范围，创造性地做好立法、监督等工作，加快形成可复制可推广的经验，依法保障京津冀协同发展国家战略的落实。要进一步深化认识，坚持党的领导，自觉增强协同意识，加强沟通协商，确保协同立法成果实现最大程度的一致性、融合性、协调性。按照2020年《京津冀人大常委会关于协同推进强化公共卫生法治保障立法修法工作的意见》，京津冀三地人大在未来一段时间内，将聚焦公共卫生领域开展立法协同工作，选择重点协同立法项目，开展集中攻关、联合研究、重点突破，推动形成一批公共卫生领域协同立法成果，为京津冀区域公共卫生安全提供法治保障。从单一立法项目的协同，到公共卫生领域内立法修法工作的整体协同，三地人大还将协同做好2022年冬奥会法治保障各项工作，京津冀协同立法进入了一个新的阶段，需要进一步创新和完善协同立法体制机制，探索积累新的经验并及时固化。

（二）进一步拓宽协同立法领域和协同工作领域

京津冀协同发展涉及的领域相当广泛，目前立法项目的协同主要集中于

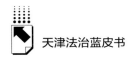

环境保护领域，交通一体化有所涉及，产业发展、公共服务等领域尚未全面展开。这固然与集中解决污染防治问题有关，但这还远远不能满足京津冀协同发展的需求。区域协调发展，还需要在生产要素自由流动、社会保障、公共服务等方面，统一制度机制，做好对接衔接。需要进一步拓宽三地人大立法项目协同的领域，以重点领域立法突破带动相关领域协同立法。向产业发展、公共服务领域扩展。下一步，需要通过协同立法等法治方式，加快破除区域间的体制机制障碍，推动区域间要素市场一体化，构建京津冀区域协同发展的体制机制，加快公共服务一体化改革。《京津冀协同发展立法引领与保障研究报告》提出在教育、农业、人才、养老、旅游和公路管理等领域实施协同立法的建议。下一步要进一步推动研究成果的转化落实，结合京津冀协同发展需要和天津市实际情况，立足天津市"一基地三区"功能定位，对能及时转化的研究成果及时转化，推动理论研究最终转变为对经济社会发展产生实际规范、促进效用的地方性法规，实现以立法项目促进区域协同立法。要主动适应实施"十四五"规划需要，推动单一立法项目协同向立法计划规划和立法调研协同延伸，以高质量立法推动高质量发展。除了立法工作方面的协同，可以进一步拓宽人大协同工作领域，并适时制定出台关于京津冀人大工作协同的规范性文件，建立全方位、多角度的人大工作协同机制，实现三地人大工作更深层次的协同。

（三）进一步加强与其他区域协同立法省市的沟通交流

近年来，全国人大常委会积极鼓励各地探索开展区域协同立法。京津冀、长三角、粤港澳等地率先探索开展区域立法协作，形成了一批区域协同立法成果。例如，2018年11月底，上海、江苏、浙江、安徽三省一市人大常委会分别作出了《关于支持和保障长三角地区更高质量一体化发展的决定》。2020年9月，上海、江苏、浙江两省一市人大常委会通过共同研究立法问题和立法路径、共同研究向全国人大常委会的请示、共同起草立法文本、共同召开新闻发布会等方式，同步出台了《关于促进和保障长三角生态绿色一体化发展示范区建设若干问题的决定》，解决了一体化建设中先期面临的重大问题，为长三角一体化示范区在生态环保等重点领域大胆创新奠定了坚实基础。先后通过的两个决定，都坚持了法治协同的理念：前者明确，各地制定地方性法规、政府规章、规范性文件，应当加强相互协同，逐步做到标准协同、监管协同；后者秉持"不破行政隶属、打破行政边界"的理念，就示范区建设同步作出法规性问题决定，在关键条款和内容的表述上保持高度一致。再如，2020年，经川渝两省市党委批准，川渝两省市人大常委会签订了《关于协同助力成渝地区双城经济圈建设的合作协议》，明确川渝两省市人大常委会将在协同立法、联动开展监督、代表活动、人大制度理论与实践研讨4个领域加强合作。两省市人大常委会协商将优化营商环境立法确定为川渝第一个协同立法项目。通过后的两省市优化营商环境条例框架结构基本一致。除总则、法律责任和附则完全一致外，还均从市场、政务、法治3个维度作了重点规范，共有30余个条款针对同类事项作出相近规定，实现了重要制度有机对接。2020年云南、贵州、四川三省人大常委会在全国人大常委会指导下，就协同保护赤水河开展协同立法，取得重要进展。要进一步加强与长三角、粤港澳、川渝、云贵川等区域的沟通交流，学习借鉴其他区域推进协同立法并凸显本地特色的先进理念和好的经验做法，深化对制约区域协同立法因素的理解和认识，在此基础上加强与京冀两地的经验理念共享，指导三地协同立法实践，在助推京津冀立法工作协同不断发展的同时凸显天津特色。

（四）进一步争取全国人大常委会的指导与支持

不可否认，区域协同立法是立法活动中的新生事物，涉及众多重大复杂的理论问题，需要在实践中不断探索，这离不开全国人大常委会法工委的指导与支持。2020年，在第二十六次全国地方立法工作座谈会上，区域协同立法成为高频词之一。一些地方建议全国人大常委会就如何在国家层面推动区域协同立法开展调研，必要时出台文件，加强工作指导，解决地方协同立法中面临的实际困难。2021年1月12日，中共中央印发《法治中国建设规划（2020~2025年）》，在"加强地方立法工作"部分明确提出，建立健全

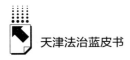

区域协同立法工作机制，加强全国人大常委会对跨区域地方立法的统一指导。下一步，在做好自身工作的基础上，天津人大应当更加积极主动地向全国人大常委会法工委汇报立法工作协同的新进展、新成效，同时对于如何构建人大工作协同机制，及时向全国人大常委会请示报告，主动争取全国人大常委会的指导与支持。

附件

天津市地方性法规中专章或专条规定京津冀协同发展内容的法规目录

序号	法规名称
1	《天津市大气污染防治条例》
2	《天津滨海新区条例》
3	《中国（天津）自由贸易试验区条例》
4	《天津市水污染防治条例》
5	《天津市地方性法规制定条例》
6	《天津市人民代表大会关于农作物秸秆综合利用和露天禁烧的决定》
7	《天津市促进科技成果转化条例》
8	《天津市人工影响天气管理条例》
9	《天津市志愿服务条例》
10	《天津市公路管理条例》
11	《天津市人民代表大会常务委员会关于禁止燃放烟花爆竹的决定》
12	《天津市人民代表大会常务委员会关于加强滨海新区与中心城区中间地带规划管控建设绿色生态屏障的决定》
13	《天津市公共文化服务保障与促进条例》
14	《天津市生态环境保护条例》
15	《天津市地方金融监督管理条例》
16	《天津市知识产权保护条例》
17	《天津市人民代表大会常务委员会关于促进和保障新时代滨海新区高质量发展的决定》
18	《天津市土壤污染防治条例》
19	《天津市农业机械化促进条例》
20	《天津市基本医疗保险条例》
21	《天津市人民代表大会常务委员会关于实施天津市国土空间发展战略的决定》
22	《天津市机动车和非道路移动机械排放污染防治条例》

续表

序号	法规名称
23	《天津市人民代表大会常务委员会关于依法做好新型冠状病毒肺炎疫情防控工作　切实保障人民群众生命健康安全的决定》
24	《天津国家自主创新示范区条例》
25	《天津市突发公共卫生事件应急管理办法》
26	《天津市道路交通安全若干规定》
27	《天津市社会信用条例》

B.4
天津生态环境立法的特色与实践探索

天津市生态环境立法研究课题组*

摘　要：　党的十八大以来，天津市牢固树立"绿水青山就是金山银山"的立法理念，持续加强生态环境领域立法工作，认真考量制度设定、监管模式和条款设计，切实增强制度设计的针对性。分类管理打好净土保卫战，率先以地方立法形式划定生态保护红线，加快推进重大生态建设工程，生态环境明显改善。当前生态环境治理体系的规范性有待提升，监管工作责任有待明确，法治宣传有待深入。今后将加强生态环境立法及法治保障工作，提升生态监督体系及安全责任体系的科学性，同时明确主体责任，增进社会共识，推动形成合力。

关键词：　生态环境　地方立法　生态监督　安全责任

习近平生态文明思想站在坚持和发展中国特色社会主义、实现中华民族伟大复兴中国梦的战略高度，回答了为什么建设生态文明、建设什么样的生态文明、怎样建设生态文明等重大理论实践问题，指明了生态文明建设的迫切需要和重要意义，也为地方生态环境立法指明了方向。认真学习领会习近平生态文明思想的深刻内涵，将其贯彻到生态环境立法的全过程，以法规的

* 执笔人：段威，天津社会科学院法学研究所，副研究员，研究方向为刑法学；古棋予，天津科技大学经济与管理学院，研究方向为法学基础理论。本文系2021年度天津社会科学院高端智库委托课题"京津冀一体化下平安建设体系研究"（课题编号：21YWT-10）阶段性成果。市人大常委会法工委提供相关资料。

刚性和制度的硬约束，推动树立社会主义生态文明观，促进人与自然和谐共生。近年来，天津在生态环境立法中进行了积极的实践探索，取得了丰硕的立法成果。

一 积极推进生态环境立法是新时代的必然要求

习近平总书记强调："建设生态文明，必须建立系统完整的生态文明制度体系，用制度保护生态环境。"① 在全面推进依法治国的进程中，要推进生态文明建设，提升环境质量，必须依靠法治的力量。

（一）加强生态环境立法是贯彻落实五位一体总体布局的必然要求

党中央把生态文明建设作为统筹推进"五位一体"总体布局和协调推进"四个全面"战略布局的重要内容，谋划了一系列根本性、开创性、长远性工作。党的十九大对加强生态文明建设、建设美丽中国作出了全面部署。党中央召开的全国生态环境保护大会和制定的《中共中央 国务院关于全面加强生态环境保护坚决打好污染防治攻坚战的意见》，对全面加强生态环境保护、坚决打好污染防治攻坚战提出了明确要求。天津市坚决贯彻中央决策部署，加强生态环境地方立法，立足天津实际推进生态文明建设法治化进程，让环保生态理念和绿色生活方式深入每个社区、每条街道、每个单位、每个村组，对于落实"五位一体"总体布局、推动美丽中国建设意义重大。

（二）加强生态环境立法是构筑环首都东南部生态屏障的必然要求

天津建城六百余年来，素有"畿辅门户"之称。作为首都的东大门，天津既要担负起政治"护城河"的作用，也要持续打造草木繁茂、天空湛蓝、碧波环绕的美丽环境，守好首都的生态"护城河"。近年来，天津市不

---

① http://jhsjk.people.cn/article/23518718，最后访问日期：2021 年 9 月 3 日。

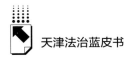
断加强生态环境立法，积极推动绿色生态屏障建设，以京津冀区域生态环境体系为整体，以规划为引领谋篇布局。同时，连通北京生态绿楔和环首都森林湿地公园等重要节点，打通东南部平原地区生态廊道，注重生态环境的有机性与整体性，构建完整的区域生态空间布局，充分发挥生态屏障对改善首都生态环境的重要作用。

（三）加强生态环境立法是建设五个现代化天津的必然要求

天津城市未来发展的新坐标，是建设创新发展、开放包容、生态宜居、民主法治、文明幸福的现代化天津，这五个方面互为条件、互为因果、浑然一体。生态宜居是现代化大都市治理的原则，克服"大城市病"，生态宜居、绿色发展是"一把钢尺"。天津市委、市政府采取有力措施，加大防治力度，推动生态环境保护工作取得重大进展。及时安排立法项目，将实践中成熟的经验做法和行之有效的举措及时凝练并上升为法规制度，用地方立法保障中央决策部署和市委工作要求有效落实，推动提升环境治理能力和水平，形成绿色发展方式和生活方式，保障生态宜居的现代化天津建设顺利推进。

二 天津市生态环境立法的原则与实践成效

天津市人大常委会牢固树立"绿水青山就是金山银山"的立法理念，坚持以生态环境建设和保护为先，认真考量制度设置、监管模式和条款设计，深入研究涉及的关键问题，切实增强制度设计的针对性。

（一）生态环境立法的原则

一是坚持规划引领。注重发挥规划的战略引领和刚性约束作用，作出《天津市人民代表大会常务委员会关于加强滨海新区与中心城区中间地带规划管控　建设绿色生态屏障的决定》，将总面积 736 平方千米的区域纳入管控范围，规划先行，为建设"大水、大绿、成林、成片"的生态屏障提供有力支撑。

二是坚持源头预防。在修订《天津市大气污染防治条例》前，先进行天津大气颗粒物源解析工作，根据源解析结果有针对性地进行制度设计，牢牢把控住污染源头。

三是坚持从严管控。制定最严格的标准，采取最严厉的治理措施，实施最严厉的法律制裁，凸显了铁腕治污、猛药去疴的决心与力度。

四是坚持统筹治理。牢固树立"山水林田湖草是一个生命共同体"的生态保护理念，综合考虑各生态环境要素的保护需要统筹治理。制定《天津市生态环境保护条例》，作出关于批准划定永久性保护生态区域的决定，用制度约束手段，守护青山绿水、留住蓝天白云。

五是坚持综合施策。综合运用法律、经济、行政、舆论等治理手段，构建多层次、全方位的法律责任体系，避免以罚代管，切实提升执法实效。

（二）生态环境立法的实施成效

十八大以来，天津多项环保作战计划重点出击，污染防治攻坚迈向纵深。严控燃煤污染、工业污染、机动车污染、扬尘污染、新建项目环保准入，治理工业、城镇生活、农业农村三类废水，分类管理打好净土保卫战，率先以地方立法形式划定生态保护红线，加快推进"871"重大生态建设工程，生态环境明显改善，城市更加宜居。

《天津市大气污染防治条例》2015年实施以来，天津逐渐摆脱了雾霾的笼罩，再现蓝天白云。2020年，SO_2、CO年均浓度稳定达到国家标准，PM10、NO_2首次达到国家标准，O_3浓度基本保持稳定，PM2.5年均浓度降至48微克/立方米，同比下降5.8%。达标天数245天，同比增加26天。重污染天数11天，同比减少4天。

《天津市水污染防治条例》2016年实施以来，黑臭水体陆续得到整治，再现了碧波荡漾、绿水环绕的美好水环境。2020年，国控断面优良水质比例55%，同比提高5个百分点；劣V类水质首次清零，同比下降5个百分点。12条入海河流从"全部为劣"到"全部消劣"。近岸海域优良水质比例达到70.4%，提高53.8个百分点。

同时，天津市持续推进科学立法，综合考虑群众关注度、成熟度、可操作性、各生态要素之间的关系以及实施效果等因素，先后制定《天津市绿化条例》《天津市大气污染防治条例》《天津市水污染防治条例》《天津市湿地保护条例》《天津市生态环境保护条例》等法规，综合运用行政、法律、经济、科技等多种手段，不断提升生态环境法治治理能力和水平，生态环境不断改善，人民群众的"绿色幸福感"显著提升。

三　天津市生态环境立法的经验做法

近年来，天津市深入贯彻落实习近平生态文明思想以及创新、协调、绿色、开放、共享发展理念，构建生态宜居天津，采取满足人民群众美好环境需要的实际举措。

（一）根据实践需求，精心选取立法项目

天津市人大常委会紧紧围绕天津面临的生态环境重点问题，选择绿化、水环境、大气环境、土壤环境等与人民生活密切相关的生态要素，开展充分调研论证，科学进行立法顶层设计，综合考虑群众关注度、成熟度、可操作性、各生态要素之间的关系、实施效果等因素，先后制定《天津市绿化条例》《天津市大气污染防治条例》《天津市水污染防治条例》《天津市湿地保护条例》《天津市生态环境保护条例》等法规，作出了《天津市人民代表大会关于农作物秸秆综合利用和露天禁烧的决定》《天津市人民代表大会常务委员会关于批准划定永久性保护生态区域的决定》《天津市人民代表大会常务委员会关于禁止燃放烟花爆竹的决定》《天津市人民代表大会常务委员会关于加强滨海新区与中心城区中间地带规划管控　建设绿色生态屏障的决定》等。生态环境立法取得丰硕成果，促进环境质量持续向好。

（二）关注民生，充分发挥代表大会审议职能

《立法法》第76条明确，规定本行政区域特别重大事项的地方性法规，

应当由人民代表大会通过。如何具体把握"规定本行政区域特别重大事项"这一标准，天津给出的答案是："群众关注度高的、涉及面广的、最需要动员全社会力量的"立法项目。生态无小事，蓝天、碧水、净土，不仅关系到城市的生存和发展，更关系到每个人的生命与健康。经过持续不懈思考、研究、探索，天津市人大常委会将生态环境领域法规提交权威性更高、影响力更大的代表大会审议。天津市十六届人大二次、三次、四次、五次会议以及天津市十七届人大二次会议连续通过《天津市绿化条例》《天津市大气污染防治条例》《天津市水污染防治条例》《天津市人民代表大会关于农作物秸秆综合利用和露天禁烧的决定》《天津市生态环境保护条例》。除了换届大会以外，常态化在代表大会上审议通过地方性法规，使生态环保制度和观念在更广范围内达成共识，获得了市人大代表和天津人民的高度认可。

（三）加强合作，深入推进区域协同立法

推进生态文明建设，并非一地之事，也非一时之举。主动增强协同意识，与北京市、河北省人大常委会一道，以地方立法推动京津冀协同发展重大国家战略在生态环境领域取得率先突破。一是建立立法协同工作机制。近年来，三地人大建立了京津冀人大立法工作联席会制度、法制工作机构密切合作机制、重要立法项目工作协同机制等，为生态环保领域立法项目协同奠定了良好的基础。二是推进立法项目协同。京津冀三方共同商定协同立法项目，对涉及的难点、重点、焦点问题进行联合攻关。例如，三地人大选择机动车和非道路移动机械污染防治条例作为立法协同项目，做到了同步调研论证、同步修改完善、同步提请代表大会审议，在条例草案名称、调整对象、篇章结构、主要制度、区域协同专章以及同类违法行为法律责任等六大方面内容实现基本协同。三是立法注重服务保障京津冀协同发展。在制定《天津市大气污染防治条例》《天津市水污染防治条例》等本市地方性法规时，设专章或专条规定京津冀区域协同内容。在制定多部地方性法规时，还就涉及区域生态环境的内容征求北京市、河北省人大常委会意见，力求在制度规范上增强京津冀区域一致性、协同性和融合性。

（四）加强统筹，持续做好法规清理工作

生态环境地方立法要注重标准不能降、措施不能松。2017 年，按照全国人大常委会要求，对涉及生态文明建设和环境保护的 44 件地方性法规进行专项清理，分两批对 8 件地方性法规作出修改。2018 年，对有关生态环境保护的部分地方性法规进行了清理。法规清理工作日趋规范，建立了常委会党组和主任会议领导、法制工作机构统筹协调、人大和政府各部门及相关组织分工协作模式，形成了地方性法规主动、及时、系统的清理工作机制，切实维护社会主义法制统一。

四　天津市生态保护工作中存在的问题

目前天津市生态保护在实践工作中还存在治理体系规范性欠缺、主体责任不明、生态法治宣传不足等问题，制约了天津市生态文明建设工作的深入推进。

（一）治理体系的规范性有待提升

天津市各区生态环境差异较大，如七里海、北大港、大黄堡、团泊洼等湿地保护和修复，滨海新区与中心城区之间 736 平方千米绿色生态屏障区建设，渤海直排海污染源整治行动，蓟州山区生态保护，等等。重点生态工程监管工作任务重，在法律践行、资金保障、人员编制、能力建设等方面存在不足，资源能源高效集约利用和资源环境承载力监测预警制度尚未建立健全，生态文明建设绩效考核机制力度有待加强，绿色市场引导机制不够成熟。再如，天津市区内生活垃圾分类处理、餐饮污染、施工扬尘等问题，发现、举报、核查、侦办、整治、回访等法律监管及生态环境保护督查工作体系规范性、科学性尚有不足。

（二）监管工作责任有待明确

天津市打击环境违法犯罪力度逐年加大。2020 年，市高级人民法院与市生态环境局、市生态环境科学研究院联合发布《2019 年天津法院环境资源审判白皮书》，不断提升生态文明法治保障工作的科学性、主动性。但实践中仍存在一些问题亟待解决。例如，对于水污染、大气污染的鉴定问题，存在司法鉴定机构较少、周期长、鉴定费承担难等问题，对办案效率形成制约；再如，检察机关履行职责中工作触点受限，对公益诉讼相关数据信息掌握不全面，处于被动接收信息状况；又如，行政公益诉讼涉及领域的专业知识繁杂，如垃圾污染问题，涉及监测、检测、修复、治理多个环节，涉及空气、土壤、噪声等多个因素，缺乏专业知识的办案人员很难准确把握建议内容。

（三）生态法治宣传有待深入

首先，生态文化的普及工作有待加强。目前，全社会"保护环境、人人有责"的观念没有真正建立起来，生态思维不能持之以恒地贯彻到观念与行为中，导致损害生态环境的现象时有发生。其次，有关部门对生态文化建设工作流程以及标准把握未达成共识，对生态法治的宣传形式单一，对损害生态环境行为的处罚力度不够。最后，特色文化保护与传承不足。工作中缺少对民俗文化、耕读文化、"津沽"风貌以及"九河下梢，水乡泽国"生态环境等的价值延伸。

五　完善生态环境立法的建议

以立法工作为基础，不断加强天津市生态环境立法及法治保障工作，能够提升天津市生态监督体系及安全责任体系的科学性，同时明确主体责任，增进社会共识，推动形成合力，让"绿水青山就是金山银山"的意义与做法真正深入人心。

（一）必须坚定不移坚持党对立法工作的领导，积极发挥人大及其常委会在立法中的主导作用

一方面，坚持在党的领导下做好生态环境立法工作。认真学习习近平生

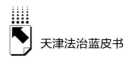

态文明思想的核心价值，自觉领会"生态文明建设是关系中华民族永续发展的根本大计""生态兴则文明兴，生态衰则文明衰"等重要论断。不断完善党领导立法工作制度，进一步明确常委会党组向市委请示报告的范围和程序，将立法计划和政治性强、敏感度高的重要立法项目提请市委全面依法治市委员会审议，确保党对立法工作的领导落到实处。

另一方面，面对生态环境治理难题，天津人大及其常委会应充分发挥主导作用，不断创新工作机制，提高立法质量和效率，回应人民群众对建设美丽津城、改善环境质量的热切期盼。一是创新起草工作机制。积极探索和实践人大与政府相关部门、代表、专家学者组成起草组共同推进起草的联合工作模式。对于涉及部门多、综合性强、协调难度大的项目，实行由常委会分管副主任和政府分管副市长共同挂帅的"双组长制"，推动起草工作提质增效。二是创新审议工作机制，提高审议质量。加强法规内容宣传，拓宽渠道，反复征求全体市人大代表和有关方面的意见。建立法规草案研读工作机制，在提交代表大会审议前，通过区人大组织市人大代表、基层单位和市民集中研读法规草案，听取意见、答疑解惑，最大限度地凝聚共识。

（二）打造科学的生态监督体系，完善生态安全责任体系

1. 科学打造地方立法体系

一是集中精力推进生态环境重点领域立法，以"小切口解决大问题"。同时通过行政处罚和刑事追责依法治理环境违法企业，通过提升企业环境违法犯罪成本达到震慑、警示作用。二是建立生态环境监测评价考核指标体系和机制，全面实行行政首长负责制，推进生态环境保护精细化监管。促进企业产业能级提升，切实从源头控制和减少污染排放。三是做实区域污染联防联控联动体系。深化区—镇（街道）—村（居）环境三级管理机制建设，充分发挥街镇和村居基层力量。以环境监察网格化管理平台为基础，在开展部分环评审批权限下放试点的基础上，探索其他环境管理权限下放的方式和机制，建立有效的环境问题发现—处置—反馈机制，提升环境监督管理质效。

2. 加大执法力度，完善生态安全责任体系

一方面，建立公益诉讼信息中心智慧辅助办案平台。将市场监管信息系统、国土部门的土地执法系统、生态环境部门系统、人社局系统及林业部门等相关系统数据纳入公益诉讼信息辅助办案平台，运用大数据、人工智能、云计算等手段，分析研判发现监督点、案源信息，设置多角度案源搜索功能，通过人工智能技术分析案源，并设置红黄蓝等分级预警，高级预警的优先推送，辅助行政执法检查监督，提升办案质效。另一方面，通过法律法规进一步明确生态文明建设各主体责任，积极推动各级政府通过权责清单等方式建立分工明确、责权清晰的环境监管和环境保护工作体系，强化环境监管体系的可问责性。完善政府绩效评价考核制度，明晰生态环境维护与改善对政策绩效、监管绩效的评价考核价值。

3. 坚持以人民为中心，提高全民生态文明意识

首先，重视发挥党委领导、人大主导、政府依托、社会各界广泛参与的作用，形成良好格局。进一步提升天津市立法的民主性与科学性，让公众有序参与天津市地方立法工作，充分保障公众对生态文明立法决策的知情权、决策参与权、监督权等。正如《商君书·壹言》所言："法不察民情而立之，则不威。"尊重人民主体地位，把维护人民利益作为立法工作的出发点和落脚点。要拓宽倾听民意渠道。通过座谈、论证、听证等多种方式，征集、广泛听取社会各方意见。同时，将审议中的法规草案全部实现网上公示，尤其是部分重要法规草案通过新闻媒体广泛征求意见。积极发挥智库作用，组织专家学者深度参与立法活动，建立和完善 8 个基层立法联系点，力求地方性法规更充分地体现民智、凝聚共识。

其次，通过常委会会议宣传报道、主要新闻媒体公示、新闻发布会、宣传贯彻会、实施座谈会等多种方式，广泛采用声屏电网多种载体，深入宣传法规内容，弘扬法治精神，推动节能环保、绿色低碳理念深入人心，为法规实施营造良好的社会氛围。此外，将生态文明宣传与法治社会建设和"八五"普法相结合。广泛开展绿色家庭、绿色社区、绿色机关、绿色服务机构等创建活动，增强全民生态文明理念。

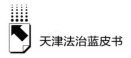
最后，全面深化"以人为本"观念，以生动的案例广泛宣讲破坏环境和非生态生活方式的危害性，并释明相应承担的法律责任，严厉惩治危害生态环境的行为。同时积极引导公众践行绿色生活方式，让"环境就是民生，青山就是美丽，蓝天也是幸福"意识深入民心。此外，深入贯彻落实习近平生态文明思想，持续深化生态环境立法实践，不断夯实制度基础、彰显法治力量，为美丽天津建设提供坚实的法治保障。

B.5
社会主义核心价值观融入天津
地方立法的实践与思考

——以《天津市文明行为促进条例》立法为例

天津市文明行为促进条例研究课题组*

摘　要： 近年来，天津市以地方性法规的硬约束，形成了具有天津特色、弘扬和践行社会主义核心价值观的法规制度体系。内容全面、标准要高、规范具体、处罚要严，是制定《天津市文明行为促进条例》的基本思路，分为总则、文明行为基本规范、管理与促进、倡导与奖励、执法与处罚和附则等6章81条。社会主义核心价值观入法的过程，是实现道德法律化的过程。要慎重把握道德法律化的"度"，确定道德入法的合理切入点。要注意增强社会主义核心价值观融入地方立法的可执行性、实效性和平衡性等问题。

关键词： 社会主义核心价值观　地方立法　文明行为　道德法律化

　　法安天下，德润人心。道德与法的关系作为古老的法哲学命题在中国特色社会主义新时代被赋予了新的时代内涵。党的十八大提出，倡导富强、民主、文明、和谐，倡导自由、平等、公正、法治，倡导爱国、敬业、诚信、

---

　*　执笔人：张宜云。课题组成员：李彤，天津市人大常委会法制工作委员会二处处长；张宜云，天津市人大立法研究所，副研究员，研究方向：地方立法；马楠，天津市人大立法研究所助理研究员，研究方向：地方立法。天津市人大常委会法制工作委员会、市人大立法研究所提供相关资料。

友善，积极培育和践行社会主义核心价值观。这 24 个字分别从不同层面规范了国家、社会和公民的核心价值追求。党的十八大以来，党中央明确提出将社会主义核心价值观融入法治建设。《中共中央关于全面推进依法治国若干重大问题的决定》强调，"坚持依法治国和以德治国相结合。国家和社会治理需要法律和道德共同发挥作用"。中共中央印发的《社会主义核心价值观融入法治建设立法修法规划》强调，要加强道德领域突出问题专项立法，把一些基本道德要求及时上升为法律规范，推动社会主义核心价值观内化于心、外化于行①。党的十九大进一步提出，把社会主义核心价值观融入社会发展各方面。近年来，天津市人大常委会将践行和弘扬社会主义核心价值观作为重点立法领域，通过一系列地方立法推动社会主义核心价值观落地，确定道德入法的合理切入点，以明确、具体、可操作的规范，实现法律与道德的良性互动，进而达到法律和道德相辅相成、法治和德治相得益彰。

一 社会主义核心价值观融入地方立法的典型表达

2019 年 3 月 29 日，天津市十七届人大常委会第九次会议表决通过了《天津市文明行为促进条例》（以下简称《条例》），于 2019 年 5 月 1 日起施行。《条例》从文明行为基本规范入手，以法治的刚性和硬度推动文明生活方式和文明行为习惯的养成。《条例》与《天津市促进精神文明建设条例》形成互补联动、相得益彰的立法姊妹篇，成为全国首创，构建了从顶层设计到基层落实、从理念诠释到行动规划的科学体系②。

（一）立法背景和起草过程

1. 制定《条例》的重大意义

一是贯彻落实中央决策部署、以法治方式弘扬社会主义核心价值观的实

---

① 《中共中央印发〈社会主义核心价值观融入法治建设立法修法规划〉》，中国政府网，http://www.gov.cn/zhengce/2018－05/07/content_ 5288843.htm。

② 陈灿平：《〈天津市文明行为促进条例〉亮点与适用》，《天津日报》2019 年 4 月 8 日。

际行动。制定《天津市文明行为促进条例》，与先前出台的《天津市促进精神文明建设条例》形成姊妹篇，使天津市精神文明领域的法治建设基本覆盖了宏观建设、引领和促进文明、规范基本行为等各个方面，构成了更为系统、更为全面、更为具体的制度体系，为以法治方式弘扬社会主义核心价值观提供了更为完备的制度保障。

二是巩固全域创建文明城市成果，增强人民群众幸福感、获得感、安全感的重要举措。文明行为反映的不单单是人的文明素质，更能折射人们的思想观念和精神风貌。这些都是天津实现高质量发展、营造良好营商环境的重要基础条件。制定《条例》，就是要树立更高的文明标准，以现代化、国际化大都市的标准来要求、来对标对表，打破人们固有的思想观念、思维方式，树立争创一流的信心和决心，以促进文明行为来提升城市品位，吸引海内外英才汇聚。

三是提振全市人民精神风貌、凝心聚力的重要举措。天津的精神文明建设有辉煌的一页。朝阳里社区被国家确定为社区志愿服务的发祥地。2019年1月17日，习近平总书记来天津视察工作，在密集的行程安排中专门到朝阳里社区视察，为社区志愿者们点赞。2月27日，市委十一届六次全会提出，要打造宜人宜居宜业的城市，大力提升规划建设管理水平，形成社会文明进步新风尚。制定《条例》，就是要巩固天津精神文明建设成果，不负总书记嘱托，不负人民群众期盼，创造天津市精神文明建设新的辉煌，切实增强人民群众幸福感、获得感、安全感。

四是为治理不文明行为、加强基层社会治理提供更为明确的法治依据。文明行为涉及方方面面。以往，相关的规范既有道德层面的，也有法律层面的，而且许多规范分散在多部法律法规中，对于市民来说，对不文明行为应当由谁来管、如何管等问题的知晓度不高，甚至一些基层执法人员对如何处理不文明行为也无所适从，造成许多困扰群众的不文明现象长期存在，如"膀爷""广场舞""遛路"等问题，成为基层社会治理的难点。制定《条例》，对文明行为作出集中规定，使行为规范、处理措施和执法主体都得到了明确，为治理不文明行为，加强基层社会治理提供更为明确的法治依据，

特别是针对带有天津地方特点、影响天津城市形象的不文明行为治理，为有关部门和乡镇街道执法提供了法规支撑和重要依据。

2.《条例》的起草过程

天津市领导高度重视这部条例的制定、宣传和贯彻实施，多次作出指示批示，提出明确具体的指导意见。天津市人大常委会把制定《天津市文明行为促进条例》作为 2019 年立法工作的"一号工程"。为使《条例》真正得到全社会最广泛的认可，并成为全市上下自觉的共同遵循，市人大常委会坚持开门立法，按照市委"真深入，真正做到公开、民主立法"的要求，拓宽公众参与渠道，广泛吸纳社会公众参与《条例》的制定。2018 年 12 月 24 日，向全市发布了制定《条例》的信息。2019 年 1 月 28 日至 2 月 10 日，通过互联网公开征集立法意见建议，短短两周时间，有 50 多万人次参与，提出 10 万余条意见建议，充分汇集了广大群众在立法治理不文明行为、推动建设文明城市方面的呼声和诉求，使文明行为立法工作有了深厚的群众基础。在广泛听取各方面意见的基础上，对执法机制创新、制度创新、措施创新等立法中的难点、焦点问题进行了专题论证，同时充分借鉴其他省市立法的成功经验和做法，对《条例》草案作了修改完善。3 月 20 日，市人大监察和司法委员会向主任会议汇报了《条例》草案起草、审议和修改情况。3 月 29 日，市十七届人大常委会第九次会议审议通过了《条例》。

（二）《条例》制定的基本思路

内容全面、标准要高、规范具体、处罚要严，是制定这部条例的基本思路。

1. 内容全面

政府及有关部门的职责既要与《天津市促进精神文明建设条例》相衔接，明确相关部门引导和促进文明行为的职责，也要明确相关部门的执法职责。行为基本规范内容既要覆盖与日常生活密切相关的各个方面，也要涵盖鼓励的、倡导的和禁止的。

2. 标准要高

一方面，要以现代化、国际化大都市应有的文明程度为标准，要与更高的标准对标对表，争创一流。另一方面，要提高法规规范的底线，要贯彻中央的要求，将一些领域的道德规范上升为法律规范，以法规的刚性和硬度加以约束。

3. 规范具体

要充分落实社会主义核心价值观，真正融入人们的日常生活。要把措施与执法部门一一对应，让社会群众从一部法规中明明白白地了解倡导什么、要求什么、禁止什么，了解不文明行为由哪个部门管，了解作出不文明行为会受到哪些处罚。

4. 处罚要严

借鉴其他城市的成功经验，以重典治理不文明行为，强化法规的刚性和硬度。在法治框架内，对不文明行为、不文明现象施以严厉的制裁。

（三）《条例》的主要内容

《条例》分为总则、文明行为基本规范、管理与促进、倡导与奖励、执法与处罚和附则等 6 章 81 条，主要规定了以下内容。

1. 明确文明行为基本规范

一是公共场所的行为规范，主要从着装礼仪、遵守秩序、维护公共环境等方面作出规定。二是交通出行的行为规范，主要从文明驾驶、行人文明通行、乘坐公共交通工具、使用共享交通工具、公交和出租车文明运营等方面作出规定。三是社区生活的行为规范，主要从邻里和睦、维护社区秩序和环境、文明养犬、移风易俗等方面作出了规定。四是保护生态环境的行为规范。此外，还从文明旅游、文明上网以及文明经营等方面，作出了规定。对国家公职人员、教育工作者、社会公众人物等群体提出了更高层次的要求。

2. 以重典治理不文明行为

针对天津市突出的不文明行为，列出"负面清单"，在法治框架内，提高不文明行为违法成本。《条例》对群众反映比较集中的不文明行为作出回应，针对日常生活中普遍存在的有损城市形象、与现代化国际大都市建设极不相称、广大群众深恶痛绝的不文明行为规定了严厉的处罚条款。按照地方立法的权限，将一些道德规范上升为地方性法规的规范，现行法律法规已有处罚规定的行为，按照最高额度设定处罚标准；现行法律法规未作处罚规定的不文明行为，立足天津实际，设定处罚标准。

3. 明确治理不文明行为的执法保障机制

一是明确了执法的主体和职责。同时规定相关部门向社会公布受理举报、投诉的方式和途径。二是明确了执法措施。行政执法部门依照有关法定职责，可以根据收集并核实的视频、照片、现场记录等信息对不文明行为进行查处；应当建立查处不文明行为的执法信息共享机制；行政执法部门查处不文明行为，需要相关部门提供必要信息的，相关部门应当按照有关规定提供。三是规定了文明执法的要求。治理不文明行为，行政执法人员首先应当文明执法，以过硬的文明素质对社会起到示范作用①。

二　《天津市文明行为促进条例》的实施效果

（一）大力宣传《条例》，文明行为理念深入人心

天津市将《条例》的宣传贯彻与创建文明城市紧密结合，广泛开展宣传，全面进行动员，印发各类单行本420万册、宣传页150万张，基本实现了全市单位和家庭全覆盖。市主要媒体通过《百姓问政》《公仆走进直播间》栏目持续开展宣传和舆论监督，推动政府部门对不文明行为问题进行专项整治。市文明网、文明天津公众号、抖音号等开设专题专栏，通过读图、短视频、H5等新媒体形式，深入宣传报道《条例》规定，凝聚践行《条例》的社会共识。市级相关职能部门积极加强宣传引导、以案释法，着

---

① 参见马楠《市民广泛参与共建文明幸福现代化天津——〈天津市文明行为促进条例〉立法纪实》，《天津人大》2019年第4期，第17~20页。

力推动《条例》贯彻实施。广大市民文明意识不断增强，自觉规范自我、主动参与文明行为活动，讲文明树新风的社会氛围日益浓厚。

（二）同步开展执法监督，持续推动法规实施

2019 年 5 月 10 日，天津市人大常委会启动《条例》执法检查。此次执法检查与以往不同，创新了执法检查方式，与法规的实施同步进行，目的是要突出全面有效实施《条例》的重要意义，进一步强化《条例》的刚性约束，为提升城市文明程度提供有力的法治保障。执法检查分为 5 个检查小组，采取市和区人大常委会同步检查、明察暗访、追踪监督等多种方式，实现全市 16 个区"全覆盖"。2020 年 5 月，市人大常委会再次对《条例》贯彻实施情况开展了执法检查，采取实地检查与有关部门自查、全面检查与随机暗访相结合等方式，逐项核查了 2019 年执法检查整改落实情况，对新发现的问题，督促相关执法部门及时认真解决，使法规文本内容切实成为社会普遍遵守的规范。2021 年，市人大常委会还将继续对《条例》进行执法检查。

（三）相关部门出台配套文件，严格文明执法，推动法规落地到位

"徒法不足以自行。"严格执法是法规实施的根本要求。天津市文明办将落实《条例》规定纳入文明城区、文明单位、文明家庭等测评细则，与文明创建工作同步推进。市发展改革委会同市市场监管委将文明行为纳入信用信息体系，形成了"1 + 16 + N"系统架构，推动联合奖惩工作。市民政局和市市场监管委成立联合工作机构，对迷信殡葬用品市场开展协同执法检查，进一步强化专项整治工作。落实建成区内禁止饲养烈性犬规定，细化了配套政策措施；针对共享单车无序投放问题，修订了相关指导意见和考核办法，进一步规范行业发展；针对私搭乱建问题，对违建人员实施限制交易等联合惩戒措施。

（四）市民广泛参与，形成践行文明行为的浓厚社会氛围

《条例》施行以来，广大市民群众广泛践行文明行为，积极参与不文明

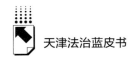

行为治理，以法治力量推进城市文明建设取得明显成效。据津云等媒体网络调查和市社科院"千户居民户卷调查"，广大居民对天津市开展文明行为规范治理的效果给予充分肯定。广大居民认为，《条例》在实施过程中得到了热烈响应和积极参与，《条例》以法治手段促进文明行为习惯养成，发挥了重要作用，不文明行为持续减少，专项治理效果比较显著。调查问卷结果显示，86.1%的居民认为《条例》实施已取得明显成效，88.9%的居民认为全市文明程度进一步提升，社会公众参与城市文明共建格局逐步形成。

在肯定《条例》实施带来的显著社会成效的同时，也应当清醒地认识到，文明行为促进和良好习惯养成是长期性、复杂性的工作，有时还会有反复。对此，要保持定力和耐心，要坚持韧劲不放松，把重点专项治理与常抓不懈结合起来，坚持持续发力，对不文明行为始终保持高压态势。不文明行为的治理具有长期性、反复性，要标本兼治、统筹推进、久久为功、持续用力。各级人大要加强跟踪监督，及时将发现的问题反馈给有关地方和部门，着力推动整改落实，形成监督闭环。要督促有关部门和单位认真履行《条例》规定的法律责任，将管理与促进、倡导与奖励、执法与处罚等各项工作任务落深落细落实，推动城市管理水平和社会文明程度持续提升。政府部门要进一步加强组织领导，强化统筹协调、协同配合，健全工作机制，压实监管责任，切实保障《条例》贯彻实施。针对不文明行为顽疾问题，要进一步细化配套措施和执法标准，强化行政执法监督。建立健全有奖举报制度，完善守信联合激励与失信联合惩戒机制，提升不文明行为治理的及时性和有效性。政府执法部门要针对履职过程中的问题，不断细化执法程序，强化执法指引，规范执法行为，堵塞执法漏洞，严格依照《条例》规定查处各种不文明行为。

三 社会主义核心价值观融入地方立法的天津实践与思考

社会主义核心价值观是社会主义法治建设的灵魂。践行社会主义核心价值观是地方立法工作的基本遵循。近年来，天津市人大常委会不断强化精神文明领域的立法工作，制定专项立法计划分步推进落实，将其作为重点立法领域在立法规划和年度立法计划中优先安排立法项目，先后出台了《天津市见义勇为人员奖励和保护条例》《天津市志愿服务条例》《天津市促进精神文明建设条例》《天津市文明行为促进条例》《天津市公共文化服务保障与促进条例》《天津市生活垃圾管理条例》《天津市网络虚假信息治理若干规定》《天津市社会信用条例》等一系列地方性法规，形成了具有天津特色、弘扬和践行社会主义核心价值观的法规制度体系（见表1），以地方性法规的硬约束，推动形成抑恶扬善、倡导文明诚信绿色生活的社会风尚。

表1　天津市践行和弘扬社会主义核心价值观方面的地方性法规

通过时间	法规名称
2017 年 11 月 28 日	《天津市见义勇为人员奖励和保护条例》
2017 年 11 月 28 日	《天津市禁毒条例》
2017 年 11 月 28 日	《天津市志愿服务条例》
2017 年 11 月 28 日	《天津市人民代表大会常务委员会关于禁止燃放烟花爆竹的决定》
2018 年 9 月 29 日	《天津市公共文化服务保障与促进条例》
2018 年 11 月 21 日	《天津市预防和治理校园欺凌若干规定》
2018 年 11 月 21 日	《天津市促进精神文明建设条例》
2018 年 12 月 14 日	《天津市非物质文化遗产保护条例》
2019 年 3 月 29 日	《天津市文明行为促进条例》
2019 年 7 月 31 日	《天津市人民代表大会常务委员会关于修改〈天津市节约用水条例〉的决定》
2020 年 2 月 14 日	《天津市人民代表大会常务委员会关于禁止食用野生动物的决定》
2020 年 7 月 29 日	《天津市生活垃圾管理条例》
2020 年 12 月 1 日	《天津市网络虚假信息治理若干规定》
2020 年 12 月 1 日	《天津市道路交通安全管理若干规定》
2020 年 12 月 1 日	《天津市社会信用条例》
2020 年 12 月 1 日	《天津市养老服务促进条例》

数据来源：天津市人民代表大会常务委员会法制工作委员会。

（一）社会主义核心价值观融入地方立法的总体思路

社会主义核心价值观作为抽象的价值要求，要融入地方立法，不能停留在简单的原则性、宣示性条款，要以具体制度设计来承载核心价值观，且要

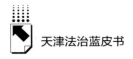

考虑制度设计的时代性和阶段性。比如，《天津市促进精神文明建设条例》体现精神文明建设的宏观思路，紧紧围绕精神文明建设的主要任务，以明确和落实精神文明建设责任为切入点，从国家机关和有关部门职责、社会组织责任、个人责任三个维度，规定各类主体在精神文明建设中的职责和任务，形成全社会共同参与的精神文明建设格局，搭建起本市精神文明建设工作的宏观制度体系。微观上，《天津市文明行为促进条例》紧密结合时代特点和本市实际情况，以文明行为作为精神文明建设的重要抓手，明确了文明行为基本规范，通过文明生活方式和文明行为习惯养成这一"小切口"，推动文明幸福的现代化天津建设蔚然成风。

天津市已经出台的地方性法规，充分将社会主义核心价值观融入各项法规，推动形成文明社会的法规体系。在原有青年志愿服务条例的基础上，制定了《天津市志愿服务条例》。这是国家《志愿服务条例》施行后，国内出台的第一部志愿服务方面的地方性法规。为加强见义勇为人员奖励和保护工作，最大限度解决见义勇为人员的后顾之忧，形成尊崇英雄、弘扬正义的良好风尚，修订了《天津市见义勇为人员奖励和保护条例》。除了营造良好的社会氛围，必要的物质保障也必不可少。制定《天津市公共文化服务保障与促进条例》，加强公共设施建设和公共服务保障，丰富群众精神文化生活，有力推动天津公共文化服务发展。制定了《天津市预防和治理校园欺凌若干规定》，这是我国首部规范校园欺凌预防和治理的地方性法规。疫情发生后，为革除滥食野生动物陋习，倡导科学健康文明的生活方式和饮食习惯，作出了《天津市人民代表大会常务委员会关于禁止食用野生动物的决定》。制定了《天津市生活垃圾管理条例》，以法治力量推动形成垃圾分类投放绿色生活方式。为倡导安全文明出行，营造安全、有序、畅通、文明的道路交通环境，制定了新的《天津市道路交通安全管理若干规定》。为倡导诚实守信、健康文明、向上向善、理性表达的网络行为，推动传播社会主义核心价值观，营造清朗的网络空间，制定了《天津市网络虚假信息治理若干规定》。为更好满足老年人养老服务需求，营造养老、孝老、敬老的良好社会氛围，修订了《天津市养老服务促进条例》。为加强社会诚信建设，培育和践行社会主义核心价值观，提高社会信用水平，营造良好的营商环境，在全国较早制定了《天津市社会信用条例》，对守信主体依法实施激励措施，对失信主体依法实施惩戒措施，促进天津市经济高质量发展。

（二）社会主义核心价值观融入地方立法的切入点

社会主义核心价值观入法的过程，是实现道德法律化的过程。但道德法律化绝不混同于泛法律主义，要慎重把握道德法律化的"度"，确定道德入法的合理切入点。

1. 法律化的道德应属社会公德

自然人作为生活在社会网格中的独立个体，其行为涉及的领域一般可分为社会公共领域和私人领域。社会公德是调整公共领域行为的道德，与法的调整范围具有高度契合性。《宪法》第 51 条规定："中华人民共和国公民在行使自由和权利的时候，不得损害国家的、社会的、集体的利益和其他公民的合法的自由和权利。"这是对基本权利的"概括限制"，即公民的行为只要不存在外部损害即不受限制。《天津市文明行为促进条例》将在公共场所"赤膊"、乘坐公共交通工具或者等候服务插队加塞、在图书馆等应当保持安静的公共场所大声喧哗等不文明行为列入法规规制范围，其前提是将"赤膊"、加塞、大声喧哗等行为限定在"公共场所"，因为这些行为影响了社会文明秩序。

2. 法律化的道德应为基本道德

一般认为，道德体系包含两个层次：第一个层次是基本道德，即最低限度的道德，这一层次的道德是法律系统与道德系统相互交叉、重合的部分；第二个层次的道德是一种更高层次的伦理规范，是有助于提高生活质量和增进人与人紧密联系的美德，如慷慨、仁慈、博爱等。法作为具有普遍约束力的行为规范，纳入法律范围的道德标准应当以社会成员力所能及为限，通过义务性、禁止性规范指引实现基本道德，通过赋予个体自主选择权的权利性规范指引实现更高层次的道德。例如，《天津市文明行为促进条例》第二章规定了文明行为的基本规范，即属于第一层次的基础道德，第四章关于志愿

服务、见义勇为、无偿献血、人体器官捐献等予以倡导与奖励的文明行为，属于更高层次的美德范畴。在一部法规中充分体现了文明行为的层次，明确了哪些是应当要做的行为，哪些是倡导去做的行为。

（三）社会主义核心价值观融入地方立法应当注意的方面

1. 增强社会主义核心价值观融入地方立法的可执行性

法律关系的本质是权利义务关系，立法过程是通过调整权利义务关系，把普通的社会关系上升为法律关系的过程。社会主义核心价值观入法，是把核心价值观的要求转化为法律关系主体所承担的权利和义务。《条例》将社会主义核心价值观落细、落深、落实，把措施与执法部门一一对应，让社会群众从一部法规中明明白白地了解倡导什么、要求什么、禁止什么，使文明行为真正融入人们的日常生活。

2. 保障社会主义核心价值观融入地方立法的实效性

习近平总书记指出，要把社会主义核心价值观的要求体现到宪法法律、法规规章和公共政策中，转化为具有刚性约束力的法律规定。《条例》第二章以正面清单的方式，明确了公共场所、交通出行、社区生活、保护生态四个方面文明行为基本规范，第五章以负面清单的方式一一对应列出不文明行为所应承担的法律后果。通过硬规矩增强法规的约束力，切实提高社会主义核心价值观入法的实效性。

3. 实现社会主义核心价值观融入地方立法的平衡性

立法过程是利弊权衡的过程，要通过合理的制度设计实现法的价值，要通过义务性、禁止性规范指引实现基本道德，通过权利性规范指引实现更高层次的道德。立法要为践行更高层次道德的个体提供保障，排除其可能面临的社会风险。轰动一时的彭宇案引发见义勇为全民大讨论，如何让英雄流血不流泪，最大限度实现法的公平正义，成为该项道德立法追求的最大价值。《天津市见义勇为人员奖励和保护条例》围绕"弘扬与褒奖""保护与激励"，转变立法思路，突出强调政府在奖励和保护见义勇为人员方面的主动作为，最大限度解除见义勇为人员的后顾之忧。

B.6
规范性文件备案审查工作的实践与思考

规范性文件备案审查研究课题组*

摘　要：　天津市人大常委会始终高度重视备案审查制度建设，着力健全法规、规章、规范性文件备案审查制度，备案审查能力建设水平显著提高，信息化水平持续提升，但仍然存在报备不规范不及时、专家学者作用发挥不充分、人员配备有待加强等问题。未来将进一步健全协调机制，形成备案审查工作合力。在主动审查工作中引入专业力量，推动专家智库参与各类审查工作。加强工作机构与信息化建设，提高备案审查工作能力。

关键词：　规范性文件　备案审查　职能分工　制度程序

党的十八大以来，以习近平同志为核心的党中央多次对备案审查工作提出明确要求。面对新要求、新任务，须认真贯彻《各级人民代表大会常务委员会监督法》以及中央精神，学习借鉴全国人大和地方人大工作经验，着力推进备案审查工作实践，探索备案审查工作规律。

一　天津市规范性文件备案审查工作情况简述

天津市人大常委会坚持以习近平新时代中国特色社会主义思想为指导，

---

* 执笔人：段威，天津社会科学院法学研究所，副研究员，研究方向为刑法学。天津市人大常委会法制工作委员会提供相关资料。

认真学习贯彻党的十九大及十九届二中、三中、四中、五中全会精神，全面贯彻落实党中央决策部署和全国人大常委会关于备案审查工作的新要求，坚持"有件必备、有备必审、有错必纠"原则，认真履行法律监督职责，在规范备案、加强审查、监督纠错、推动信息化建设等方面持续加强和改进，规范性文件备案审查工作不断取得新进展。

（一）规范性文件备案工作情况

《天津市人民代表大会常务委员会和区人民代表大会常务委员会规范性文件备案审查办法》（以下简称《办法》）已由天津市第十七届人民代表大会常务委员会第二十三次会议于 2020 年 9 月 25 日通过，自 2020 年 11 月 1 日起施行。根据《办法》规定，市人民政府规章，市人民政府发布的决定、命令和其他规范性文件，以市人民政府办公厅名义发布的规范性文件，市监察委员会、市高级人民法院、市人民检察院制定的规范性文件，区人大及其常委会作出的决议、决定以及其他规范性文件，应当自公布之日起 30 日内报送市人大常委会备案。

2016～2020 年，天津市各报送备案机关共向市人大常委会报送备案规范性文件 608 件，其中天津市政府规章 27 件、天津市政府及其办公厅规范性文件 366 件，天津市高级人民法院规范性文件 78 件，天津市人民检察院规范性文件 15 件，天津市各区人大及其常委会规范性文件 122 件（见表 1）。从数据总体情况看，规范性文件报备工作基本做到报送及时，根据天津市人大常委会反馈，报送的文件格式规范、材料齐全，工作落实基本按照《办法》要求，逐步实现信息化、制度化、规范化。

表 1　2016～2020 年向天津市人大常委报送备案规范性文件情况

单位：件

年份	市政府规章	市政府及其办公厅规范性文件	市高级人民法院规范性文件	市人民检察院规范性文件	区人大及其常委会规范性文件
2016	3	130	15	6	33
2017	2	132	20	4	13

续表

年份	市政府规章	市政府及其办公厅规范性文件	市高级人民法院规范性文件	市人民检察院规范性文件	区人大及其常委会规范性文件
2018	9	44	11	2	58
2019	8	29	6	2	8
2020	5	31	26	1	10
合计	27	366	78	15	122

数据来源：天津市人民代表大会常务委员会法制工作委员会。

（二）规范性文件审查工作情况

备案审查的方式主要包括依职权审查、依申请审查和专项审查三种方式。依职权审查，指审查机关主动进行审查；依申请审查，指审查机关根据有关国家机关或者公民、组织提出的审查建议进行审查；专项审查，指审查机关对特定领域规范性文件进行集中清理和审查。实践中，天津市人大常委会根据不同审查方式的特点，主动作为，力求实现规范性文件审查常态化。

首先，认真开展依职权审查。天津市人大各专门委员会、常委会有关工作机构和法工委统专结合、双管齐下，严把审查关口，确保审查质量，及时纠正审查中发现的问题。例如，2016 年 2 月，经审查发现某区人大常委会作出的决议与《预算法》的有关规定存在抵触情形，法工委会同财经预算工委在充分沟通的基础上，推动该区人大常委会撤销了相关决议，同时组织 16 个区人大常委会对类似决议决定开展自查，发现还有 2 件决议决定同样存在与《预算法》和国务院有关规定相抵触的问题，也一并推动依法撤销。通过典型问题，主动依职权查摆问题，做到举一反三，对问题症结常反思、善总结。

其次，着力加强依申请审查。近五年，天津市人大常委会共收到并审查了对规范性文件提出的书面审查建议 14 件，其中 2017 年 5 件，2018 年 1 件，2019 年 6 件，2020 年 2 件。14 件审查建议均为公民提出，涉及行政机关制定的规范性文件 8 件、司法机关制定的规范性文件 6 件。本着"审慎定性、积

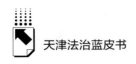
极协商、妥善回复"的原则，市人大常委会认真对待每一份收到的审查建议，法工委逐一进行研究，及时了解情况，并与有关方面充分沟通协调，提出稳妥处理相关问题的意见建议，对所有审查建议均及时向公民回复反馈。

最后，扎实推动专项审查。近年来，按照全国人大常委会工作要求，市人大常委会有步骤分阶段地开展了一系列地方性法规的专项清理工作。2017年，对涉及"生态文明建设和环境保护"的44部地方性法规组织进行了专项自查清理，对《天津市野生动物保护条例》《天津市环境保护条例》等2部法规进行了修改。2018年，对涉及"生态环保领域"的33部地方性法规进行了专项自查清理，对《天津市海洋环境保护条例》《天津市大气污染防治条例》等9部法规进行了修改。2020年，对涉及"食品药品安全领域"和"野生动物保护领域"的25部地方性法规进行了专项自查清理。2020年5月18日，市十七届人大常委会第十九次会议对《天津市野生动物保护条例（修订草案）》和《天津市动物防疫条例（修订草案）》进行了第一次审议；对《民法典》涉及天津市的216部地方性法规进行了专项自查清理（见表2），对其中的6部法规提出了修改或者废止的意见，《天津市社会办医机构管理条例》已经常委会会议审议废止。

表2　2017~2020年天津市人大常委会开展的法规专项清理工作

单位：件

年份	清理领域或者清理主题	自查清理件数	修改废止件数
2017	生态文明建设和环境保护	44	2
2018	生态环保领域	33	9
2020	食品药品安全领域 野生动物保护领域	25	2
	《民法典》涉及领域法规专项清理	216	1

数据来源：天津市人民代表大会常务委员会法制工作委员会。

（三）备案审查制度和能力建设情况

党的十九届四中全会明确提出，加强备案审查制度和能力建设。全国人大常委会于 2015 年 3 月修改了《立法法》，进一步完善了备案审查制度；此后，2019 年 12 月经委员长会议审议通过了《法规、司法解释备案审查工作办法》，要求地方各级人大常委会对受其监督的地方"一府一委两院"等国家机关制定的有关规范性文件进行备案审查。

1. 备案审查制度建设获得重大进展

天津市人大常委会于 2005 年 3 月经主任会议审议通过了《规章备案审查工作暂行办法》；于 2008 年 9 月审议通过了《天津市人民代表大会常务委员会和区县人民代表大会常务委员会审查监督规范性文件办法》，为规范性文件备案审查工作提供指引和依据。同时，为贯彻落实党中央、全国人大常委会决策部署，加强规范性文件备案审查制度建设，天津市人大常委会于 2020 年 9 月审议通过了《天津市人民代表大会常务委员会和区人民代表大会常务委员会规范性文件备案审查办法》，将"一府一委两院"制定的规范性文件全部纳入人大备案审查范围，同时从审查、处理、报告与公开等方面作了较为全面、系统的规范，充分体现了"有件必备、有备必审、有错必纠"原则，为市区两级人大常委会开展备案审查工作提供了具体指导和参考依据。

2. 备案审查能力建设水平显著提高

市人大常委会坚持将备案审查能力建设作为一项重要工作来抓。近年来，先后派员参加全国人大在广州、长沙、岳阳等地召开的备案审查全国性会议、片区会议，接待全国人大常委会法工委和上海、青海、西藏等兄弟省市同人来访，共同交流探讨备案审查工作成果、经验，发出天津声音，得到各方面肯定。同时，不断加强对区人大常委会的工作联系和业务指导，积极促进市区两级人大备案审查工作上下联动协同，努力增强人大工作整体实效。2018 年，法工委先后到全市各区人大常委会调研备案审查工作；2020年，结合"不忘初心、牢记使命"主题教育，再次对部分区人大常委会开展备案审查工作情况和法制室建设情况进行更为深入的专题调研，就备案审查工作中存在的一些难点疑点问题进行充分沟通交流，并就进一步提升备案审查能力和规范性文件制定水平进行了业务指导。

目前，滨海新区、和平区、河东区、河西区、河北区、南开区、红桥区、东丽区、西青区、津南区、北辰区、武清区、宝坻区、宁河区、静海区、蓟州区等16个区人大常委会的备案审查工作基本由法制室负责，并有相关工作人员负责规范性文件备案工作（见表3），各区备案审查能力建设普遍取得较大进展。

表3　各区人大常委会法制室工作人员配备情况

单位：人

滨海新区	和平区	河东区	河西区	河北区	南开区	红桥区	东丽区	西青区	津南区	北辰区	武清区	宝坻区	宁河区	静海区	蓟州区
5	3	2	2	1	2	2	2	1	1	2	2	1	2	1	2

数据来源：天津市人民代表大会常务委员会法制工作委员会。

3. 备案审查信息化水平持续提升

新时代迎接新机遇，信息化的快速发展为提高备案审查工作能力和水平提供了重要手段。2016年底，全国人大备案审查信息平台开通运行。按照全国人大常委会安排部署和关于信息化建设"标准、网络、内容、数据"四统一的工作要求，天津市人大常委会积极推进备案审查信息平台建设，于2018年6月建成平台并上线运行，将备案审查法定工作流程固化于信息平台，实现了规范性文件的网上电子报备和逐件审查。2020年12月，推动信息平台向全市各区拓展延伸，畅通区人大常委会备案审查信息化渠道，以信息化建设促进各区备案审查工作效率和水平的提升，为做好新时期备案审查工作提供了有力保障。

二　天津市规范性文件备案审查工作中的主要问题

近年来，天津市规范性文件备案审查逐步走向规范化、信息化、制度化，成效显著，但在总结先进经验的同时必须看到，当前天津市备案审查工作仍面临制度、人员等方面的问题，亟待解决。

（一）报备不规范、不及时现象依然存在

报备是做好备案审查工作的基础。只有报备工作扎实，才能保障审查工作有序开展。总体来看，现阶段天津市备案审查工作仍处于起步阶段，有的单位对报备工作思想认识不足、重视程度不够。实践中，部分单位未严格落实规范性文件自公布之日起 30 日内进行报备的规定，存在集中补报或者半年、一季度定期一次性集中报送的情况；部分单位制定规范性文件的技术水平不高，且缺乏报备意识，直至遇到督促检查才想起需要报备；部分单位虽然明确了专门部门负责报备工作，但缺乏有效保障机制，导致规范性文件制定后，很大程度上由起草部门审定其是否属于规范性文件、是否应当报备，由于起草部门工作人员对报备要求不熟悉，文件应报未报的问题仍然存在；部分单位在报备纸质文本的同时，未按要求同步报备电子文本，影响了备案审查工作的规范开展。

（二）专家学者作用发挥不充分

借力是做好备案审查工作的有效途径。近年来，部分省份注重发挥专家学者"智库"作用，依托高等院校成立研究机构，开展理论研究，提供咨询意见，为加强备案审查工作提供了智力支持。例如：上海市人大常委会办公厅、法工委与上海政法学院合作建立"上海市规范性文件备案审查工作研究中心"；浙江省人大常委会法工委与浙江工商大学合作建立"浙江省规范性文件备案审查工作研究基地"。相比之下，天津市备案审查实务界和理论界的交流较少，制度性的沟通渠道不够通畅，尚未形成合力，专家学者的智力支持发挥效能不充分。

（三）人员配备有待加强，能力水平仍需提高

队伍建设是做好备案审查工作的根本保障，这在很大程度上决定着备案审查工作的质量。从天津市实际情况看，一是人员数量存在不足。在市人大层面，截至 2020 年 10 月，全国 31 个省级人大常委会从事备案审查工作的

人员共有 110 人（见表 4），省均 3.5 人，天津市人大常委会从事备案审查工作的专门机构，目前配备工作人员 2 人，低于全国平均水平，工作力量与其他省份相比存在不足。在区人大层面，虽然各区人大常委会设立了法制室，配备了工作人员，但由于工作任务繁重、身体健康等诸多因素，专司备案审查工作的人员较少，有的区是由兼职人员负责这项工作，有的区虽有 1 名专职人员但要同时兼顾多项工作，难以满足工作需求。二是能力水平存在不足。备案审查工作涉及面广，具有很强的法律性、政策性、专业性，对审查人员的业务素养要求很高。当前，全市各区人大常委会从事备案审查工作的人员中，具备法律专业背景、拥有丰富业务工作经验的较少，有的区备案审查岗位人员变动较为频繁，审查能力与党中央、全国人大对备案审查工作提出的新要求、新期待仍有不小差距。

表 4　省级人大常委会备案审查工作机构现有人员数量

单位：人

省份	人数	省份	人数	省份	人数	省份	人数
北京	3	天津	2	上海	3	重庆	8
河北	3	山西	4	内蒙古	2	辽宁	4
吉林	3	黑龙江	5	江苏	4	浙江	3
安徽	4	福建	3	江西	3	山东	3
河南	4	湖北	4	湖南	3	广东	4
广西	3	海南	4	四川	3	贵州	3
云南	3	西藏	5	陕西	4	甘肃	5
青海	3	宁夏	2	新疆	3		

数据来源：天津市人民代表大会常务委员会法制工作委员会。

三　进一步提升天津市规范性文件备案审查工作的建议

规范性文件备案审查工作对于宪法权威的维护、法律的实施均意义重大。今后工作中，应当针对现有不足，不断形成合力，健全协调机制，提升备案审查能力，实现规范性文件备案审查工作的制度初衷。

（一）进一步加大宣传培训力度，增强备案审查工作影响力

一是要充分利用新闻媒体，积极宣传备案审查制度和备案审查工作，既包括宣传规范性文件备案审查的重要意义、工作程序，也要宣传人大开展规范性文件备案审查所纠正的典型案例、所起到的监督作用，主动向社会公开工作情况，不断扩大备案审查制度的社会影响，提升社会各界对备案审查工作的知晓度和认同度。二是要加大培训力度，通过开展专题辅导讲座、工作调研座谈、经验交流研讨等形式，加大对一府一委两院、各区人大常委会备案审查工作人员的培训力度，推动各级领导干部在推进全面依法治国、推进国家治理体系和治理能力现代化大局中认识和谋划备案审查工作，加深工作人员对备案审查工作的理解。三是要不断完善向人大常委会报告备案审查工作情况制度，将报告工作列入常委会会议议程，以报告工作为抓手，实现备案审查工作在常委会层面的显性化。

（二）进一步健全协调机制，形成备案审查工作合力

在主动审查工作中引入专家智库，借助专业力量促进审查工作。一是要探索借助"外脑"提升审查的方式和途径，努力搭建备案审查实务部门和高校研究机构、律师协会等的交流和沟通渠道，组织专家对备案审查重点难点问题进行研讨，提出专业性可行性意见建议。二是要探索建立衔接联动机制。吸收借鉴全国人大及兄弟省份好的经验做法，逐步强化人大与党委、政府等有关方面备案审查工作的协作配合，推动发挥备案审查制度整体效能，提高人大法律监督实效。三是要做好人大常委会内部分工，进一步理顺工作关系，发挥专门委员会审查职能，不断完善常委会统一领导下各专门委员会和常委会工作机构共同参与的备案审查工作协调机制，更好地整合资源，形成工作合力。

（三）进一步加强工作机构与信息化建设，提高备案审查工作能力

规范性文件备案审查工作的高效有序开展，离不开专门有力的审查机构

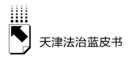
和一批高素质的专业人员。全面提升备案审查能力水平，一是要进一步加强组织领导，优化机构设置，配齐工作人员。各区人大常委会应当明确至少一名政治素质高、专业知识强的人员专职负责备案审查工作，并保持人员的相对稳定。二是要以创新举措加大对各区备案审查人员的指导，适当情况下可考虑采取"以干代训"方式，从区人大常委会抽调从事备案审查的工作人员到市人大常委会机关深度参与备案审查工作，以实战练兵方式推动提升专业素质和业务能力。三是要按照全国人大常委会关于备案审查信息平台"两级建设、多级使用"的总体要求，不断巩固完善、探索丰富市人大常委会备案审查信息平台各项功能，在已启动信息平台向全市各区延伸工作的基础上，对区人大常委会使用信息平台提供相应的帮助和指导，推广信息平台应用，以信息化建设助推备案审查工作创新发展。

参考文献

［1］沈春耀：《全国人民代表大会常务委员会法制工作委员会关于 2019 年备案审查工作情况的报告——2019 年 12 月 25 日在第十三届全国人民代表大会常务委员会第十五次会议上》，《中国人大》2020 年 3 月 5 日。

［2］《天津市人民代表大会常务委员会和区人民代表大会常务委员会规范性文件备案审查办法》，天津人大网，2020 年 10 月 14 日，http：//www. tjrd. gov. cn/flfg/system/2020/10/14/030018143. shtml。

［3］《天津市行政规范性文件管理规定》，天津市人民政府网，2019 年 10 月 26 日，http：//www. tj. gov. cn/zwgk/szfwj/tjsrmzf/202005/t20200519_ 2366104. html。

［4］梁鹰：《备案审查工作的现状、挑战与展望——以贯彻执行〈法规、司法解释备案审查工作办法〉为中心》，《地方立法研究》2020 年 11 月。

法治政府

Government Ruled of Law

B.7
天津市法治政府建设的总体分析与展望

天津市法治政府建设研究课题组*

摘　要： 近年来，天津市深入推进法治政府建设，在政府科学立法、
转变政府职能、严格行政执法、优化营商环境、加强执法监
督等方面取得重大成果。全市法治政府建设跃上一个新台
阶。在法治政府建设进程中，天津市积累了诸多行之有效的
经验做法。强化领导责任、提升依法行政能力、科学决策和
化解社会矛盾等，都是具有天津特色的法治政府建设举措。
针对当前存在的问题，"十四五"时期，天津市法治政府建
设将在加强党的领导、优化决策机制、履行政府职能、提升
行政执法水平等方面进一步深化探索和创新，完成法治政府
的建设目标。

* 执笔人：王焱。课题组成员：王焱，天津社会科学院法学研究所，法学博士，副研究员；刘
志松，天津社会科学院法学研究所所长，法学博士，研究员。本文系天津社会科学院委托课
题"习近平法治思想研究（宣传阐释）"（课题编号：20YWT—26）阶段性成果。市委依法
治市办、市司法局、市政务服务办提供相关资料。

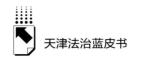

关键词：　法治政府　行政决策　行政审批　行政执法　执法监督

天津市委、市政府坚持以习近平新时代中国特色社会主义思想为指导，全面贯彻党的十九大和历次全会精神，深入学习贯彻习近平法治思想，认真贯彻党中央、国务院关于法治政府建设的规划部署，全面推进《法治政府建设实施纲要（2015～2020年）》在天津落地实施，紧紧围绕"一基地三区"功能定位，坚持党的领导、人民当家作主、依法治国有机统一，坚持法治天津、法治政府、法治社会一体建设，为社会主义现代化大都市建设提供有力的法治保障，法治政府示范创建工作取得明显成效，在行政立法、严格执法和执法监督等方面都进行了深入的探索和实践。

一　天津市法治政府建设总体状况

天津市坚决贯彻党中央、国务院关于法治政府建设重大决策，坚持高质量行政立法、提升行政执法水平、加强重点领域专项治理、推进政府职能转变和规范化、优化营商环境、完善执法监督机制，推进法治政府建设向纵深发展。自2018年以来取得了较为突出的成果，为"十四五"时期天津市法治政府建设升级发展打下良好基础。

（一）提高行政立法质效，着力完善依法行政制度规范

深入推进科学立法、民主立法、依法立法，坚持党委领导、人大主导、政府依托、各方参与的立法工作格局，按照《中共天津市委关于加强党领导立法工作的实施意见》要求，制定市政府规章报市委同意后履行法定程序，严格按照市人大常委会和市政府立法规划、年度立法计划完成立法任务。按照《法治政府建设实施纲要（2015～2020年）》和中央统一部署，对政府规章和规范性文件进行清理，废止和修订市政府规章和规范性文件100余件，修改4件。2018年以来，提请市人大常委会审议地方性法

规草案 33 件，制定、修订市政府规章 17 件。加强和改进行政立法调研工作，充分发挥政府法律顾问和智库专家作用，扩大公众有序参与，健全公众意见采纳反馈机制。及时开展涉及机构改革、政府职能转变、行政裁决和落实《民法典》的专项清理工作，扫清影响天津市经济社会发展的制度性障碍。加强京津冀行政立法协同，涉及三地协调推进的立法草案均征求北京市、河北省意见。

（二）适应高质量发展需要，进一步转变政府职能

优化政府组织结构，全面完成机构改革工作，持续推进落实权责清单制度，修订天津市政府工作部门权责清单动态管理办法，进一步明确职权事项的管理权限。厘清市级部门之间、市区两级之间的职权边界，进一步明确职权事项。深化行政审批制度改革，深入推进"一制三化"审批制度改革，严格落实审批服务标准化。加快实施"五减"改革①，"多证合一"改革实现"24 证合一"。推出承诺审批事项近 700 项，审批办理时限大幅缩短，企业登记做到"一次都不用跑"。强化市场监管职能，深入推进"放管服"改革，发布市场监管领域部门联合"双随机、一公开"监管办法，推动联合奖惩监管系统在相关行政机关的应用，质量安全形势平稳向好。深化社会治理创新，完善"战区制、主官上、权下放"，推进基层社会治理体系现代化。推进社区民主协商，推行"五议两公开"②民主决策程序，发挥志愿服务在社区（村居）治理中的积极作用。全面梳理并集中公布"政务一网通"事项目录，建成网上政务服务平台，政务服务事项网上可办率达 96%，实办率 72%，无人审批事项扩大到 181 项，建成"政银通用"自助审批网点 625 个。

---

① 即行政审批服务改革中的"减事项、减要件、减环节、减证照、减时限"，促进天津营商发展环境不断优化。

② "五议"即社区党委（总支、支部）提议、社区协商议事会（社区大党委会议）商议、社区"两委"审议、居民会议或居民代表会议决议、居民评议，"两公开"即决议过程公开、实施结果公开。

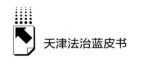

（三）全面营造法治化营商环境，保障经济快速发展

全面落实《优化营商环境条例》和《天津市优化营商环境条例》，对《中共天津市委、天津市人民政府关于营造企业家创业发展良好环境的规定》《中共天津市委、天津市人民政府关于进一步促进民营经济发展的若干意见》等政策措施进行法治转化。出台《关于进一步加强全市法治化营商环境建设的若干措施》，推动进一步营造法治化营商环境。深入实施建设项目审批改革，持续优化企业生产经营审批服务，进一步优化外资外贸企业经营环境，积极打造促进就业创业和招商引资的良好环境，提升涉企服务质量和效率，完善优化营商环境长效机制。按照国务院要求，持续做好证明事项告知承诺制相关工作。认真贯彻落实《国务院关于加强和规范事中事后监管的指导意见》和天津市的实施意见，维护公平竞争的市场秩序。积极推动公共法律服务的实体、热线、网络三大平台融合发展，统筹推进实体平台"全业务"进驻，提升智能终端使用效能，提升 12348 热线 7×24 小时服务水平。开展《天津市优化营商环境条例》专项督查，认真组织营商环境第三方评价工作。

（四）加强重点领域执法，不断提升行政执法水平

一是持续加强生态环境保护。全面深化环境保护行政执法体制改革，组建市生态环境保护综合行政执法总队（市流域环境行政执法队），2020 年全市各级生态环境部门查处行政违法案件 2050 起，下达行政处罚决定 1793 起，罚款 1.29 亿元，移送涉嫌环境行政拘留案件 17 起、涉嫌环境污染犯罪案件 22 起，有效打击和震慑了各类环境违法行为。建立京津冀环境执法联动工作机制，制定了《2020~2021 年京津冀生态环境执法联动重点工作》，三地生态环境部门共同开展联防联控执法工作，生态环境保护执法协同水平有效提升。

二是加强食品药品、安全生产等重点领域执法。2019 年、2020 年在国务院食品安全工作评议考核中均获评 A 级。2020 年发放食品生产许可电子

证书 462 套，71 家生产企业建立食品安全信息化追溯体系，在全国率先建成进口冷链食品追溯平台；清理整治保健食品企业 581 家，立案查处 371 家；抽检监测食品安全 69261 批次，查办食品安全案件 12879 件。市应急局组织 16 个区和重点市级部门与市政府签订"安全生产责任书"，完成对全市 16 个区的安全生产巡查督查，将安全生产工作纳入全市绩效考核，对 1233 家企业安全生产违法行为立案，实施处罚 5434.76 万元。坚决取缔和严厉打击非法野生动物交易。实现市场内野生动物和活禽屠宰销售全部"清零"。组织开展打击破坏野生动物资源犯罪专项行动。

三是持续深化综合行政执法体制改革。市委编办印发卫生健康、水务、人力资源和社会保障、渔业 4 个领域综合执法队伍调整组建方案，督促各区委编办加快推进相关领域综合行政执法队伍组建工作。2019 年组建或调整市级 8 个领域综合行政执法队伍。目前全市各区综合行政执法队伍已完成班子配备和人员转隶。

（五）加强行政执法监督，推进严格规范公正文明执法

全面推行行政执法"三项制度"①，制定"三项制度"配套文件。高度重视市人大常委会执法检查发现问题的整改落实，以贯彻实施《天津市文明行为促进条例》为抓手，提升行政执法力度和水平。大力推进行政执法"典型差案"评查，开展行政执法专项整治活动，以"评差"促规范。启用新建的天津市行政执法监督平台，促进数据汇聚共享、实现数据多维度分析，不断提升行政执法监督效能。严格执法证件管理，加强执法人员培训和考试，不断提高行政执法人员综合素质和专业素质。2019 年完成市、区两级 2.8 万余名行政执法人员培训考试和证件制发工作。充分发挥行政执法监

---

① 行政执法的三项制度，具体是指行政执法公示制度、行政执法全过程记录制度和重大执法决定法制审核制度。参见《国务院办公厅关于全面推行行政执法公示制度 执法全过程记录制度 重大执法决定法制审核制度的指导意见》（国办发〔2018〕118 号）。全面推行"三项制度"，对促进严格规范公正文明执法具有基础性、整体性、突破性，对切实保障人民群众合法权益，维护政府公信力，营造更加公开透明、规范有序、公平高效的法治环境具有重要意义。

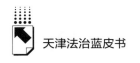

督平台作用，市级行政执法监督平台目前已涵盖812个行政执法主体，归集1146万件行政执法案件信息。

（六）强化制约和监督，持续规范行政权力运行

自觉接受人大监督、民主监督。各级政府认真执行向本级人大及其常委会报告工作、接受询问和质询等制度，及时研究办理人大代表提出的意见和建议，及时办理政协建议、提案，"两会"建议提案办复率100%。按规定将市政府规章和行政规范性文件向市人大常委会报送备案。按照有件必备、有备必审、有错必纠的原则，完成各区人民政府、市政府各部门行政规范性文件备案审查。强化审计监督，深入推进审计管理体制改革，组建市、区两级审计委员会及其办公室，建立健全审计委员会制度机制，完善案件线索移送和跨部门联动协同办案机制，推动审计与其他监督实现贯通。切实加大政务公开力度，印发全市政务公开年度重点工作安排，对全市政务公开工作进行部署，紧贴群众需求，利用天津政务网政府信息公开专栏，重点公开财政预决算、社会公益事业建设等领域信息。开展政府网站规范建设专项检查，提高政府网站建设管理规范化水平，持续打造"阳光政府"。加强政策性文件解读，通过天津政务网和政府公报对外公开发布50余件。组织"公仆接待日""公仆走进直播间"等活动，受理并督办解决群众反映的民生问题。

二 天津市法治政府建设的主要经验做法

在天津市推进法治政府建设过程中，形成了一整套有效的经验做法，包括强化法治政府建设第一责任人、推进行政决策科学化民主化法治化、提高法治思维能力和依法行政能力、有效化解社会矛盾纠纷等。这些经验做法成为天津市持续推进法治政府建设的必要条件和充分保证。

（一）强化法治思维，履行推进法治政府建设第一责任人职责

天津市委、市政府始终把坚持党的领导贯彻到法治政府建设全过程和各

方面，坚持把党政主要负责人履行推进法治建设第一责任人职责列为全面依法治市绩效考核重要指标，认真落实第一责任人职责。全面推进法治政府建设示范创建，深化法治政府建设集中攻坚专项行动。市政府常务会议专题听取年度法治政府建设情况报告、专题审议政府年度立法计划、专题听取全市行政执法"三项制度"工作、行政执法"典型差案"等情况汇报，研究解决法治政府建设重点难点问题。

深入贯彻落实中央法治政府建设与责任落实督查工作规定，制定天津市贯彻落实意见，针对食品药品安全、知识产权保护、优化营商环境、促进文明行为等重点领域开展专项督查检查。充分发挥考核评价对法治政府建设的引领推动作用，制定完善法治政府建设考核指标体系。全面开展法治政府建设示范创建工作，有效推进法治政府建设各项工作扎实开展。举办市管干部加快法治政府建设专题研讨班，有针对性地提高行政机关领导干部法治素养和依法行政的能力水平。

（二）坚持依法决策，推进行政决策科学化民主化法治化

严格执行国务院《重大行政决策程序暂行条例》，制定出台《天津市重大行政决策程序规定》，进一步明确重大行政决策事项范围，细化重大行政决策作出、公布、执行和调整程序，完善重大行政决策责任追究制度。严格执行行政机关内部重大决策合法性审查制度，凡涉及"三重一大"事项的，采取集体讨论、集体研究、集体决定。严格履行公众参与、专家论证、风险评估、合法性审查、集体讨论决定等法定程序，对需要市政府常务会议审议的文件和事项，压实政府部门研究论证和可行性研究责任，牢牢把好法律审核关。普遍建立政府法律顾问制度，充分发挥法律顾问作用。提高公众参与度，对涉及公众利益的重大事项，采取调查、走访、公示、座谈、听证等多种方式，听取各界人士特别是利害关系人的意见。对社会关注度高的决策事项，及时公开信息、解释说明，利用天津政务网"政务公开"栏目对重要法规规章或具体政策进行解读。

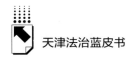

（三）提升法治宣传水平，提高法治思维能力和依法行政能力

坚持把学法用法作为政府工作人员教育培训的重要内容，紧紧抓住领导干部这个"关键少数"，通过各级理论学习中心组学习、报告会、讲座等多种形式，开启学习宣传《民法典》的热潮，邀请市委党校、高校专家学者就《宪法》《民法典》等内容作专题讲座，进一步增强机关党员干部法治意识和依法行政本领。举办"津门普法"《民法典》与你同行法治沙龙，吸引350万人次云端学法。完善法治能力考试测试制度，开展年度国家工作人员网上学法用法考试。持续推动落实"谁执法谁普法、谁主管谁负责"普法责任制，推进责任单位切实履行普法职责，形成普法工作合力。加强专项法治宣传教育，加大扫黑除恶、国家安全、打击电信网络新型违法犯罪等专项宣传力度。出台《天津市关于推动国家工作人员旁听庭审活动常态化制度化的实施意见》。深入开展"服务大局普法行"主题实践活动，利用国家宪法日、知识产权日、消费者权益保护日、国际禁毒日等重要时间节点开展专项活动，加强全民法治宣传教育。

（四）有效化解社会矛盾纠纷，强化行政复议工作

坚持和发展"枫桥经验"，加强调解组织建设，行业性专业性调解组织广泛覆盖的人民调解组织网络基本形成，不断推进各街道（乡镇）人民调解委员会规范化建设，全市调解组织每年调解纠纷近4万件。高标准推进社会矛盾纠纷调处化解中心建设，市、区、街（乡镇）三级中心全部挂牌成立。加强人民调解与行政调解、司法调解的衔接联动，建立完善"访调对接""公调对接""医调对接"工作机制，发挥人民调解在矛盾纠纷多元化解机制中的基础性作用。强化行政复议工作，提高办案质量，依法公正作出行政复议决定，做好行政应诉工作，认真落实天津市人民政府行政应诉工作办法，妥善处理以市政府为被告的行政诉讼案件，依法履行出庭应诉职责，严格执行法院生效判决，市政府本级6年无败诉。

三 "十四五"时期继续深入推进法治政府建设的
主要举措

"十四五"时期（2021～2025 年）是天津在全面建成高质量小康社会基础上，开启全面建设社会主义现代化大都市新征程的第一个五年，天津市的法治政府建设也将进入一个新的发展阶段，需要采取新的举措深入推进。

（一）健全完善政府机构职能体系，全面履行政府职责

1. 完善政府组织结构

加大行政机关和事业单位内设机构和职责整合力度，优化人员力量配备。构建简约高效的基层管理体制，按照扁平化、综合化设置的要求，推动街道（乡镇）整合优化行政机关工作机构。围绕基层治理创新加大编制向社区和村倾斜力度，持续做好选聘社区和村优秀党组织书记为事业编制人员工作。

2. 优化政府行政职能

推动有效市场与有为政府更好结合，完善经济调节、市场监管、社会管理、公共服务、生态环境保护等职能，进一步厘清政府和市场、政府和社会关系。推进行政机关机构、职能、权限、程序、责任法定化。坚持法定职责必须为、法无授权不可为，将法治作为行政决策、行政管理、行政监督的重要标尺，用法律和制度遏制不当干预经济活动的行为。规范统一各级行政机关权责清单，加强动态调整和考核评估，推动权责清单同政务服务事项有机衔接。建立完善行政备案事项、服务事项、政府性基金和行政事业性收费、行政审批中介服务要件、证明事项等目录或清单。深入实施市场准入负面清单制度，落实"全国一张单"管理模式，全面落实"非禁即入"。

（二）深入推进"放管服"改革，全力打造一流营商环境

1. 打造更便利的市场环境

统筹推进行政审批制度改革，简化办事程序、优化办事流程、压减办

事时间，实行政务服务马上办、网上办、就近办、一次办、自助办。全面推行证明事项告知承诺制和审批信用承诺制。深入推进"证照分离"改革，实施涉企经营许可事项清单管理。推进"一企一证"改革，实现"一证准营"。探索市场监管业务系统与符合条件的共享经济综合服务平台对接，实现"秒批"电子营业执照。深化投资审批制度改革，推进投资领域行政执法监督。健全政务服务"好差评"制度体系，完善全流程闭环工作机制。

加快构建权责明确、公平公正、公开透明、简约高效的事中事后监管体系。建设完善全市统一的"双随机、一公开"监管信息化平台。推动以信用为基础的分级分类监管机制构建。完善包容审慎监管，为新技术、新产业、新业态、新模式留足发展空间，同时坚守质量和安全底线。推进线上线下一体化监管，统一执法标准和尺度。

2. 打造更高效的政务环境

加强服务型政府建设，推进政务服务标准化、智能化、便利化，为市场主体提供高效、规范、便捷的政务服务。完善首问负责、一次告知、自助办理制度，推行"一窗"分类综合受理。推出更多事项实现全市通办，推动实现国家目录内的高频事项"跨省通办"。以提高群众体验感和便捷度为中心，推动"高效办成一件事"场景建设。推广应用符合老年人需求特点的智能信息服务，保留并完善传统服务方式。

3. 打造更公平公正的法治环境

贯彻落实国家和天津市优化营商环境相关法律法规，依法平等保护各类市场主体合法权益，制止不当干预。深入落实自由贸易试验区外商投资负面清单。优化"津策通"功能，推行惠企政策"免申即享"。开展第三方评估，将公平竞争审查制度落实情况纳入政府绩效考核体系。加强和改进反垄断与反不正当竞争执法。持续实施最严格的知识产权保护制度，出台知识产权惩罚性赔偿政策举措，在重点领域和环节构建知识产权纠纷快速处置机制。建立地方征信和金融服务平台，切实做好防范化解地方金融风险工作。

（三）健全完善依法行政制度体系，加快推进政府治理法治化

1. 坚持高质量立法

坚持立法为民、立法惠民，注重政府立法规划、计划与人大立法规划、计划衔接，增强法规规章立改废释工作协同。完善政府立法调研和协商工作机制，强化政府部门间立法协调，不断提升立法的精细化精准化水平。加强立法评估，评估结果作为规章立改废的参考依据。对涉及经济社会发展和人民群众切身利益的立法项目进行立法风险分析、预判和防范。制度建设突出天津特色，增强科学性、针对性和可操作性，探索"小切口"立法解决实际问题。及时以地方立法形式推动制度创新、巩固改革成果、破解发展瓶颈。坚持开门立法，健全立法联系点制度，采取多种形式听取各方意见。

2. 强化行政规范性文件监督管理

贯彻落实天津市行政规范性文件管理相关规定，加强行政规范性文件起草、审核、决定、公布、备案、清理的监督管理。完善行政规范性文件制定协调机制，加大行政规范性文件合法性审核力度。进一步发挥政府法律顾问、公职律师和有关专家在行政规范性文件合法性审核工作中的作用。强化案件审查的监督和纠错功能，做到有件必备、有备必审、有错必纠。健全行政规范性文件动态清理工作机制。

（四）健全行政决策制度体系，不断提升行政决策公信力和执行力

1. 提升依法决策意识和能力水平

不断提高行政机关负责人运用法治思维和法治方式的能力水平，切实防止违法决策、不当决策、拖延决策。行政机关主要负责人要带头示范，自觉在宪法和法律规定范围内活动，保证行政决策符合法律法规规定和人民群众根本利益。

2. 落实重大行政决策程序

落实国家和天津市重大行政决策程序相关规定，严格遵守决策启动、公

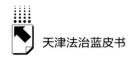

众参与、专家论证、风险评估、合法性审查、集体讨论决定和决策公布等法定程序。涉及社会公众切身利益的重要规划、重大公共政策和措施、重大公共建设项目等，要充分听取社会公众意见并及时予以反馈。加强重大行政决策风险评估工作。强化对专业性、技术性较强或者涉及重大、疑难问题的决策事项的专家论证。

3. 强化行政决策规范化建设

除依法不予公开的，行政机关要及时公布重大行政决策事项目录、决策依据、决策结果等信息。建立重大行政决策全过程记录、材料归档和档案管理制度。完善和落实行政决策执行机制，建立健全决策机关跟踪重大行政决策执行情况和实施效果制度，加强决策后评估。严格落实重大行政决策终身责任追究和责任倒查制度。

（五）健全完善行政执法工作体系，全面推进严格公正文明执法

1. 深化行政执法体制改革

完善权责清晰、运转顺畅保障有力、廉洁高效的行政执法体制机制。持续深化重点领域综合行政执法改革，构建综合行政执法协调配合机制。持续推进街道（乡镇）"一支队伍管执法"改革，根据职能下放情况同步下沉编制资源，加大执法人员、经费、资源、装备等向基层倾斜力度。健全行政许可部门与执法监管部门衔接机制。强化对街道（乡镇）综合行政执法工作的业务指导、执法协作、案件移送、信息共享等执法机制。大力推进跨区域跨部门联合执法，实现线索信息共享、执法标准统一和处理结果互认。建立健全行政执法和刑事司法衔接机制，推动重点执法领域完善相关配套制度。

2. 加大重点领域执法力度

在食品药品、公共卫生、自然资源、生态环境、安全生产、劳动保障、城市管理、交通运输、金融欺诈、教育培训、野生动物保护等重点领域开展执法集中专项整治。加大对侵犯企业商标专利、商业秘密以及损害商业信誉等违法行为的执法力度。加强环境保护联防联控、食品安全监管、知识产权保护等领域京津冀跨区域执法协同。建立健全违法风险防控机制，加强日常

监管和执法巡查。严格落实严重违法惩罚性赔偿、巨额罚款和终身禁入相关制度。畅通群众监督和投诉举报渠道，保障举报人的合法权益。

3. 完善行政执法程序

全面梳理、规范和精简行政执法事项，制定完善行政执法事项目录清单，凡是无法律法规规章依据的执法事项一律取消，最大限度减少长期未发生且无实施必要、交叉重复的行政执法事项。严格落实行政执法"三项制度"及天津市相关配套制度。加强行政执法队伍规范化建设，加强行政执法人员资格、证件、制式服装和标志的统一管理。完善行政自由裁量权基准制度，推动市级行政执法部门制定公布本领域行政处罚裁量标准，并逐步向其他种类的行政执法职权延伸。

4. 创新行政执法方式

依法建立严重失信主体名单和失信联合惩戒对象名单，实施守信激励和失信惩戒。推行柔性执法，积极运用说服教育、劝导示范、警示告诫、指导约谈等非强制执法手段引导当事人及时纠正违法行为。拓展轻微违法行为免罚清单涉及领域和范围，动态完善相关领域免罚清单。发挥典型案例正反向激励作用，组织做好全市行政执法"典型差案""示范优案"年度评选。

（六）健全完善突发事件应对体系，依法预防处置重大突发事件

1. 健全突发事件应对机制

加强突发事件应急管理制度建设，建成与有效应对公共安全风险挑战相匹配、覆盖突发事件应对全过程、社会广泛参与的突发事件应急体系。严格执行突发事件信息报告制度。按照平战结合原则，完善突发事件应急响应处置程序。加强突发事件善后处置、社会救助、调查评估和恢复重建工作，妥善解决突发事件引发的矛盾纠纷。

2. 提高突发事件依法处置能力

组建应急管理综合行政执法队伍，完善应急管理综合行政执法体系，强化执法能力建设。加强应急物资保障体系建设。建立风险调查和

评估制度，加强对危险源、危险区域的风险评估和检查监控。定期组织开展应急演练，重点加强高风险地区、高危行业和基层组织的应急演练。强化突发事件舆情监测、研判和引导，依法依规处理散布谣言、恶意炒作等行为。严厉打击利用突发事件获取非法利益、扰乱社会秩序的行为。

（七）健全完善社会矛盾纠纷行政预防调处化解体系

1. 加强行政调解工作

贯彻落实《天津市行政调解规定》，确定统筹行政调解工作的专门机构，做好行政调解工作人员培训，提升行政调解工作水平。加强消费者权益保护、交通损害赔偿、治安治理、医疗纠纷、环境污染、社会保障、房屋征收、知识产权等领域行政调解工作力度。坚持"三调"联动，推进行政调解与人民调解、司法调解有效衔接。

2. 有序推进行政裁决工作

制定出台《天津市行政裁决程序规定》，明确行政裁决适用范围和程序规则，完善行政裁决申请受理、审理决定、权力救济等工作机制。建立健全通过行政裁决快速解决矛盾纠纷制度。推动行政裁决与行政调解、仲裁、行政复议、诉讼等制度的协调衔接。

3. 发挥行政复议化解行政争议主渠道作用

全面深化行政复议体制改革，整合行政复议职责，由市、区人民政府统一行使复议职责，2022 年前基本形成公正权威、统一高效的行政复议工作体制。全面推进行政复议规范化、专业化、信息化建设，不断提高办案质量和效率。健全优化行政复议审理机制，强化行政复议监督功能。建立行政复议决定书以及行政复议意见书、建议书执行监督机制和约谈通报制度，全面落实行政复议决定书网上公开制度。

4. 加强和规范行政应诉工作

履行行政应诉工作法定职责，尊重和维护司法权威，自觉履行生效裁判。认真执行行政机关负责人出庭应诉制度，健全行政争议实质性化解机制，积极配合人民法院"诉前调"等非诉讼纠纷解决机制，推动诉源治理。支持检察院开展行政诉讼监督工作和行政公益诉讼，积极主动履行职责或者纠正违法行为。

（八）健全完善行政权力制约和监督体系

1. 形成监督合力

坚持党内监督的主导地位，强化党内监督与人大监督、民主监督、行政监督、司法监督、群众监督、舆论监督等的协调配合，完善审计、财会、统计等专门监督，积极发挥行政复议、执法监督等监督作用。自觉接受纪检监察机关监督，完善行政问责制度，坚持追责与预防、教育与惩处相结合。

2. 加强和规范政府督查工作

贯彻落实《政府督查工作条例》，依法督促行政机关履行法定职责、落实决策部署、提升行政效能。优化督查方式方法，推动综合督查、专项督查、事件调查、日常督办、在线核查等协调衔接，形成多措并举、贯通协调的督查落实工作机制。

3. 加强对行政执法的制约和监督

按照国家相关规定，修改完善天津市行政执法监督制度，规范行政执法协调监督的主体、内容、方式和程序。2024 年底前，基本建成覆盖市、区、街道（乡镇）三级行政执法协调监督工作体系。推广应用天津市行政执法监督平台，全面落实行政执法责任制。贯彻落实天津市行政执法投诉相关规定，加强行政执法投诉处理。围绕中心工作部署开展行政执法监督专项行动。

4. 全面推进政务公开

贯彻落实《政府信息公开条例》，实行政务公开清单管理制度。推进决策、执行、管理、服务和结果公开，提升信息公开的全面性和实用性。坚持法定主动公开内容全部公开到位，提升政府信息公开申请办理工作质量，依法保障人民群众合理信息需求。加强政府信息公开工作的考核、社会

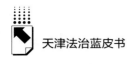
评议和责任追究。

5. 加快推进政务诚信建设

严格履行向行政相对人依法作出的政策承诺，加强政策的连续性稳定性。制订政务诚信评价指标，加强政务诚信监测评价，开展政务诚信专项督导。建立健全政务失信记录机制，加大对政务失信行为的曝光力度。

（九）全面建设数字法治政府

1. 加快推进信息化平台建设，推进政务数据有序共享

打造"津产发""津心办""津治通"等"城市大脑"前端综合应用平台，持续推进市、区、街道（乡镇）三级"数字驾驶舱"建设。建设横向全覆盖、纵向全联通的政务服务智能化平台，依托"津心办"开设政务服务"旗舰店"。拓展提升"津治通"平台功能。完善政务数据共享制度，统一明确信息共享的种类、标准、范围、流程，规范政务数据管理，推动政务数据无缝即时流动。构建政务数据开放共享体系，优先将更多直接关系企业和群众办事、应用频次高的数据纳入共享范围。

2. 深入推进"互联网＋"监管执法

依托国家和天津市"互联网＋监管系统"，开展试点并实现监管事项全覆盖、监管过程全记录、监管数据可共享，推进智慧执法，加强信息化技术、装备的配置和使用。加强在线执法人员信息化移动执法设备配置配备，扩大掌上执法 App 使用率。探索推行以远程监管、移动监管、预警防控为特征的非现场监管。

"十四五"时期，天津市将深入学习贯彻落实习近平法治思想，自觉对照"十四五"规划和 2035 年远景目标，围绕天津市"十四五"重点工作，谋划今后五年法治政府建设工作。把法治政府建设真正摆在全局工作的突出位置，坚持职能科学、权责法定、执法严明、公开公正、廉洁高效、守法诚信的建设目标，推进法治政府建设再上新台阶。

参考文献

［1］《法治政府建设实施纲要（2015～2020 年)》，中国政府网，2015 年 12 月 28 日，http：//www. gov. cn/xinwen/2015－12/28/content_ 5028323. htm。

［2］《法治政府建设实施纲要（2021～2025 年)》，网易网，2021 年 8 月 11 日，https：//www. 163. com/dy/article/GH593J4905346RC6. html。

［3］《天津市 2021 年政府工作报告》，《天津日报》2021 年 2 月 1 日。

［4］《我市法治政府建设迈出新步伐》，《天津日报》2019 年 6 月 2 日。

［5］李洪雷：《行政体制改革与法治政府建设四十年（1978～2018)》，《法治现代化研究》2018 年第 5 期。

［6］袁曙宏：《建设法治政府》，《人民日报》2017 年 12 月 27 日。

B.8
天津市"双随机、一公开"行政执法监督机制的实践与创新

王 果*

摘　要：　在市场监管领域全面推行"双随机、一公开"监管，是党中央、国务院在新的经济环境下市场监管理念和监管方式的重大创新。天津市制定并实施了一系列政策文件，对中央的要求进行了细化部署，以市场监管部门为主导，有序稳步推进各部门以及跨部门联合的"双随机、一公开"监管。形成了"全面覆盖为基础、重点监管为补充""因时因势、及时更新检查事项""信用监管、分级分类""部门联合、便捷高效"等主要经验。但同时存在联合抽查机制不健全、执法队伍专业化不足、数据归集有盲区、一单两库更新不及时、与其他监管方式衔接不够等问题。未来要继续强化部门间协调配合，优化执法人员配置，加大数据归集范围，减少监管盲区，同时做到一单两库常态化更新，加强社会行业监督。

关键词：　"双随机、一公开"　"一单两库"　执法监督　市场监管

2013 年 11 月 1 日，国务院召开地方政府职能转变和机构改革工作电视

＊　王果，天津商业大学法学院讲师，法学博士。市委依法治市办、市市场监管委提供相关资料和基础稿件。本文系天津市法学会 2021 年度法学研究专项委托课题"天津市'双随机、一公开'部门联合抽查机制的实证调查"（课题编号：TJWT2021005）研究成果。

电话会议,提出要"改革创新监管方式,推行随机抽查"。2015 年 5 月 12 日,全国推进简政放权放管结合职能转变工作电视电话会议再次强调,要推广随机抽查监管。2019 年,国务院与国家市场监管总局相继出台文件,强调要统一"双随机、一公开"各项制度,构建联合抽查工作常态化模式。"双随机、一公开"监督机制在天津市推行以来,在营造营商环境、促进企业发展等方面取得了良好成绩。在总结经验的同时,如何进一步充分发挥"双随机、一公开"制度优势,提升市场监管效率,还需深入探讨。

一 天津市"双随机、一公开"执法监督机制的实施现状

为落实党中央、国务院"双随机、一公开"常态化监管要求,天津市结合本市实践进一步细化了国务院和国家市场监管总局的工作要求,各部门稳步推动实施"双随机、一公开"监管模式。

(一)在制度设计上,制定系列政策文件,全方位保障有法可依

根据《国务院关于在市场监管领域全面推行部门联合"双随机、一公开"监管的意见》和《国务院办公厅关于推广随机抽查规范事中事后监管的通知》等的要求,天津市以市市场监管委为主导,先后制定了一系列政策文件,全方位保障监管工作有法可依、有章可循,主要文件见表 1。

表 1　天津市"双随机、一公开"主要文件一览

年份	文件名称
2016	《天津市市场主体信用风险分类暂行办法》
	《天津市市场监管随机抽查联合检查暂行办法》
2017	《天津市市场监管双随机抽查联合检查办法》
	《关于进一步落实"双随机、一公开"监管改革任务的通知》
	《天津市行政机关随机抽查事项清单》
	《天津市市场和质量监督管理委员会关于全面推行"双随机、一公开"监管工作的意见》
	《市市场监管委关于建立事中事后监管联系人制度的通知》

年份	文件名称
2017	《天津市市场监管系统随机抽查事项清单》(第一版)
	《天津市市场和质量监督管理委员会推行"双随机"检查公示制度实施方案》
	《天津市市场和质量监督管理委员会关于推行行政执法公示制度执法全过程记录制度重大执法决定法制审核制度试点工作的实施意见》
2019	《关于在市场监管领域全面推行部门联合"双随机、一公开"监管的实施办法》*
2020	《天津市部门联合"双随机、一公开"抽查事项清单》(第二版)
	《天津市市场监管部门随机抽查事项清单》(2020 版)
	《天津市人民政府关于加强和规范事中事后监管的实施意见》

＊ 该文件出台后,《天津市人民政府办公厅关于印发天津市市场主体信用风险分类和市场监管双随机抽查联合检查两个办法的通知》(津政办发〔2017〕99 号)中的《天津市市场监管双随机抽查联合检查办法》同时废止。

资料来源:天津市市场监督管理委员会。

(二)在体系建设上,市、区两级统一领导,全面覆盖与联合抽查双线推进

天津市人民政府在全市"双随机、一公开"监管工作中处于领导地位,并由上而下分为两条监管路径:一是各相关监管部门独立实施分区域、分部门、分级别的"双随机、一公开"监管;二是各部门之间联合实施的"双随机、一公开"抽查,主要针对各类联席会议机制、综合治理机制、联合执法机制以及不按行政区划设置的监管部门。

根据国务院"双随机、一公开"工作机制在市场监管领域全覆盖的要求,天津市要求各部门独立实施"双随机、一公开"监管机制。该项工作在市、区两级有所不同:市级由各市级监管相关部门负责在本系统内部推动、指导、督促实施,确定本系统"双随机、一公开"监管的抽查要求,并制定本部门年度抽查计划。区级则由各区政府领导本辖区的"双随机、一公开"监管工作,区政府需结合本区实际及市级相关部门的抽查要求,统筹制定本辖区年度抽查计划。部门联合抽查,区级部门联合抽查由各区政

府组织开展；市级联合抽查由市市场监管部门牵头组织市级联席会议，推动市级部门联合"双随机、一公开"抽查。

（三）在实践推进上，以市场监管委为主导，各部门有序配合

天津市推动落实"双随机"抽查联合检查机制，加强对各区级行政执法部门联合检查工作的督促指导。市市场监管委在启动本年度联合抽查前，都会征集全市相关监管部门的联合检查事项，更新汇集全市执法检查人员，并完成"双随机"联合检查软件系统的更新调整。为推进市场监管系统"双随机、一公开"监管措施落地，采取了多方面措施：一是完善制度建设并着力扩展覆盖范围，在质监、计量等领域积极探索新型监管方式与检查任务的深度融合；二是开展重点领域"双随机"定向抽查工作，检查对象范围覆盖全市类金融、教育培训、医疗美容、环保、知识产权代理 5 个重点领域；三是深入推进年报公示信息"双随机"抽查，2020 年企业年报公示率达到 93.49%。将市场主体公示信息和登记事项的"双随机"抽查与"排查和化解非法集资风险专项行动"结合起来，检查结果通过国家企业信用信息公示系统（天津）和天津市市场主体信用信息公示系统同步公示。

2020 年，依托市场监管"双随机、一公开"监管信息化系统，在完善"随机抽查事项清单"的基础上，天津市市场监管委共向有关单位提供 49 类红黑名单实时查询 12 万次，向国家信息中心报送联合奖惩案例 126373 件。同时完善了市场主体信用信息公示系统，推进天津公示系统与国家系统关联。信息化平台的建设，为具体行动的开展提供了硬件支持。2020 年天津市部门联合抽查工作，参加部门由 16 个增加到 20 个，抽查领域由 35 个增加到 53 个，抽查事项由 74 个增加到 201 个。

此外，各部门在各自系统内也有序推行"双随机、一公开"监管。市交通运输委联合属地公安交管部门实行"肩并肩"联合执法，严厉打击交通运输领域违法运营行为；抽查工作共检查企业 653 户次，出动执法人员 1527 人次，共查出 242 处安全隐患问题。全市农业各级执法机构严格落实"双随机"抽查检查机制，行政检查案件数量逐年降低，从 2016 年的 83438 家次降为

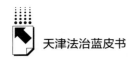

2020 年的 28705 家次，降幅达到 65.6%。市住建委积极推行"双随机、一公开"监管全覆盖，实行工程建设项目审批守信联合激励与失信联合惩戒措施，实施红黑名单制度，构建"一处失信、处处受限"的联合惩戒机制。

二 天津市"双随机、一公开"监管工作的主要经验

近年来，天津市全面推行"双随机、一公开"监管机制，形成了一系列创新举措和实践经验，具体包括以下方面。

（一）全面覆盖为基础，重点监管为补充

从最新的"随机抽查事项清单"看，天津市"双随机、一公开"监管工作共涉及市发展改革委、市教委、市公安局、市市场监管委等 32 个部门 485 项随机抽查事项，基本实现"双随机、一公开"对各个监管领域的全覆盖。

在全面覆盖的基础上，开展重点领域"双随机"定向抽查工作，以重点监管补充，避免监管领域空白。检查对象范围覆盖全市类金融、教育培训、医疗美容、环境保护、知识产权代理 5 个重点领域，涉及企业 1000 户。为落实国务院《优化营商环境条例》的规定，市市场监管委组织全市市级市场监管领域相关部门共同梳理了天津市市场监管领域"特殊行业重点领域清单"。将直接涉及公共安全和群众生命健康等特殊行业、重点领域（如疫苗、药品、危险化学品、特种设备等）列入"特殊行业重点领域清单"，实施全覆盖的重点监管。"双随机、一公开"监管和重点监管互为补充，推动"双随机、一公开"监管全覆盖。

（二）因时因势，及时更新检查事项

早在 2016 年天津市就完成了"双随机"联合检查监督检查项目修订，2017 年、2018 年在启动年度联合检查准备工作中，征集了全市各机关报送

的联合检查事项，并更新了全市执法检查人员①。2020 年更新完成天津市"随机抽查事项清单"，本清单覆盖部门数量多、监管领域广，包含市发展改革委、市教委、市公安局、市市场监管委等 32 个监管部门的 219 个领域、485 个抽查事项，检查主体涉及市、区两级执法部门，检查对象涵盖自然人、个体户、企业等各类市场主体。施行"逢查必抽"，非法律、法规、规章规定的行政检查事项不能进入"随机抽查事项清单"。各级监管部门严格依照"随机抽查事项清单"制定年度抽查计划，实施"双随机"抽查，严控计划外检查。另外，以重点监管为补充，全面加强事中事后监管。梳理"特殊行业重点领域清单"，对直接涉及公共安全和人民群众生命健康的特殊行业、重点领域依法依规实行全覆盖重点监管②。

（三）信用监管，分级分类

依据《天津市市场主体信用风险分类办法》，将市场主体分为"良好""警示""失信""严重失信"四个类别。针对不同信用类别的市场主体，设置不同的抽查比例，"良好"企业可降低抽查比例，最低可到 0.1%，"严重失信"企业提高抽查比例，最高的可以到 100%，充分体现信用监管、分级分类管理的理念。2017 年，通过天津市市场主体联合监管系统，按照"良好"企业占 0.1%、"警示"企业占 3%、"失信"企业占 30%、"严重失信"企业占 100% 的递增比例，抽取企业 2679 户；2018 年度按照同等抽查比例，抽取企业 3128 户。

（四）部门联合，便捷高效

2015 年，天津市在全国率先开始探索跨部门的"双随机"联合抽查机

---

① 2017 年，市场监督管理委员会征集了全市 34 个部门报送的 161 个大项、361 个小项的联合检查事项，更新汇集全市执法检查人员 13299 人；2018 年根据天津市联合检查办法，汇集了全市 30 个行政机关的 134 个大项、310 个小项的检查事项。更新汇集了全市 30 个行政机关的执法检查人员 9549 人。

② 吴宏、王绍芳：《天津市发布 2021 版〈随机抽查事项清单〉，"双随机、一公开"监管全覆盖》，国家市场监督管理总局信用监督管理司：http://www.samr.gov.cn/xyjgs/gzdt/202103/t20210319_327078.html，2021 年 3 月 19 日。

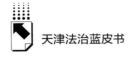
制。对执法人员和企业均通过"双随机"抽取,再由各监管部门对企业实施一次性联合检查,目的是减少对企业检查的重复性、随意性。为此,天津市专门开发了"天津市市场主体联合监管系统",实现信息化的"一键自动抽取、一键自动匹配",被抽取到的企业自动产生检查记录表单,即"一企一表",各监管部门按照表单实施联合检查。

2020 年,天津继续完善部门联合抽查工作机制,制定了《天津市市场监管领域部门联合抽查事项清单》(第二版),探索建立"小比例、深度查,少干扰、强影响"的部门联合抽查机制。每个抽查领域明确一个发起部门,同时确定相关配合部门及其检查事项。改变以往统一组织、统一开展的形式,由各监管领域发起部门牵头,随时抽取、随时检查,实现常态化开展。将更多的行政检查事项纳入部门联合抽查机制,最大限度减少行政检查对企业正常经营的干扰。

为保障跨部门联合抽查的顺利实施,天津市要求各相关监管部门已有的工作平台与全市"双随机、一公开"信息化平台进行整合,共同使用全市统一的信息化平台,按照"谁检查、谁录入、谁公开"的原则,避免数据重复录入、多头报送,实行跨区域、跨部门、跨层级的互联互通,检查线索共享、检查结果互认。以联合抽查为基础,还编制了《天津市行政机关联合惩戒措施目录》,打破了国务院各部委"联合惩戒备忘录"的"一对多"模式,实行各个部门互联互通的"多对多"模式,形成全覆盖的联合惩戒网络。在全市建立跨部门联合惩戒机制,探索构建"一处失信、处处受限"联合惩戒机制。

三　进一步完善"双随机、一公开"监管机制的策略与措施

当前我国正处于全面建设小康社会向基本实现社会主义现代化迈进的关键时期,也是全面开启社会主义现代化强国建设新征程的重要机遇期。如何进一步完善"双随机、一公开"监管,提升市场监管效率,推动市场化深

度改革，仍是关键所在。要以实践中暴露的问题为出发点，着力解决相关问题，推动"双随机、一公开"工作机制更好地落地。

（一）继续强化协调配合，形成市场监管合力

市场监管是一个系统化的工作，跨部门联合抽查是"双随机、一公开"工作机制的重要举措，但也对政府及各部门提出了更高要求。要进一步理顺各部门职能，明确不同领域的执法主体及其职责范围，力争建立一个分工明确、制度完善、权责统一的市场监管体系。要继续强化现有的市、区两级联席会议机制，统一各部门思想、凝聚共识。在实施跨部门联合抽查工作中，进一步健全领导和协调机制，提高各部门对"双随机"工作的参与度，发挥检查人员的主观能动性，促进各部门横向纵向联动。在此基础上，确定各单位的工作职责，选定各单位的执法人员和联络员，将具体工作安排落实到位。

建立随机抽查执行过程中权责明晰、分工合理、科学高效的运行体制，加强相关制度文件的监管工作，细化对各部门的制度和执法依据审核。现有规章制度大多限于程序设计，还缺乏涵盖抽查工作步骤、流程、后续处理等的操作指引，尤其是缺少执法考核的具体标准，易导致基层执法干部因标准不统一而产生履职疑虑。各级监管部门要结合国家、天津市关于"双随机、一公开"监管的既有政策指引，针对各部门的监管职责，结合部门实际，深入细化实施"双随机、一公开"，保障顶层设计在各部门实际执行过程中真正落地见效。

（二）优化人力资源配置，提高专业执法能力

一方面，要继续加强法律法规和业务知识培训，形成专业培训学习常态化。通过集中学习和自主学习相结合，多路径加强执法检查人员的专业素养和综合素质培训，深化检查人员对市场监管领域新法律法规和业务知识的理解吸收。重点培养实际运用法律法规查办违法违规案件的能力和查处复杂、新型疑难案件的能力。

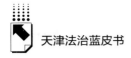

另一方面，要优化执法人员结构，打造专业化水平高的执法检查人员队伍。在组建执法检查人员名录库时，不能仅重视随机样本的数量，更要综合考虑年龄结构、工作经验、专业背景、业务能力等多种因素，尤其要注意吸收具有财务、税务、法律以及网络科技等知识背景的专业人才，充实到执法队伍。同一名执法检查人员具有复合型专业背景时，可考虑对其增设多个标签，在其本职工作外匹配其他业务领域的执法任务。

（三）加大数据归集范围，提升监管精确度与准确度

一是经营者在申请市场主体注册登记时，要指导其规范填写真实、准确、有效的信息，避免由于地址不清、电话不准造成"双随机"检查找不到检查对象。住所登记要落实门牌号，必要时可通过上门查验的方式进行核实；联系电话要分别填写到位，除市场主体自身的固定电话外，还应重点包括法定代表人、财务人员等主要人员的联系方式。二是针对无证照经营者，基层市场监管部门要加大排查力度和惩处力度，发现一起、惩处一起。还可联合街道、社区和村委会等基层组织力量，探索实行街道（社区）代为办理或市场监管干部统一上门办理的方式，推动网上（电子化）登记落到实处，提升注册登记的便利性，提高群体办照率①。

（四）"一单两库"实现常态更新，优化随机抽查程序

随机抽查事项清单主要包含抽查项目、事项类别、检查方式、检查主体、检查依据等内容。对抽查项目与事项类别而言，抽查事项与经济发展水平密不可分，产业的不断升级换代，会促使一部分原本属于监管范围内的事项逐渐被舍弃，另一部分原本不受监管的事项则可能成为监管重点，相应的抽查事项清单就需要进行两方面的更新。一是清单事项的"进"与"出"更新，二是一般与重点的更新，对于某类抽查事项问题比较突出的，应当由

① 许江波、刘丽华、王瑾：《完善"双随机、一公开"监管机制，强化事中事后监管——对江西省"双随机、一公开"监管机制的调查与思考》，《质量探索》2020 年增刊。

一般检查事项上升为重点检查事项。在检查方式上,可根据相关法规政策不断完善,由现场检查调整为网络检查。在检查主体与抽查项目的匹配上,尤其是联合检查过程中,如果发现某项检查事项由其他部门管理会提升监管效率时,应对检查主体和检查事项进行匹配上的更新。在检查依据上,则要根据国家和本市有关法律、行政法规的变化适时调整,确保执法检查规范化。

检查对象名录库和执法检查人员名录库的更新要保持时效性和及时性,实施动态管理,确保检查对象不遗漏、检查人员能到位。在抽查工作的具体执行上,要完善监管细则与各项抽查制度,优化随机抽查程序,尽量降低抽查的随意性,确保任务明晰、措施有力,可探索建立"决策、抽取、检查、处置"相分离的内部制约机制,对抽查过程进行监督,实现监管标准化。

(五)丰富完善平台功能,实现社会与行业共治

平台既是群众接收信息的窗口,更应该是群众反映问题的重要途径。要始终坚持以人民为中心、以问题为导向的监管理念,推行"互联网＋监管",充分发挥社会、行业的监督力量,充分利用新媒体的便捷性和即时性。可通过在平台增设"问题反馈"栏目,设置手机应用、微信公众号、服务热线和投诉举报信箱、电话等多种方式,畅通群众沟通渠道,引导社会公众广泛参与监督管理。群众广泛参与既可通过联合惩戒倒逼市场主体履行主体责任,弥补"双随机、一公开"的监管不足,又可监督执法人员执法行为的规范性,让执法检查干部手中的权力在阳光下运行。

另外,增强市场监管的专业性和可靠性,通过政府采购方式委托专业机构,如会计师、税务师、律师事务所等开展审计、验资、咨询等工作,当然,委托程序需要规范化。要发挥行业协会的作用,引导行业协会建立健全自律规范和自律公约,逐步推行第三方综合信用评价。除此之外,对某些书面检查事项,可以应用智能化软件实施检查。以企业财务信息为例,检查人员可以对比软件公开信息和实际调查数据的差别,进而对市场主体是否隐瞒相关信息进行直观判断,弥补和克服财务知识欠缺、业务能力差异、检查标准宽严不一等问题。

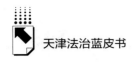

结　语

　　"双随机、一公开"是政府治理体制机制和市场监管制度的一项重大改革创新,是党中央、国务院在新的历史时期新的环境形势下作出的又一项创举。应当看到,"双随机、一公开"监管从正式提出到在市场监管领域全面推行,也不过数年时间,尤其在国家层面提出"双随机、一公开"跨部门联合监管的时间更短。我国市场监管的"双随机、一公开"整体上取得了初步成效,如何推动进一步实践创新是下一步努力的方向。继续坚持以问题为导向,立足本市实际,推进"双随机、一公开"更好地在天津落地,是一个需要持续研究的课题。

B.9
天津市行政复议改革的
现状、做法与成效

天津市行政复议研究课题组*

摘　要：　天津市在行政复议体制改革中加强改革谋篇布局，全面完善
　　　　　信息化建设，完善复议法律指导体系，整合复议机构，充实
　　　　　人员力量，加大行政复议宣传力度，强化行政复议监管。
　　　　　2020年以来，天津市行政复议案件中，行政案件纠错率明显
　　　　　下降，通过充分发挥行政调解的功能、完善行政复议过程中
　　　　　责任分工机制等改革措施，行政复议整体办案水平不断提
　　　　　升，行政复议改革成效显著。

关键词：　行政复议　法治政府　制度建设　信息化

　　行政复议是行政相对人的法律救济制度。行政相对人认为行政机关作出
的行政行为侵犯其合法权益，可依法向行政复议机关申请复议，由复议机关
就相关行政行为合法性和合理性进行审查并裁决的法律制度。世界上大部分
国家的行政法体系都规定了这一制度。发展完善行政复议制度对于全面推进
依法行政和建设法治政府具有重要意义。

　　1949年以后，行政复议制度不断发展，在维护社会和谐稳定、化解行
政争议，保障当事人合法权益、督促政府依法行使职权方面发挥了重要作

＊　执笔人：闫文博。课题组成员：闫文博，法学博士，河北工业大学人文与法律学院副院长，
副教授；郭小雅，华北理工大学人文法律学院，硕士研究生。天津市司法局提供相关资料。

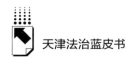
用。近年来，为加快法治政府建设，深入推进依法行政，天津市积极创新行政复议相关配套制度，不断提高复议工作质量，探索新型高效行政复议工作机制，取得显著成效。

一 天津市行政复议改革现状

行政复议是行政机关内部自我化解行政争议的主渠道，相比行政诉讼，行政复议成本低、效率高。天津市积极推动行政复议改革，高度重视行政复议案件的受理及审理工作，自上而下提升复议专业化水平，加快行政复议信息化进程，行政复议切实解决了实践中的大量矛盾纠纷，其公信力和影响力得到全面彰显。

（一）行政复议案件呈现数量上升、诉争领域集中的态势

行政复议制度能帮助当事人化解行政争议，引导社会公众维护自身合法权益，对依法行政进行有效监督，是法治政府建设的"助推器"。天津市各级行政复议机关办理的行政复议案件数量逐年增加，2020年全市各级行政复议机关办理完结行政复议案件5769件，当年行政复议申请数4889件，实际受理数为4130件，受理率达84.48%，数量增长较2019年提升11.21个百分点①。从案件受理数看，2020年全年案件受理4130件，是2019年1832件的两倍多，比2018年的2780件增加了1350件。与其他地区相比，2020年天津市行政复议案件受理数量增长明显，在全国受理行政复议案件数量排名中，天津市从2018年的第22位、2019年的第24位跃居2020年的第14位。

案件受理量和受理率上升，印证了天津市各级行政复议机关全面坚持立案审查的"依法依规、应受尽受"原则，行政复议渠道稳定畅通。这从侧面反映社会群众对行政复议工作的了解不断深入，更多群众愿意通过

---

① 本文所引数据，除非特别标注，均来源于天津市司法局。

选择行政复议途径维护自身利益。案件受理量上升还说明,复议机关创新工作方法、便捷复议通道、公开复议信息,案件办理透明公正,提升了群众对行政复议制度的信任感和认同感,天津市行政复议制度改革取得显著成效。

行政复议案件诉争领域较为集中。诉争涉及领域依次为:行政处罚、信息公开、行政强制、行政征收、举报投诉处理、行政确认、行政不作为、行政许可、行政确权等。行政处罚类案件在复议案件中占比达 61.26%,其余类型案件比重均未超过 10%。行政处罚涉及当事人切身利益,诉争领域高度集中符合常情,其他类型结案比例较低说明天津市依法行政工作扎实高效,整体法治环境较好。

(二)行政复议案件纠错率下降趋势明显

2019 年、2020 年,全市各级行政复议机关共审结行政复议案件 3778 件和 4164 件,占受理案件总数的 72.18% 和 63.19%。从审理结果看,维持原行政行为的比例很高,2019 年为 61.15%,2020 年为 54.13%,均超过 50%(见表 1)。2019 年纠错率为 15.19%,2020 年纠错率为 10.73%,较 2019 年降低了 4.46 个百分点。同比行政诉讼情况,2020 年天津市行政诉讼案件中行政机关败诉率也呈下降状态。这说明,近年来天津市各级行政机关依法行政能力不断提升,各级政府依法行政工作成效显著。

表 1　2019~2020 年天津市行政复议案件审理情况

单位:件,%

		维持	驳回	终止	确认违法、撤销、责令履行、变更	其他	审结
2019 年	数量	2310	269	581	574	44	3778
	比例	61.15	7.12	15.38	15.19	1.16	100
2020 年	数量	2254	467	988	447	8	4164
	比例	54.13	11.22	23.73	10.73	0.19	100

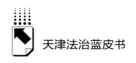
二 天津市行政复议改革的主要做法

为深入贯彻落实《中央全面依法治国委员会关于印发〈行政复议体制改革方案〉的通知》，2020 年，天津市人民政府全面推动行政复议体制改革，推行责任分工、信息化建设、规范化建设、专业化指导、机构人员整合等一系列具体措施，全市行政复议机关专业化水平大幅提升。复议的行政监督功能得到充分发挥，为化解社会矛盾和维护社会和谐稳定发挥了重要作用。

（一）加强改革谋篇布局

2020 年 7 月 14 日，天津市成立行政复议体制改革领导小组，负责统筹全市行政复议体制改革日常工作。2020 年 11 月 20 日，市委审议通过《天津市行政复议体制改革实施方案》，明确了天津市行政复议体制改革的总体目标、改革措施和工作要求，确定了改革的时间表、路线图。全市行政复议体制改革工作积极稳妥有序推进，天津市行政复议改革迈出了跨越性步伐。建立"天津市行政复议体制改革责任分工台账"，明确了市级部门参与行政复议体制改革的具体工作任务和完成时限，各市辖区相应成立改革领导小组，制定配套改革实施细则，全面推动各项改革举措切实到位。

（二）推进行政复议制度建设

天津市紧紧围绕制度建设这条主线，着力完善行政复议体制改革工作的"四梁八柱"，先后制定出台了以"五办法""五规范""五规定""五规则"为主体的行政复议体制改革 20 项配套制度，对行政复议立案、会商、专家咨询、案件审查、文书制作送达、文书履行及督查、案件回访、应急处置等作出具体细化规定，完善复议规范体系。推进改革系统集成，组织相关部门工作高效协同。天津市司法局会同天津市高级人民法院研究制定土地征收复议、房屋征收复议、政府信息公开复议等复议规范审查指南，统一了行政复议机关与司法审判机关裁决标准。制定了《加强全市行政复议工作规范化建设的指导意见》，编制了"行政复议与行政应诉工作规范手册"，为全市行政复议体制改革顺利开展提供了有力的制度保障。天津市司法局组织成立行政复议咨询委员会，在全市范围内遴选法学学者和知名律师，聘请为咨询委员会委员，对行政复议相关法律适用问题进行具体指导。

（三）整合行政复议机构，充实人员力量

天津市按照改革方案要求，以机构设置与人员编制改革为依托，调整行政复议相关职责，全面整合行政复议机构，整合后全市设立17个行政复议机构。以实际工作需要调整机构编制并明确相关职责，按照"事编匹配、优化节约、按需调剂"原则，结合天津工作实际，在市司法局设立行政复议指导监督处、行政复议立案处、行政复议与应诉一、二、三处，共5个复议工作处。人员配备方面，全市加强复议工作保障、优化人员配备，建立相关执业规范。强化行政复议人员在岗培训，注重行政复议人员专业技能提升，提高行政复议工作水平。实现培训工作制度化常态化，有效提高行政复议队伍的政治素质和业务能力。进一步完善执法机制，全面实行持证上岗制度。全市设计制作统一的行政复议工作证件，配发给市区两级行政复议工作人员，做到全员持证上岗。

（四）完善信息化建设，改进办案方式

天津市全面完善行政复议信息化建设，改革行政案件办理模式，以新建的天津市行政执法监督平台为依托，开发建设行政复议网上办公系统，全面实现行政复议网上申请、网上受理、网上审批和网上公开等功能，并与全国行政复议工作平台实现互联互通。

2020年，天津市行政复议信息化建设采取多项推进措施，对新收行政复议案件实行受案录入制度，行政复议申请资料实现实时录入，系统集中审批，切实保证全国行政复议工作平台功能的正常发挥和实际应用。对既往案

件和当年办理案件进行补充资料填报，分步骤完善已办理结案和之前申请案件的信息录入工作。

（五）强化行政复议监管

针对行政诉讼和行政复议案件出现的执法瑕疵和违法情况，天津各级行政复议机构全面建立规范性文件审查制度、文书执行监督机制和行政复议决定抄告制度，健全复议通报机制，着力推行行政复议季度通报。作为行政机关依法行政状况的"晴雨表"，行政复议案件统计报告能够清晰直观地反映行政机关依法行政能力和法治建设水平。复议案件统计报告有助于复议机关分析原因，研究制定风险防范措施，不断提高行政诉讼应诉和行政复议工作效率，为行政复议改革决策提供精准参考和支撑，整体强化行政复议工作监督力度，确保行政复议在法治轨道上公正高效推进。

（六）加大行政复议宣传力度

市辖区人民政府政务网开设"复议为民"专题，实现申请指南、文书模板、复议决定、典型案例、工作动态"五个公开"；注重提高行政复议公众认可度，积极开展集中宣传普法活动，合理利用网络平台，推出"行政复议微讲堂"等网络栏目行政复议宣传力度不断加大，方便群众深入了解行政复议，揭开行政复议的"神秘面纱"，引导更多行政相对人主动选择复议作为行政争议解决的方式。全面推动行政复议工作普及和认同，2020年天津市行政复议案件申请数量、受理数量呈上升趋势。

三 天津市行政复议工作的经验和成效

（一）自上而下加强专业指导，提升复议案件办案水平

天津市司法行政机关与人民法院通力合作编制"天津市行政复议与行政应诉工作规范手册——行政复议与应诉法律法规和示范文书汇编（政府

类）"，收录常用法律法规及司法解释，进一步规范行政复议受理、审理、决定等各环节工作。制发《天津市土地征收复议规范审查指南（试行）》等规范性文件，对同类型行政复议案件受理条件、审查重点等进行明确，统一行政复议裁量尺度。行政复议咨询委员会邀请专家就如何定性、民事法律关系与行政法律关系的边界等相关法律问题提供指导，帮助复议人员厘清领域监管主体和执法主体的职能边界、法律适用等问题。

复议机关以法规文件为依据，以咨询委员会专家意见为具体参照，以统一尺度在全市范围内处理行政案件，实现同案同判。减少行政复议与行政诉讼的差异，切实维护行政复议裁决的公信力。

2020 年全市共办结行政复议案件 4164 件，其中 991 件因申请人不服诉至法院（仅占全市各级行政机关办结行政复议案件数的 23.80%）。各级法院共审结 835 件，其中行政复议机关败诉 13 件，败诉率为 1.56%，比 2019 年下降 1.59 个百分点。天津市行政复议机关作出的复议决定与行政诉讼案件结果接近，充分验证了行政复议的层级监督与纠错功能，复议案件审理水平持续提升。

（二）积极发挥行政调解的功能和作用

2021 年，天津市制定《天津市行政调解规定》，从制度体系层面完善了行政复议调解指导和规范。《天津市行政调解规定》进一步明确了行政调解的范围，规范了行政调解工作程序，保障当事人的平等地位，维护当事人的知情权、参与权和救济权。在行政调解中，复议机关以相关法律、法规和政策为依据，充分发挥专业优势，对矛盾纠纷当事人开展耐心细致的说服疏导工作，促使当事人互谅互让、平等协商，达成解决争议纠纷的协议，有效化解行政争议。《天津市行政调解规定》进一步规范行政调解程序。全年行政复议机关共调解解决复议案件 988 件，调解率达 23.72%，有效实现了政治效果、法律效果和社会效果的统一，真正做到"案结事了"。在全市范围内建立行政调解分析上报制度，定期对行政调解信息报送情况进行汇总、分析和通报。各复议机关加强行政调解信息汇报和工作经验交流。对涉及人数较

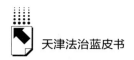
多、社会影响较大的行政争议问题，行政复议机关可逐级提出对策建议。完善行政调解与人民调解、司法调解衔接机制。天津市司法行政部门在交通损害赔偿、医疗卫生、消费者权益保护、物业管理、劳动争议等矛盾多发领域，加强对人民调解组织的专业指导，支持人民调解组织开展调解工作。同时，强化行政调解与司法调解的衔接配合，建立调解情况通报交流制度，充分发挥各自职能，妥善化解矛盾纠纷。

（三）加强组织领导，明确责任分工，确保改革措施落实

天津市行政复议体制改革采取市区两级改革推动模式。天津市人民政府成立天津市行政复议体制改革领导小组，市政府主要领导担任组长，市委常委、常务副市长，市委常委、市委政法委书记，负责政府法制、行政复议和社会稳定工作的副市长担任副组长，市委组织部分管负责同志，市委编办、市司法局、市财政局和各区人民政府主要负责同志为成员。以《天津市行政复议体制改革实施方案》为指导，建立"天津市行政复议体制改革责任分工台账"，市级各部门根据分工台账承担相关职责，落实市级层面行政复议体制改革的工作事项。市辖区区委和区政府也以《天津市行政复议体制改革实施方案》为基础，相应成立市辖区行政复议体制改革领导小组，制定市辖区的行政复议改革实施细则或方案，再由市辖区司法行政部门牵头，制订责任分工台账，明确改革责任单位，推进市辖区范围内行政复议体制改革各项工作。整个改革过程中，市区两级全程明确工作职责，确定责任单位和任务时限，据此推进改革各项工作，为成功推进行政复议体制改革打下坚实基础。

参考文献

［1］章剑生：《论作为权利救济制度的行政复议》，《法学》2021 年第 5 期。

［2］叶必丰：《行政复议机关的法律定位》，《法学》2021 年第 5 期。

［3］黄学贤：《行政复议委员会机制新论》，《苏州大学学报》（法学版）2021 年第 2 期。

［4］曹鎏、宋平：《行政复议发展年度报告（2019）》，《中国法治政府发展报告（2019）》，社会科学文献出版社，2020。

［5］方军：《行政复议委员会试点五年情况回顾》，《中国法律》2014 年第 2 期。

B.10
天津市综合行政执法改革创新研究

天津市综合行政执法改革研究课题组*

摘　要：　综合行政执法改革是推动国家治理体系不断升级的重要途径，是提升国家及区域治理能力和治理体系现代化的必经之路。天津市加强对综合行政执法改革工作的领导，重视制度设计，用制度规范执法行为，用法律保障执法效果。各部门加强综合行政执法改革配套制度建设，保障改革措施充分落实。在加强组织领导、制度设计、程序机制建设、能力提升等八个方面形成了特点显著、效果良好的经验做法。

关键词：　行政执法　制度规范　执法程序　执法监督

综合行政执法及其改革历来是社会高度关注的热点问题，是政府治理变革的重要部分，是推进政府治理体系和治理能力现代化的重要举措。党的十八大以来，我国综合行政执法体制改革稳步推进。党的十九届三中全会进一步明确提出："深化行政执法体制改革，统筹设置行政处罚职能和执法资源，相对集中行政处罚权，整合精简执法队伍，解决多头多层重复执法问题。"党的十九届四中全会将深化综合行政执法改革置于新时代治国理政布局中更加突出的位置。天津市在推进治理体系

---

* 执笔人：尚绪芝。课题组成员：尚绪芝，法学博士，天津工业大学法学院常务副院长，教授，主要研究方向为法学理论；李树成，法学博士，天津工业大学法学院副院长，讲师，主要研究方向为经济法及法学理论；姜锡昆、蔡熳钰，法学院2020级研究生。天津市市场监管委、市住建委、市交通运输委、市教委、市司法局等部门提供相关资料。

和治理能力现代化过程中，不断改革创新，为深化综合行政执法改革贡献天津之力。

一 天津综合行政执法体系的发展现状

行政执法是政府贯彻落实国家政策方针、将纸面上的法律变为行动中的法律，对社会进行有效治理的重要行动。习近平总书记强调，"各级政府必须依法全面履行职能，坚持法定职责必须为、法无授权不可为，健全依法决策机制，完善执法程序，严格执法责任，做到严格规范公正文明执法"。①2018～2020年，天津综合行政执法改革以习近平新时代中国特色社会主义思想为指导，认真落实《中共中央关于深化党和国家机构改革的决定》《深化党和国家机构改革方案》《关于地方机构改革有关问题的指导意见》等文件要求②，加强组织领导，坚持优化、协同、高效、依法、统筹、协调等原则，持续推进综合行政执法改革，确保改革顺利推进，实现创新发展，为完成相关领域工作任务和目标提供强有力的执法体制机制保障。

（一）深入推进综合行政执法整体改革

注重综合行政执法体系建设、配套制度建设。各行政执法部门结合自身执法工作实际，整合资源，创造性地开展工作，围绕行政执法各环节，注重内部调整和外部协调，为推进高效、便民的行政综合执法改革提供制度保障。持续深化综合行政执法体制改革。市委编办印发卫生健康、水务、人力资源和社会保障、渔业4个领域综合执法队伍调整组建方案，督促各区委编办加快推进相关领域综合行政执法队伍组建工作。目前，各区综合行政执法队伍班子配备和人员转隶均已完成。

强化执法队伍建设。高素质的综合执法队伍是综合行政执法改革的能动

---

① 2014年10月23日，习近平在党的十八届四中全会第二次全体会议上的讲话。

② 习近平：《以提高司法公信力为根本尺度　坚定不移深化司法体制改革》，共产党新闻网，http：//cpc. people. com. cn/n/2015/0325/c64094 – 26750022. html，2015年3月25日。

力量。各部门针对自身实际情况，整合力量组建综合执法总队，加强执法人员培训，增加人员充实执法队伍，补充执法力量，增强执法能力。

运用现代媒介载体推动综合行政执法改革。重视运用新媒体手段推动综合行政执法改革，不断完善天津网上办事大厅的服务内容，提升服务效能。2019年12月2日，天津网上办事大厅平台设立"好差评"模块。截至2021年6月21日，评价总量达3115279条。各部门充分利用微博、微信、网站等多种载体不断拓展服务深度、广度、便利度。

经过持续不断的综合行政执法改革，行政执法体制已基本理顺，各项执法和执法监督机制逐步建立并有效落实，执法队伍处置办案能力和执法人员素质有效增强，执法装备和执法规范化建设取得明显进展。各执法机构执法责任有效夯实，执行法律法规规章和履行法定职责能力切实提高，执法行为和程序得到有效规范，依法行政和严格规范文明执法理念已成为执法机构的行为准则。

（二）加强重点领域执法，不断提升行政执法效能

1. 持续加强生态环境保护

全面深化环境保护行政执法体制改革，组建市生态环境保护综合行政执法总队，全年全市各级生态环境部门查处行政违法案件2050起，下达行政处罚决定1793件，罚款1.29亿元，移送涉嫌环境行政拘留案件17件、涉嫌环境污染犯罪案件22件，有效打击和震慑了各类环境违法行为。建立京津冀环境执法联动工作机制，拟定了《2020～2021年京津冀生态环境执法联动重点工作》，三地生态环境部门共同开展联防联控执法工作，生态环境保护执法协同水平有效提升。

2. 加强食品药品等安全生产重点领域执法

完成国务院食品安全工作评议考核，天津市首次进入全国A级行列，发放食品生产许可电子证书462套，71家生产企业建立食品安全信息化追溯体系，在全国率先建成进口冷链食品原料信息化追溯系统。清理整治保健食品企业581家，立案查处371家。抽检监测食品安全69261批次，查办食

品安全案件 13746 件。市应急局组织 16 个区和重点市级部门与市政府签订安全生产责任书，完成对全市 16 个区的安全生产巡查督查，将安全生产工作纳入全市绩效考核，对 1233 家企业安全生产违法行为实施立案，处罚5434.76 万元。

3. 坚决取缔和严厉打击非法野生动物交易

天津市市场监管委在疫情暴发初期，三天内实现市场内野生动物和活禽屠宰销售全部"清零"。天津市公安局组织开展打击破坏野生动物资源犯罪专项行动，立案侦办破坏野生动物资源刑事行政案件 227 件。天津市规划资源局按照《市内六区野生动物疫情督查防控工作方案》疫情期间"天天查、循环查、三天一覆盖"的要求，2020 年上半年针对市内六区 20 个高危点组织巡检 119 批次，出动执法人员 510 人次，现场处置个人无证养殖野生动物案件 10 件。

（三）加强行政执法监督，规范行政执法行为

1. 全力推进市级执法监督平台开发应用

市司法局克服疫情影响，全力推进行政执法监督平台建设，组织各区、各市级执法部门填报基础信息，及时归集执法案件信息，完善平台统计分析功能，举办 10 场、1200 余名骨干参加的技术培训。全市各行政执法机关大力开展基础信息及执法数据录入工作，积极参加平台技术培训。截至 2020年 12 月，共归集 801 个执法主体、2.7 万余名执法人员、898 万余件行政执法案件（含公安交管）。结合新建平台功能，以市政府令形式出台《天津市行政执法监督平台管理办法》。

2. 全面推行行政执法"三项制度"

制定《天津市行政执法公示办法》《天津市行政执法全过程记录办法》《天津市重大行政执法决定法制审核办法》，进一步增强行政执法"三项制度"的执行性和可操作性，解决行政执法不严格、不规范、不文明、不透明等问题，切实维护人民群众权益。全市各行政执法机关按时报送 2020 年行政执法"三项制度"专项工作情况年度报告，推进严格规范公正文明执法。

3. 加强行政执法人员资格管理

针对各级行政执法部门人员调整转隶时间不集中，部分单位急需新增执法人员填补执法空白的实际，市司法局克服疫情影响，指导和配合24个单位组织了27场集中考试。将《民法典》纳入培训范围，进一步明确行政执法边界。严格考场纪律，严查考场违纪行为。全年共完成1600余名新增执法人员公共法律知识考试，有力保障行政执法体制改革。印发《进一步做好行政执法人员培训考试及证件申领备案的工作方案》，安排2021年换证工作。

二　坚持党的领导，重视制度设计

总结天津三年来综合行政执法改革的实践创新，最为主要的经验做法是：在改革中坚持党的领导，重视制度设计，规范各项改革。

（一）加强党对综合行政执法改革工作的领导

综合行政执法改革的实践要求必须加强党的领导，重视发挥党组织作用，把党的领导贯穿到综合行政执法改革各领域各方面。党组织总揽综合行政执法改革全局，科学谋划，党政主要负责同志认真履行推进法治建设第一责任人职责，制订职责责任清单和任务清单，亲自部署、过问、协调和督办，并将综合执法改革情况纳入班子和领导干部年度考核。进一步完善决策程序，制定党委议事决策规则和行政工作规则，所有"三重一大"决策均由党委会审议通过，用制度规则保证相关政策的民主、科学、合法，为各项任务的落细、落实、落地提供保障。

天津市住房和城乡建设委员会制定出台《市住房城乡建设委关于党政主要负责人进一步履行推进法治建设第一责任人职责的实施意见》，明确党政主要负责人严格落实中共中央办公厅、国务院办公厅印发的《党政主要负责人履行推进法治建设第一责任人职责规定》的重点任务和责任分工，提出20项重点任务，压实处室和直属单位责任。2020年天津市住房和城乡建设委员会共召开党委会议52次，审议通过相关文件和重大决策45项；召开主任办公会 18 次，审议通过各类文件 26 件，严格执行公众参与、合法性审查、集体讨论决定等决策程序。

（二）重视制度设计，用制度规范执法行为

各部门高度重视行政规范性文件的制定和执行，创造性地开展工作。紧紧围绕服务天津高质量发展、贯彻落实绿色发展理念、保障和改善民生等目标，履行本部门职能工作。天津市交通运输委员会修订了《天津市交通运输委员会行政规范性文件管理办法》，制定了行政规范性文件的"九统一"制度，出台政策性文件 30 余件，不断完善行政执法规范体系，推动管理工作高质量展开。2018 年以来，天津市住房和城乡建设委员会先后制定出台改革措施 103 项，工程建设项目审批不断提质、提效、提速。天津市海关针对执法工作中发现的风险和问题，建立法制建议书制度，2019 年、2020 年共制发各类法制建议书 21 件。

天津市司法局加强重点领域立法，优化立法资源配置。重点围绕天津高质量发展、贯彻落实绿色发展理念、加强生态环境保护、污染防治、保障和改善民生等领域立法，以高质量立法促进高质量发展。同时注重推进立法和改革决策相衔接。2019 年完成 21 件立法项目的起草和法律审核工作，超过2018 年全年立法总量（15 件）。

天津市教育委员会、农业农村委员会、税务局等部门也针对自身落实综合行政执法的目标任务，制定了一批好用、管用的制度，通过制度规范完善和革新综合行政执法。

（三）加强综合行政执法改革配套制度建设

提高行政执法效能，首先要构建一套科学、合理的综合行政执法配套制度。科学合理的配套制度，有助于保障综合行政执法目的的实现，有助于将执法权力装进制度的笼子，将改革成果纳入法治轨道。天津市相关部门按照中央和市委、市政府关于综合执法改革的文件精神，全力推动机构综合行政执法改革。

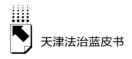

天津市农业执法总队在全市八个综合执法机构中率先完成组建，组织规范、效果良好；天津市农业综合行政执法总队连续 2 年被农业农村部评为全国优秀行政处罚案卷和综合行政执法示范窗口称号。

天津市住房和城乡建设委员会进一步规范执法流程，细化行政处罚立案、调查、事先告知、决定、执行、结案等工作环节和时限，补充和完善 29 种行政执法文书，表格样式供全市执法人员使用。为确保工程建设项目审批改革依法合规、于法有据，建立健全配套制度，全市共制定工程建设项目审批制度改革配套制度文件 96 件、修改地方性法规 7 部、废止规范性文件 1 件，制定印发《天津市深化工程建设项目审批制度改革 优化营商环境若干措施》，从优化项目前期服务、精简审批环节、扩大简易低风险项目范围提高审批效率、全面实行"一网通办"、加强事中事后监管等 5 个方面，提出 20 条改革措施，全面提升了服务便捷度和企业满意度。

天津市司法局坚持严格规范公正文明执法，全面推行行政执法"三项制度"，并在 2020 年底制定出台配套制度，规范行政执法行为，完善执法程序。推进落实统一的行政执法人员资格管理制度，加强行政执法人员培训考核。建立健全行政执法案例指导制度，以案释法，切实改进和创新执法方式，加强行政指导、行政奖励、说服教育、劝导示范等非强制执法手段的运用。推进落实《关于建立行政执法争议协调机制的意见（试行）》，及时解决行政执法争议，促进依法行政，提高行政执法水平和效率。

三 注重加强执法程序、机制和能力建设

综合行政执法具体改革措施要注重执法程序建设，完善服务标准，健全协同机制，提升执法效能。采用"互联网＋执法"等方式，着力提升行政执法能力。

（一）重视执法程序建设，打造精细化规范化服务标准

行政程序是行政权力科学、合理运行的载体，是法治政府建设的重要组成部分。综合行政执法改革必须重视执法程序建设。为达到公正文明执法目标，各相关单位有的在完善行政执法程序制度上下功夫，有的在规范执法流程细节上下功夫，有的在规范行政处罚裁量权行使上下功夫，有的实施重大执法决定法制审核，有的致力于落实行政执法"三项制度"，各具特色。

天津市司法局多项举措推动执法程序完善。一是坚持严格规范公正文明执法，全面推行行政执法公示制度、执法全过程记录制度、重大执法决定法制审核制度；二是制定出台行政执法"三项制度"配套制度，规范行政执法行为，完善执法程序；三是组织执法部门全面推行行政裁量权基准制度，并根据法律法规立改废情况及时调整，防止执法随意、标准不一、同案不同罚。

天津市市场监督管理委员会重视推进行政决策科学化、民主化和法治化。修订党组工作规则、党组会议议事决策规则；召开党组会议 73 次，研究议题 392 个；召开主任办公会议 15 次，研究议题 30 个；推动公平竞争审查，梳理规章 12126 件；组织法律顾问完成法律事务 218 件、公职律师完成法律事务 315 件。

天津市教育委员会积极推动落实"一制三化"改革，持续深化"五减""四办"，推行承诺审批。2019 年将 7 个审批事项减少为 5 个，取消 2 个区级事项，减少 7 项证明材料，进一步压缩办理时限；推进权责清单制度改革，完成了"清权""制权"和"晒权"阶段工作，进一步明确了市教委职责权限，为推进职能转变奠定了坚实基础。

天津市住房和城乡建设委员会通过四种渠道确保公正文明规范执法。一是落实行政执法"三项制度"；二是组织开展行政处罚案卷评查工作，强化行政执法监督；三是进一步规范执法流程，细化行政处罚立案、调查、事先告知、决定、执行、结案等工作环节和时限，补充和完善 29 种行政执法文书、表格样式供全市执法人员使用；四是严格落实行政处罚裁量基准制度，

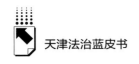

规范执法人员自由裁量权，全部案件均通过法制审核、案件预审、集体研判等程序，确保行政处罚决定依法合规。

此外，各相关单位开展了形式多样的执法监督。设立违法执法举报投诉制度、行政执法社会监督员制度，搭建行政执法监督平台，开展执法评议考核、行政处罚案卷评查、行政执法案件抽查和评查等。

（二）注重执法协同机制建设，执法效能显著提升

天津在推进综合行政执法改革过程中，注重执法协同机制建设，各相关机构开拓了跨流程衔接机制、跨领域协作机制、跨区域联动机制、跨部门联合奖惩机制。

2018年6月19日，"天津市行政机关联合奖惩监管系统"上线运行，运行效果良好。天津市税务局为切实加强执行工作联动协作，深化"税""法"联动，解决"执行难"问题，与天津市高级人民法院签署《天津市高级人民法院　国家税务总局天津市税务局关于建立完善执行联动协作机制的意见》。天津市交通运输委员会推进建立跨流程衔接机制，与政府职能部门建立首问负责、联合会商、信息互通、资源共享等机制，重大案件实行信用联合惩戒，重点领域开展联合检查约谈，争取达到事前事中事后有效衔接、闭环管理效果。同时建立跨领域协作机制，与公安治安、交管、市场监管等部门建立数据互联、案件移交、联合执法等模式，部门联动、齐抓共管。努力形成跨区域联动机制，与各省市、各区交通运输综合行政执法部门建立线索移交、信息共享等合作态势，开展跨区域联合执法行动，已和京、冀、鲁、豫、鄂、湘、粤、滇等省份协同办案30余件。

（三）推进"互联网＋执法"，促进执法能力提升

天津市以"互联网＋执法"为基本定位，通过严格执法人员准入制度、管理制度、权责清单制度、培训制度等多项制度的确定和落实，全面强化执法人员的法治思维和依法行政能力，各部门相继探索大数据支撑下的执法工作模式，执法效能有效提升。

天津市市场监督管理委员会全力推行企业登记全程"网上办、零见面"，实现"一窗办、网上办、一次办"。扩大"一网通办"平台应用范围，企业开办整体时间压缩至 1 个工作日内。天津税务系统各单位不断创新服务举措，积极探索"互联网＋税务"新模式，打造智慧服务，办税更高效，让纳税人得到真正的实惠。例如，天津市河北区税务局以税收执法证据管理为抓手，拓宽工作思路，依托信息技术手段，结合当下的移动办公理念，开发了"税企桥"远程约谈系统，真正实现了纳税人"少跑马路、多走网路"。

四　积极推进普法宣传，主动服务国家战略

（一）立足本职，落实好"谁执法、谁普法"

各部门结合本职本岗，依托新旧媒体，开展各自领域内"高密度、全维度、立体化、多渠道"的法治宣传。以执法单位为依托，以执法人员为主体，以发布和解读各类涉法案件为手段，紧密围绕事实、证据、程序和法律适用等问题，推动以案说法、以案释法活动，向案件当事人、行政相对人和社会公众宣传分管领域法律法规，全面落实好"谁执法、谁普法"责任，夯实行政执法的社会基础，真正建立起执法部门与人民群众之间的桥梁，加强联系，助力提高法治素养和执法水平、执法质量。

天津市司法局推进落实普法责任制联席会议、普法责任清单等配套制度，将普法工作融入立法、司法、执法、法律服务全过程，把案件依法处理的过程变成全民普法公开课。天津市税务局真正把法治工作融入日常工作，通过在工作场所悬挂宣传标语和海报，向纳税人发放宣传折页、口袋书等宣传材料，展播宣传纪录片等形式，积极进行普法教育。天津市交通运输委设立天津市交通运输法治宣传教育基地，在宣传中注重引入《宪法》《民法典》《天津市文明行为促进条例》等相关法治元素，号召企业和从业人员为文明天津、法治天津贡献力量。天津市住房和城乡建设委员会在疫情防控期间，通过短信平台发布疫情防控和有关法律法规，累计发出 28000 余条，确

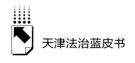

保建筑工地和有关单位及时掌握最新疫情防控和安全要求。天津市市场监督管理委员会组织"防控疫情法治同行"市场监管法治宣传，在"3·15"国际消费者权益保护日、标准化日、电梯安全周、安全用药月等开展主题宣传活动，累计在市级以上媒体刊发新闻 900 余篇，发布政务微博 2036 条、政务微信 1303 条。

（二）各相关部门积极作为，主动对接、服务京津冀协调发展

各相关部门主动对标京津冀协同发展战略规划，积极作为，服务京津冀协同发展。天津市消费者协会形成 13 项重点任务项目库，发布京津冀地区电子产品维修合同示范文本，签订三地食品安全协同监管协议，促成计量技术规范共享合作，推动建立京津冀地区洁净检测技术联盟，举办首届京津冀消费维权高端论坛等。天津市市场监督管理委员会制定京津冀协同发展项目库，建立防控物资生产企业名录库，发布计量技术规范共享共建项目；加强三地广告监管执法协同，签署通武廊标准化战略框架协议，开展检验检测机构能力验证、洁净检测技术联盟培训等。天津市交通运输委员会会同京冀交通运输部门实行三地行政规范性文件统一交叉备份制度，三地每年主动互相函送上一年度制发的行政规范性文件目录、文本，作为开展有关工作的重要参考，为京津冀交通一体化提供制度保障。

参考文献

［1］宫丽华：《论十九大以后综合行政执法改革与大部制改革的融合之道》，《经济研究导刊》2019 年第 1 期。
［2］杨勇：《整合资源创新方式全面深化镇街综合行政执法体制改革》，《机构与行政》2019 年第 9 期。
［3］屠建学：《综合行政执法跨部门协作问题研究》，《甘肃理论学刊》2018 年第 6 期。
［4］《扎实推进综合行政执法改革》，《中国机构改革与管理》2019 年第 2 期。
［5］《广州深化综合行政执法体制改革》，《中国机构改革与管理》2019 年第 8 期。

司法体制改革

Reform of Judicial System

B.11

天津市全面深化司法体制改革的
实践、探索与展望

天津市司法改革研究课题组*

摘　要： 党的十八届四中全会以来，天津市全面完成了一系列基础性
司法体制改革，即司法责任制改革、司法职业保障制度改
革、员额制改革和人财物统一管理改革。深入推进司法体制
综合配套改革，在内设机制和工作机制改革、以审判为中心
的刑事诉讼制度改革、社会矛盾纠纷预防化解机制建设、重
点领域司法改革等方面取得较多成果。2018年以来，又在司
法行政系统和公安系统推进多层次的政法改革。"十四五"
时期，天津市将继续着眼于深化司法责任制改革，继续加强
诉讼制度和执行体制改革，不断完善知识产权保护体制机

---

* 执笔人：于语和，南开大学法学院教授，博士生导师；王焱，天津社会科学院法学研究所，
法学博士，副研究员；谭天枢，中国政法大学 2021 级博士研究生。市委依法治市办、市委政
法委、市高级人民法院、市检察院、市司法局、市公安局提供相关资料。

制，加强企业产权保护，优化涉企法律服务。

关键词： 司法改革　司法责任　员额制　诉讼制度　执行体制

深化司法体制改革，建设公正高效权威的社会主义司法制度，是推进国家治理体系和治理能力现代化的重要举措。习近平总书记强调，要坚持司法体制改革的正确政治方向，坚持以提高司法公信力为根本尺度，坚持符合国情和遵循司法规律相结合，坚持问题导向、勇于攻坚克难，坚定信心，凝聚共识，锐意进取，破解难题，坚定不移深化司法体制改革，不断促进社会公平正义。党的十八大以来，天津市各级政法机关坚持以习近平新时代中国特色社会主义思想为指导，按照中央和市委的有关改革部署，紧紧围绕建设中国特色社会主义法治体系、建设社会主义法治国家，紧紧围绕维护社会公平正义，不断深化司法体制改革，认真落实各项重要改革任务，为天津经济社会高质量发展提供了有力的司法保障，取得了良好成效。

一　全面完成以司法责任制为核心的基础性改革

自 2016 年以来，天津市各级人民法院、人民检察院全面推进一系列基础性司法体制改革，即司法责任制改革、司法保障改革、人员分类管理改革和人财物统一管理改革，并按照总体要求按时、高效地全面落实各项基础性司法体制改革措施。

（一）全面落实司法责任制改革

1. 天津法院系统的司法责任制改革

天津法院系统坚持"让审理者裁判、由裁判者负责"，不断强化法官办案责任和院庭长监督管理职责，初步建立了新型审判权力运行体系。

一是制定审判权责清单。实行随机分案为主、指定分案为辅的案件分配机制，严控审批权限，明确了各类人员的职责、权限。特别是逐项列举承办法官、审判长、合议庭其他法官的审判权力、审判责任。定期开展"典型差案"评查，强化法官办案责任意识。

二是加强院庭长审判监督管理。完善重点案件监督管理的原则目标、监管识别程序与监督管理方式。以正负清单形式厘清了审判权和审判管理权的边界。研发应用个案监督管理平台，实现重点案件监督在网上办案平台全流程监管。河北区法院四类案件监督管理经验入选第六批司法改革典型案例。

三是完善专业法官会议机制和审判委员会制度。明确专业法官会议是院庭长履行监督管理责任的重要载体。2020 年，研发应用专业法官会议系统。制定并完善《天津法院审判委员会工作规则》，全面启用审判委员会工作系统，定期通报审判委员会运行情况，促进审判委员会委员严格依法履职。

四是健全统一法律适用机制。针对物业纠纷、民间借贷、融资租赁、涉疫情劳动争议、服务合同纠纷等法院民事案件高发领域制定审理指南等标准化文件 29 个。编撰《审判指导丛书：法官智典》，作为实体标准化的重要内容，供相关领域法官参考。发布参考性案例 30 个，就相关争议问题统一全市法院裁判标准，建立法律适用分歧解决机制。

五是全面实行司法公开。深入推进裁判文书、庭审活动、审判流程、执行工作公开，定期对全市法院裁判文书公开、庭审直播情况进行排名通报。

2. 天津检察系统的司法责任制改革

天津检察系统严格执行请示报告制度，涉及重大问题和案件及时向党委请示报告，确保在党的领导下开展检察工作。2017 年制定《中共天津市人民检察院党组贯彻落实〈政法机关党组织向党委请示报告重大事项规定〉的实施办法》，2020 年印发《中共天津市人民检察院党组关于进一步加强向党委请示报告工作的意见》。全系统认真履行管党治党主体责任，健全督查督办机制，严格落实意识形态工作责任制，确保检察机关意识形态安全。

另一个改革重点是落实入额办案责任。2016 年 1 月市检察院印发《天津市检察机关完善司法责任制实施意见及检察官办案权力清单》，配套制定了 20 余项制度，多次对相关制度进行了修订。对检察官办案权力清单、办案组织建设、各类人员职责、检察权运行机制、领导干部办案公示等内容进行了明确。严格执行"谁办案谁负责、谁决定谁负责"办案责任制,并承担履行检察职责行为的司法责任,对办案质量在职责范围内实行终身负责制。

目前,天津市检察机关除法律明确规定应由检察长、检委会决定的案件和事项外,全部由检察官独立决定,不需要逐级审批,检察长、副检察长不同意检察官意见的,可以变更检察官意见,但必须书面提出理由并附卷,全面落实了"谁办案谁负责、谁决定谁负责"的办案责任制。

(二)全面推进人员分类管理改革

1. 法院系统全面实现分类管理

一是实现了法官员额遴选常态化、市级统筹和动态调整。2016 年成立法官检察官遴选委员会。始终坚持严格控制员额比例和编制动态调整,区分不同审级和地区法院的差异,按照以案定额方法,员额分配向基层法院和办案任务重的法院倾斜。根据最高人民法院最新精神,及时修订《天津法院法官员额退出实施办法(试行)》,实现法官办案业绩考核与退出挂钩。

二是建立了院庭长办案常态化管理机制。2017 年印发《关于规范审判团队组建及职责分工的指导意见(试行)》。定期评选全市法院各类型优秀审判团队,激发团队争先创优的积极性。天津高院印发《机关入额院级领导参与审判团队办理案件的工作规则》,每年年初确定院庭长办案参考指标和案件类型,按月通报入额院庭长办理案件情况,按季度通报全市法院院庭长办理案件情况。全市法院院庭长审结案件连续三年占结案总数的 40%。

三是完善了审判辅助人员统一招录管理机制。2017 年完成全市法院聘用制书记员统一招聘,相关经费由市级财政予以保障,及时增加了审判辅助力量。

四是完善了司法政务人员管理机制。开展行政人员职务职级并行试点,拓宽行政人员发展通道;大力推进司法政务标准化,公布实施 3 批 29 个政务标准化文件,基本建立起涵盖各项政务工作的标准化体系。2019 年,印发《天津法院司法警察警衔晋升、首授培训体能考核实施方案》，启动司法警察执法勤务警员职务序列改革，完善了管理机制。

五是充分发挥绩效考核的指挥棒作用。探索各类人员绩效量化考核方式，由各庭、处、室根据本部门不同类别人员工作内容、工作量、工作难度、工作责任，确定各自工作项目分值，并据此确定法官、法官助理、司法行政人员每月工作情况，实现工作绩效可量化、可排名、评先评优和晋职晋级有依据。

2. 检察系统推进员额制改革

一是健全常态化遴选机制。自2016年开展首次检察官入额遴选以来，共开展检察官遴选6次，合计遴选检察官1338名，实现每年定期开展。一批功底好、素质高的中青年业务骨干被选入员额，检察官队伍结构进一步优化。以中央政法专项编制总数为测算基数，在全市三类人员总额度内，科学设置各类人员比例。同时，通过购买社会化服务方式招录聘用制书记员，经统一培训到岗工作，缓解了业务部门人手紧缺的状况。

二是推进员额、编制统筹协调。按照市编办要求，2017年3月，市检察院正式开展编制上收工作，与各区编办面对面进行机构编制管理交接，顺利完成上收工作。全市19个基层检察院上收政法专项编制2709个，接收人员2368人，接收科级机构354个。目前，全市三级检察院机构编制均由市院协助市编办管理，完成统一管理改革要求。

（三）健全完善司法人员职业保障制度改革

1. 法院系统职业权益保障改革

天津法院坚持严格落实中办、国办《保护司法人员依法履行法定职责规定》，切实加强法官职业权益保障。一是严格落实法官单独职务序列制度。2017年，入额法官的单独职务序列套改及职级晋升工作全部完成，已经连续三年开展法官职级到期晋升和择优选升工作，切实增强了基层法院法官的职业尊荣感和工作积极性。

二是成立法官权益保障委员会。全市各级人民法院就集中受理法官与依

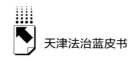

法履职保护相关的诉求和控告问题，专门成立法官权益保障委员会，具体承担为本人或者其近亲属的人身、财产、住所安全受到威胁的法官提供援助工作、对法官或其近亲属可能面临侵害风险的评估组织工作等11项具体事务。

三是打击侵犯法官权益行为。各级法院先后采取训诫、司法拘留、行政拘留等手段处理了多起妨碍执行公务、扰乱庭审秩序事件，切实增加法官安全感，2个典型案例被《人民法院报》刊发。

2. 检察系统司法人员职业保障制度改革

一是推进检察官单独职务序列改革。全市检察机关按照中央、最高人民检察院和天津市委的统一部署，坚持原则、主动作为，在全市范围内实行员额检察官单独职务序列。稳步推进检察人员工资制度改革落地。按照"三类人员两种待遇"，统一执行新的工资制度，基本工资、津贴补贴和司法改革绩效奖金均能按时发放到每名检察人员。按照最高人民检察院对检察官序列等级落实相应医疗待遇和差旅待遇的要求，市检察院积极与市委组织部、市委政法委、市人社局、市卫计委等部门沟通协调，均已按要求落实。

二是落实防止干预司法"三个规定"。完善"三个规定"报告落实制度，加强对干预、过问案件办理等情形的监督。市院设检务督察室，分院设"检务督察岗"，区院设"检务督察岗"或由综合业务部直接承接检务督察工作职责，专职负责检务督察工作。健全检察人员"三个规定"记录、通报、责任追究等工作机制。印发《天津市检察机关落实"三个规定"补充细则》对集中填报工作作出部署，督促全市检察人员全员填报，并针对各项细则加以落实。

（四）完成省以下地方法院人财物统一管理改革

天津法院在市委政法委领导下，已经顺利完成地方法院人财物市级统管改革。在编制统管方面，市高院积极配合市编办做好各区法院机构编制、内设机构、领导职数的上划工作，全市法院实现了员额法官统一遴选，法官助理、书记员统一招录。在财物统管方面，2017年1月1日起，全市法院预算级次调整为市财政一级预算单位，经费纳入市级统一管理，由市级国库集中支付。2017 年 3 月 1 日起，全市法院非税收入全部上缴市级国库。

2017 年 5 月，全市 23 个检察院、全部检察人员纳入市财政局工资统发系统，顺利完成检察人员工资制度改革工作。全市检察机关工作人员实现了从计划制定到录用审批全过程的市级统管。

二 深入推进司法体制综合配套改革

（一）推进内设机构和工作机制改革

1. 深化法院内设机构改革

一是全面开展机构改革。按照"机构精简是基础、职能优化是关键"的工作思路，全市遵循以审判工作为中心，以基层法院为重点，贯彻精简效能、服务审判、依法设置、扁平化管理和专业化建设相结合的基本原则，坚持综合机构和业务机构同步改、机构精简和职能优化相结合，于 2017 年 9 月印发《天津市市以下法院内设机构改革方案》；2017 年 9 月 30 日，除滨海新区外，全市中、基层法院的内设机构改革全面落实到位。2019 年 4 月，市委编委印发《天津市滨海新区人民法院内设机构改革方案》，全市中基层法院内设机构改革全部完成。

二是加强专业审判机构建设。立足提升司法服务自贸区建设的精准度，保障天津高质量发展，报经市委和最高人民法院同意，2019 年 3 月，在天津三中院成立知识产权法庭；2019 年 11 月，设立全国第五家自贸区法院，与滨海新区法院合署办公；2019 年 9 月，在天津二中院设立全国第四个破产法庭，对破产案件实行集中管辖。立足于服务保障雄安新区建设，在河北安新县设立海事司法巡回审判点。

2. 构建检察系统团队工作机制，建立自贸区检察机构

员额制改革以来，全市检察机关积极开展新型办案团队建设，充分调动各类人员的积极性、责任心，优化分工协作，推进司法辅助事务集约化信息

化社会化。根据不同类型业务和办案特点，组建检察官单独办案、检察官＋检察官助理＋书记员办案、检察官＋多名检察官助理＋书记员办案、多个检察官办案组联合办案等不同类型的办案团队。对外形式上，在控申、未检、民行等业务部门建立检察官工作室，打造检察官品牌，把检察官个人荣誉和办案质效结合起来，提升司法体制改革社会影响力。通过购买社会化服务方式招录聘用制书记员，经统一培训到岗工作，缓解了业务部门人手紧缺的状况，促进检察官履职尽责办好案。

2016 年，由天津市人民检察院授权，滨海新区人民检察院派驻中国（天津）自由贸易试验区检察室正式挂牌成立。在新一轮体制改革中，天津自贸区中心商务片区并入天津经济技术开发区，为适应自贸区与功能区重叠共进的改革需求，设立派驻天津自贸区及滨海新区功能区检察室，作为天津市检察机关服务保障自贸试验区建设的前沿阵地。

（二）不断深化以审判为中心的刑事诉讼制度改革

1. 法院系统的深化改革举措

一是切实防范冤假错案。坚决落实中央政法委和最高人民法院关于切实防范冤假错案的要求，印发《中央政法委关于切实防止冤假错案的规定》《关于推进以审判为中心的刑事诉讼制度改革的意见》，牢固树立尊重和保障人权的理念，严格落实证据裁判原则。

二是切实推进庭审实质化。严格落实最高人民法院关于"三项规程"的要求，即办理刑事案件庭前会议规程、排除非法证据规程和第一审普通程序法庭调查规程，成立"三项规程"工作领导小组。先后与相关部门会签刑事诉讼中鉴定人、有专门知识的人、证人出庭若干问题的规定和《天津市关于开展刑事案件律师辩护全覆盖工作的实施办法（试行）》，提高证人、鉴定人出庭率，推进庭审调查和辩论实质化。

三是深化刑事认罪认罚从宽制度改革。探索"一步到庭""庭前一小时"审理模式；切实保障被告人权利，明确规定反悔权，反向保障认罪自愿，切实保障辩护权与法律帮助权。

2. 检察系统的改革进展

一是制定常见刑事案件证据标准指引。市人民检察院先后组织全市办案骨干、业务专家梳理相关案件，提取总结相关案件证据认定普遍性标准，与侦查机关、审判机关多次沟通，征求意见，先后制定了办理侵犯著作权案件、侵犯商标权案件、职务犯罪、毒品死刑案件等多个证据审查指引，并对相关办案人员进行培训。

二是健全和落实侦查人员、证人、鉴定人出庭作证制度。市人民检察院与市高级人民法院、市公安局紧密配合，就证人、鉴定人、有专门知识的人出庭问题开展调研，广泛征求相关部门及基层机关意见，先后联合出台《关于刑事诉讼中证人出庭若干问题的规定（试行）》《关于刑事诉讼中鉴定人、有专门知识的人出庭若干问题的规定（试行）》，完善证人、鉴定人出庭制度，规范证人、鉴定人出庭作证，进一步落实庭审实质化。

三是推进认罪认罚从宽制度改革。通过实行权利告知制度、驻所检察室定期反馈在押人员认罪认罚申请制度、做好刑事和解工作、开展社会调查评估工作、加强被害人权益保护机制建设、推进量刑规范化和量刑建议辅助系统建设、形成认罪认罚案件快速办理机制等，确保认罪认罚制度适用率平稳提升、确定刑量刑建议率和法院采纳率不断提升、宽严相济刑事司法政策和恢复性司法理念得到充分体现。

（三）健全社会矛盾纠纷预防化解机制

1. 法院强化诉源治理，健全社会矛盾纠纷预防化解机制

一是主动融入党委政府领导的诉源治理机制。积极进驻市、区、街道（乡镇）三级社会矛盾纠纷调处化解中心，通过诉讼服务、诉前调解、司法确认等全力参与一揽子联合调处化解矛盾。推广法官进乡镇、进社区经验，在乡镇（街道）、村（社区）等普遍建立法官服务站、联络点，在区人民调解中心或辖区街道建立法官工作室，开展普法宣传、纠纷调处等工作。推动将多元化纠纷调解联动工作成效、行政机关负责人出庭应诉情况等纳入年度平安天津建设和全面依法治市绩效指标，将民事、行政案件起诉率同比下降

纳入市域治理创建清单，有效发挥了指挥棒作用。

二是依托诉讼服务中心引入多元调解力量。为各类调解组织搭建类型化调解室，引入人民调解员、律师、人大代表、政协委员等进驻法院参与调解工作，集中在诉讼服务中心的解纷力量进一步加强。2019年，天津高院与市司法局会签了关于开展律师调解试点的实施意见，对全市法院引入律师参与调解开展试点，积极优化人民法院调解平台。

三是加大对行业专业调解工作的指导力度。与市公安局、市司法局、市银保监局联合印发《关于建立道路交通事故损害赔偿纠纷多元化解及"网上数据一体化处理"工作机制的意见》；与市总工会、市司法局研究建立劳动争议纠纷联动调处机制；与市工商联签署《关于发挥商事调解优势　推进民营经济领域多元化解机制建设的实施意见》，引入行业商会，推动类型化案件专业化调解。

2. 检察机关完善矛盾纠纷预防和化解体系

深化诉源治理，推动更多法治力量向引导和疏导端用力。全市检察机关坚持和发展新时代"枫桥经验"，派员以常驻、轮驻、随驻相结合的方式进驻区、街道（乡镇）两级社会矛盾纠纷调处化解中心，印发《关于充分发挥检察职能　设立社区（村）检察岗　积极参与社会治理的意见》，要求各区检察机关设立社区（村）检察岗，加强与街道和其他职能部门的工作联动，综合运用释法说理、教育疏导、心理辅导、法律援助等方法，积极开展矛盾调解，依法多元化解，防止民事矛盾纠纷升级为刑事案件，推动平安天津建设迈上新台阶。

（四）积极推进重点领域司法改革

1. 深入推动知识产权审判改革创新

一是全面完善知识产权案件审判机制。严格落实知识产权"三合一"审判既定决策部署，探索符合知识产权案件特点的诉讼证据规则，建立技术调查官、技术咨询专家、技术鉴定人员、专家辅助人参与诉讼活动的技术事实查明机制。加大对知识产权犯罪案件的刑事打击力度，下发《天津市高级人民法院关于加强知识产权刑事司法保护的通知》，突出刑罚威慑作用。持续推进知识产权刑事案件办理专业化建设，探索知识产权案件刑事量刑规范化。

二是发挥知识产权服务保障创新功能。制定《关于为创新驱动发展提供知识产权司法保障的若干意见》，充分发挥天津知识产权法庭跨区域集中管辖技术类案件对科技创新的积极推动和促进作用；主动对接企业司法需求；加大惩罚性赔偿适用力度，发布天津知识产权司法保障创新驱动发展十大典型案例。统筹组织全市法院集中开展"4·26"世界知识产权日系列宣传活动，连续11年发布天津法院知识产权司法保护白皮书和司法保护典型案例，不断提升知识产权司法保护影响力。天津法院2件知识产权案例入选最高人民法院指导性案例，12件入选最高人民法院年度五十大典型案例。

2. 持续深化民事执行体制机制改革

一是建立天津市司法裁判执行联动中心，并由市委政法委和市发展改革委、规划资源局、市场监管委、银保监局等20余个部门作为成员单位。执行联动重点成员单位派员到市高院执行局驻点办公，直接参与联动中心工作。

二是织密查控网络。升级金融机构的查控网络，将中德银行等7家银行纳入查控网络，实现了金融机构查控网络全覆盖。完善与公安、交管部门的查控协作，在全市各区法院设立执行警务室，借助公安力量破解查人找物难题。研发上线"天津涉机动车网上办案系统"，在全国率先实现线上查控被执行人机动车辆。

三是强化联动惩戒。推进失信被执行人信息共享和联合惩戒机制，与市交管局、市发展改革委、市市场监管委、市文明办等联合印发《关于限制失信被执行人参与本市小客车指标配置的协议》，进一步强化对失信被执行人的联合惩戒。

四是完善内部管理。制定《天津市高级人民法院关于执行工作"一案双查"的实施细则（试行）》，约谈部分执行质效指标下滑或者落实"一案双查"不力的法院，严肃整治执行拖拉、管理不严、执行不规范等问题。

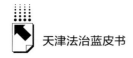

3. 检察系统深化刑罚执行制度改革

2018 年 9 月，印发《天津市检察机关开展刑事执行巡察检察、巡回检察工作实施方案（试行）》，建立"双巡"工作机制。2019 年 4 月，下发《关于全面推进我市监狱巡回检察工作的通知》。2020 年 4 月，为提高刑罚执行和监管教育质量，加强监狱巡回检察、社区矫正巡察检察，建立工作衔接配合机制，与市司法局联合制定了《关于建立监狱巡回检察、社区矫正巡察检察工作衔接配合机制的意见》，为检察机关和司法行政机关双赢、多赢、共赢做好监狱巡回检察工作提供制度保障。抽调全市优秀刑事执行干警，邀请人大代表、政协委员、相关行政执法机关工作人员、专业领域专家等参与巡回检察，宣告送达相关检察建议书，有效增强检察监督刚性，取得良好巡回效果。

4. 加强诉讼服务体系建设，推进涉法涉诉信访制度改革

一是出台诉讼服务现代化建设指导方案，印发《关于解决异地诉讼难问题的指导意见》，推动诉讼事项跨区域远程办理、跨层级立案联动办理。依托中国移动微法院，在全市法院设置跨域立案服务窗口，京津冀三地法院在全国率先实现"跨域立案"全覆盖。二是着力推进网上诉讼服务，优化在线诉讼服务，全面升级网上立案系统。三是打造多元解纷平台，及时进驻市、区、街道（乡镇）三级社会矛盾纠纷调处化解中心，通过诉讼服务、诉前调解、司法确认等全力参与一揽子联合调处化解矛盾，将一站式解纷、一站式服务推送到群众家门口。四是制定《关于全面推进"分调裁审"机制改革的实施办法》，自主设计研发繁简分流信息化平台，用系统算法代替人工识别，健全诉非、调裁、繁简快速分流、分层递进、有机衔接的工作机制。

实行诉访分离，将信访窗口与诉讼服务窗口分置不同空间，出台《天津法院涉诉信访流程标准》，实现来访人员立案、信访分流。研发应用天津法院信访信息系统，实现了全市法院接访信息共享、信访追踪、固定信访证据、统一接访口径、方便统计分析等功能。市高级人民法院与市人民检察院、市司法局联合印发《关于逐步实行律师代理申诉制度的实施办法（试

行）》，积极推动律师参与涉诉信访矛盾化解工作。全市各法院与市司法局法律援助中心、市律师协会通力合作，建立驻点值班律师制度，形成了律师代理申诉、提供法律咨询与参与涉诉信访案件化解相结合的工作模式。

（五）健全各类司法保障和服务体系

1. 全面加强智慧法院建设

一是推进智慧审判。完成与最高人民法院人民调解、道路交通事故处理等 18 个平台对接。研发诉讼费管理等系统 40 余个，智能立案、智能文书制作等智能辅助系统 13 个。其中，自主研发的智慧合议系统，实现了案件资料共享查阅、合议笔录实时生成、共享利用。

二是推进智慧执行。率先实现与最高人民法院"执行案件流程信息管理系统"的对接和全面应用，研发上线"一案一人一账号"系统，实现对执行案款的精细化管理，不断拓展执行查控和联合惩戒范围，网上查控和协同联动单位扩展到 14 家，进一步加强执行指挥联动一体化建设。执行流程管理系统对接和建设模式得到最高人民法院肯定。

三是推进智慧服务。统筹推进电子诉讼平台建设，全面实现互联网立案、缴费、庭审、阅卷，建成天津法院在线保全中心。对接最高人民法院四大公开平台和全国版移动微法院，为网上立案、跨域立案、在线保全、在线调解、在线诉讼、庭审直播等提供了有力的技术支撑。升级改造网上办公系统，实现全面国产化适配。以智能化助力电子卷宗自动生成、流转和深度应用，建成全市法院电子档案数据中心，实现档案数据的自动汇聚和智能识别，不仅彻底解决了上诉、申诉案件移卷、调卷难题，而且为关联案件、类案检索提供了数据基础。电子卷宗档案合并可用率等主要考核指标排在全国前列。

四是推进智慧管理。深化司法大数据应用，对立案、审判工作中已填入的结构化数据实现自动抓取。建立全市法院裁判文书内网库，解决依据案由统计类案精准度不高问题，实现关键词提取数据实时、准确。研发业绩评价数据自动生成系统，突出了业绩考评的全面性、公平性、科学性。行政审判

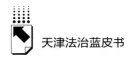

数据管理平台亮相数字中国展会。

2. 加强司法权制约监督，深化司法公开

履行法律监督职能过程中，全市检察机关突出监督重点，改进监督方法，推进各项法律监督工作稳步发展。履职过程中，全市检察机关主动加强与被监督机关的沟通，共同推动问题解决。在行政诉讼监督过程中，积极推进行政争议实质性化解，找准争议焦点，群策群力寻求解决办法。制定并修改《天津市人民检察院关于完善司法责任制的实施意见（试行）》《天津市检察机关检察官办案权力清单（试行）》。制发业务规范性指导文件，促进各条线案件标准统一。成立天津市人民检察院案例研究中心，完善案例搜集、编撰、发布、研究、应用机制，发挥典型案例在指导办案、释法说理、普法宣传中的作用。成立专家咨询委员会，借助外脑发挥智库作用，提升办案质量。依托"检答网"等新平台，开展法律政策运用和检察业务咨询，促进同案同办，提高办案质量和效率。

市人民检察院积极推进案件相关法律文书信息和程序性信息公开工作。依托人民检察院案件信息公开网，扩大案件信息公开范围，实现民事、行政、刑事、公益诉讼四大检察全覆盖。积极推进司法办案从受理、办理到结案全部重要流程节点公开化、可视化。坚持每两个月对全市检察机关案件信息公开系统运行情况进行通报，并将法律文书公开列入承办人个人年终考评，对公开比例不达标的承办人予以通报，对应公开而未公开法律文书的案件，列为瑕疵案件。市人民检察院党组将检察听证工作纳入基层检察院综合评价指标和员额检察官绩效考核指标进行推动落实。2020 年全市检察机关对 232 件案件组织了听证会，邀请听证员 829 人次参加听证会，其中包括人大代表 75 人次，政协委员 73 人次，人民监督员 307 人次。与市司法局会签《天津市人民监督员管理实施办法补充规定》，顺畅了人民监督员工作外部衔接机制，保障了人民监督员工作规范有序开展。

3. 优化检察工作绩效考核制度机制

2017 年 12 月，市人民检察院下发《天津市检察机关检察官绩效考核工作办法（试行）》，全市各级检察院按办法要求成立了检察机关绩效考核委员会。2020 年全市各级检察院均按照最高人民检察院要求成立了检察官考评委员会和考评工作办公室，并按照新修订的检察官业绩考评工作实施办法对本院检察官业绩先期进行了模拟考评，于 2021 年 1 月对 2020 年检察官业绩进行了正式考评。

三　司法行政系统和公安系统的多层次改革

（一）严格落实防止干预司法"三个规定"，筑牢廉洁司法制度屏障

坚持党的绝对领导，健全和落实重大事项请示报告制度。高质量开展司法行政干警政治轮训。完善党委中心组学习制度。健全干警思想动态定期分析制度。严格按照工作要求，就全系统队伍现状、特点、存在问题及原因进行分析，并提出对策建议，形成专题报告，确保全面掌握队伍状况，切实推进全面从严治党向纵深发展。

完善制度机制。研究制定实施细则，进一步细化各级党组织、职能部门、纪检监察部门、办案人员承担的职责任务，明确相应主体纪律要求。强化强制记录填报制度要求。市监狱局利用协同办案平台，逐案落实强制报告要求。市戒毒局认真落实强制填报要求，组织职能部门开发软件程序，督促干警在办理强制隔离戒毒案件中强制填报，坚决杜绝人情案、关系案、金钱案，确保"三个规定"在戒毒系统落地落实。将"三个规定"贯彻落实情况纳入重大事项请示报告范围，督促各级领导干部和干警在 2020 年度民主生活会、组织生活会、述职述廉会上报告本人及所分管部门、单位执行"三个规定"的情况。

（二）加强执法司法权制约监督，不断提高执法司法公信力

1. 构建监狱戒毒新型司法监督机制

建立执法标准体系，逐项明确从"收押"到"释放"、从"收治"到"解除"的执法事项流程，形成涵盖监狱、戒毒全业务的标准规范和操作

手册。建立服刑人员改造、戒毒人员教育戒治综合考评指标体系，进一步明确组织机构、评估标准和评估方法。逐项排查监狱权力事项执法风险，实现执法全过程管控。创新戒毒人员分别管理和分级管理。深化狱所务公开，自觉接受人大、监察机关的依法监督和政协民主监督，广泛接受社会监督。

2. 全面落实全国统一的司法行政戒毒工作基本模式

以"智慧戒毒"为抓手，深化"四区五中心"建设和实体化运行，推进吸毒人员病残专区建设，充分发挥医联体重要作用，推动场所医疗工作规范化水平全面提升。确定"1 + N"工作思路，制定《病残戒毒人员收治工作流程》，探索解戒人员三年跟踪回访、心理矫治和警察派驻社区戒毒、社区康复工作指导站制度，戒毒工作现代化水平大幅提升。

3. 深入推进社区矫正制度改革

深入推进刑罚执行一体化建设，2020 年 8 月，印发《关于贯彻落实社区矫正法　深入推进刑罚执行一体化建设工作的实施意见》。成立天津市社区矫正委员会，进一步健全完善全市社区矫正领导体制和工作机制。探索建立本市戒毒警察参与社区矫正工作机制，梅江强制隔离戒毒所整建制参与社区矫正工作，2018 年，共派驻三批 195 名干警参与社区矫正工作；2021 年度持续扩大派驻警察规模。

4. 深化行政复议体制改革

2020 年 9 月，市司法局制定印发《天津市行政复议体制改革二十项配套制度》，健全配套工作机制，提高行政复议公正性和公信力。会同市委组织部、市委编办、市财政局等单位，从整合职责机构、加强工作保障、优化人员配备、健全配套机制、发挥监督功能等方面对行政复议体制改革工作作出具体安排。2020 年 11 月，出台《天津市行政复议体制改革实施方案》。加大对各区行政复议体制改革工作的督导力度，稳妥推进本市行政复议体制改革实施方案落实落地。

5. 着力构建完善智能化管理监督机制

开展覆盖市司法局、市监狱局、市戒毒局的办案分平台建设，深化政法部门数据共享。推动市监狱局与市公安局对入监服刑人员基本信息实现看守所与监狱之间全面数据交互。开展市戒毒局与市公安局在戒毒人员上的相关工作协同，实现动态管理。推进公共法律服务动态管理系统、智能法律服务、社区矫正、安置帮教、行政执法监督等业务系统应用。

（三）完善律师执业权利保障制度，提升诉讼便利化水平

1. 创新研发智慧律管系统

研发天津市"智慧律管"系统，集智慧查询、智慧服务、智慧管理、智慧应用为一体，兼顾社会公众、管理对象和管理部门的实际需求。

2. 加强律师执业权利保障制度建设

2015 年 9 月，市高级人民法院、市司法局联合印发《关于保障律师依法履职的若干意见》，2016 年 5 月，市人民检察院、市司法局联合印发《关于依法保障律师执业权利的实施意见》。2017 年 3 月，揭牌成立天津市律师协会"维护律师执业权利中心"。2017 年 9 月，建立市级各有关单位维护律师执业权利快速联动处置机制，保证维护律师执业权利案件得到快速、联动、有效处置。2017 年 10 月，市高级人民法院、市人民检察院、市公安局等 13 家单位联合印发《关于依法保障律师调查权若干规定（试行）的通知》，推行律师调查令制度，依法保障律师调查取证权。2021 年 2 月，市人民检察院、市司法局和市律师协会三方共同签署《关于加强检律协作的实施意见》。

3. 创新研发全国首例具备人脸识别功能的"律师类电子证书"

借助支付宝实名认证和金融级生物识别技术，通过与公安可信身份认证平台（CTID）比对后生成，具备"刷脸领取、双重核验"特点，是全国首个入驻支付宝城市服务板块、全面覆盖所有律师类证书类型，首次由公检法司联合发文确认效力并广泛应用的律师类电子证书。研发上线全国首个刑事案件委托备案系统和首个部署在公安机关以外的远程视频会见系统，实现了"无纸化会见"和刑事案件数据归集，进一步提升诉讼便利化水平，保障律师执业权利。

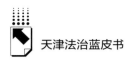
（四）深化公共法律服务改革，提升群众法治获得感幸福感

1. 推进承诺审批制度落实

制定《天津市司法局信用承诺审批实施细则（试行）》，做好申请人未受刑事处罚证明承诺核查，按时做好"双公示"工作。建立协调联动机制，做好律师执业审核、司法鉴定等市级事项下放实施工作，确保"放得下、接得住、管得好"。积极落实防控工作要求，疫情以来，全面推行审批事项"网上办、不见面"，处于审批环节的各监管部门全部实现网上审批。

2. 大力推进律师调解试点

2019 年 7 月，市司法局、市高级人民法院联合印发《关于开展律师调解试点工作的实施意见》，综合考虑律师行业发展状况，逐步纳入构建大调解工作格局的发展思路，实现区级律师调解工作室全覆盖。2020 年 7 月，市司法局、市人社局、市总工会举行劳动人事争议联合调解工作室揭牌及律师调解员颁证仪式，构建劳动人事争议预防化解联动工作新机制，开启本市"工会 + 人社 + 司法"的多元调解化解新模式。

3. 推进公证体制机制改革创新

出台《天津市合作制公证机构监督管理规范》，形成有效监管合作制公证机构的机制。目前全市共建立合作制公证机构试点 4 家，合作制公证机构试点工作取得长足进展。联合市人社局、市财政局印发《天津市公证行业绩效考核工作实施方案》，建立健全公证行业绩效考核机制，激发公证行业发展活力。选取渤海、北方、滨海、和信公证处作为试点公证机构，推动公证参与法院调解、调查取证、送达、保全和执行等工作，促进本市司法资源进一步深度整合。整合设立天津市津滨公证处，推进全市公证电子公证书、远程视频功能试运行，推动公证体制改革机制创新工作纵深发展。

4. 完善仲裁工作体制机制

2020 年 6 月 24 日正式成立天津仲裁委员会仲裁员职业道德委员会。研究制定《贯彻落实〈关于完善仲裁制度提高仲裁公信力的若干意见〉重点任务项目化管理一览表》，明确分工、细化举措；并制定《领导干部干预仲裁裁决、插手具体案件处理的记录、报告和责任追究规定》，切实保障仲裁庭独立裁决。修订《关于领导干部干预仲裁案件记录的规定》，明确仲裁委员会办事机构及其工作人员、仲裁秘书的记录、报告责任，防止和杜绝"关系案""人情案"。

5. 深化司法鉴定制度改革

2018 年制定《关于健全统一司法鉴定管理体制的实施方案》，2019 年制定出台《天津市司法鉴定管理条例》。建立司法鉴定两级管理工作体制，加强事中事后监管，进一步促进司法鉴定行业规范管理。与市高级人民法院、市人民检察院、市公安局联合出台《关于进一步规范司法鉴定工作若干事项的意见》《关于刑事诉讼中鉴定人、有专门知识的人出庭若干问题的规定（试行）》，为诉讼活动提供有力支撑。

6. 统筹推进公共法律服务实体、热线和网络三大平台建设

积极整合律师、公证、司法鉴定、仲裁、调解等公共法律服务资源，实现"全业务"进驻公共法律服务中心。完成"12348"公共法律服务热线升级改造，有效提升服务能力水平，实现 7×24 小时"全业务""全时空"运行。探索建立热线咨询转办工作机制，全天候及时受理民营企业反映问题。组织开展建立在质检工作机制基础上的公共法律服务质量评价工作；建立本市公共法律服务体系联席会议制度。牵头组建天津市企业家法治服务中心，努力营造公正、透明、可预期的法治化营商环境。

（五）公安系统推进"扁平化"机构改革和警务改革

1. 公安系统的"扁平化"机构改革

天津公安系统把精简机构作为切入点，推动扁平化管理成为现实，着力构建起与现代警务相适应的新型组织管理架构。天津市公安局遵循"一类事项原则上由一个部门统筹、一件事情原则上由一个部门负责"的思路，

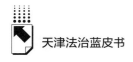

2019 年以来先后对所属单位数量进行大幅度精简，由 56 个精简至 45 个。具体将执法监督处、预审总队职责划入法制总队；组建督察审计总队，整合督察、审计、信访等职能；将非机动车管理处、保安业监管处职能划入治安管理总队并对以上两个部门予以撤销；组建了以专业化为导向的警务航空总队、生态环境和食品药品安全保卫总队、京津冀警务协作总队、国际警务合作处等新部门。

天津市滨海新区公安局因历史沿革因素，自身下辖了 11 个分局，再往下分才是辖属派出所，原先 29 个内设机构层级多且直接参与实战较少，是以业务指导为主。滨海新区公安局在此次机构改革中，直接变三级管理为两级管理，一次性全面撤并 11 个分局，将原来的 431 个机构优化为 270 个。本市其他 15 个区的属地分局在此次机构改革中，全力推行"大部门、大警种、大情报、大技术"制度，将原来的 20 多个部门整合为"4 + 6 + 1"组织架构，具体由决策指挥、管理监督、警务实战、保障支援四大体系组成，以形成更为科学的组织架构，确保更为高效的决策生成。因精简机构而腾挪出的富余警力，其组织关系和相关人员一同转移至基层。此次机构改革中，市、区两级共有 3500 多人下沉到派出所，包括市局机关首批 1075 名警力在内；改革后，天津市派出所警力达到 12646 人，占全局总警力的 41.5%。针对这一机构改革措施，公安系统还制定了相应的配套措施，全市先后建成 277 个派出所网安工作室，对派出所联网视频技术手段进行百分百授权，赋予其使用网安、图侦等资源的权限。

2019 年 11 月，天津市在全国省级层面率先通过立法，将全市 2.1 万名辅警纳入制度化管理轨道，颁布并实施《天津市公安机关警务辅助人员管理条例》。这一条例的施行，大幅提升了天津市辅警的身份认同、工资待遇、专业技能等。

2. 以派出所组织模式改革为核心的警务改革

以创建"枫桥式公安派出所"活动为载体，坚持发展好新时代"枫桥经验"，建立以情报信息为主导、科学技术为支撑、专业规范为特征的新型派出所工作模式，在全市派出所建成高效顺畅的主动警务机制、动态弹性的勤务运行模式、科学合理的考核评价体系，实现"基础牢、出事少、治安好、党和人民满意"的新时代派出所工作目标。

一是调整组织架构。编制60人以上的副处级派出所，设"一室三队"，"一室"即情报指挥室，"三队"即执法办案队、巡逻防控队、社区警务队；编制60人以下的副处级派出所，原则上设"一室两队"，即情报指挥室、社区警务队、办案巡控队。科级派出所比照"一室两队"模式设"一室两组"。

二是推行警（探、巡）长制。做实最小作战单元，推行扁平化管理，完善派出所领导结构，增加战斗员、减少指挥员，激发民警活力，提高队伍战斗力。在情报指挥室、社区警务队设警组，执法办案队（办案巡控队）设探组，巡逻防控队设巡组。警（探、巡）长实行聘任制，赋予相关职责权限，承担领导职责。

三是建立"一室引领三队"的主动警务机制。情报指挥室依托派出所智慧警务工作平台，通过110警情推送、基础信息采集等系统应用，落实情报研判、每日会商、指挥调度、警情调度机制，形成打防管控指令，引导各队开展工作，实现室队间的有序"公转"和室队内部的高效"自转"，形成警务工作的闭环管理。

四是突出"室队专司"。建立新型勤务模式，科学安排日常勤务；实行指挥长负责制，统一指挥调度各室队警力资源，协调处置各类警情和案事件；强化室队专职专司，推行动态化勤务，社区警务队以弹性、错时勤务方式深入社区开展基层工作，巡逻防控队精准调整巡控时段、地段和警力，执法办案队根据查办案件需要，动态调整勤务时长、警力投放。

五是建立长效激励机制。加大表彰奖励力度，大力褒奖取得突出成绩的先进集体和先进个人，每年授予30个派出所天津市公安局优秀基层派出所称号、50个室队（组）天津市公安局优秀基层派出所室队（组）称号、100名民警天津市公安局优秀基层派出所民警称号，对符合奖励条件标准的可分别记功。

四 "十四五"时期天津市司法体制改革的重点任务

(一)当前司法体制改革的总体要求

习近平总书记曾多次强调司法体制改革的总体要求,对司法改革的整体推进作出明确指示。司法的灵魂和生命是公平正义。要健全社会公平正义法治保障制度,努力让人民群众在每一个司法案件中感受到公平正义。要深化司法责任制综合配套改革,加强司法制约监督,完善人员分类管理,健全司法职业保障,规范司法权力运行,提高司法办案质量和效率。要通过继续完善公益诉讼制度有效维护社会公共利益。党的十八大以来,党中央确定的一些重大改革事项,健全纪检监察机关、公安机关、检察机关、审判机关、司法行政机关各司其职,侦查权、检察权、审判权、执行权相互配合的体制机制等,要紧盯不放并始终坚持,落实体制机制改革并出实效。

国家"十四五"规划提出,深化司法体制综合配套改革,完善审判制度、检察制度、刑罚执行制度、律师制度,全面落实司法责任制,加强对司法活动的监督,深化执行体制改革,促进司法公正。

具体来说,就是要充分发扬钉钉子精神,坚持目标导向和问题导向,落实深化改革的主体责任,切实打通改革过程中的阻滞点和痛点。结合政法队伍全面开展教育整顿,重点完善司法制约监督体系,持续推进司法审判权责清单制度落实,严格执行并落实"三个规定",防止干预司法,不断提高司法责任制各项举措的整体效能。以基础性、攻坚性改革为重点,完善一站式多元化纠纷解决和诉讼服务体系,深入开展民事诉讼程序繁简分流改革试点工作,在更高起点上进一步深化互联网司法建设。

改革的重点是要科学界定执法司法责任,要加快构建涉及政治、办案、监管、指导各方面,贯通侦查、检察、审判、执行各环节,覆盖刑事、民事、行政、民事执行、公益诉讼各领域的执法司法责任链。严格落实执法司法责任,要完善督察督办、考核评价、责任追究等制度机制。全面加强执法司法责任保障，要进一步健全政法干警职业管理制度、依法履职保护机制、科技保障机制，推动形成崇尚实干、带头担当、加油鼓劲的正向激励导向。

（二）"十四五"时期天津市司法改革的重要举措

1. 树立新时代司法理念，全面落实司法责任制

树立新时代司法理念。坚持和加强党对司法工作的绝对领导，注重符合国情和遵循司法规律相结合，将社会主义核心价值观融入司法办案全过程，实现政治效果、法律效果、社会效果有机统一。

全面落实司法责任制。落实法官、检察官办案主体地位，健全重大疑难复杂案件由院庭长直接审理和担任领导职务的检察官直接办案制度。健全专业法官会议和检察官联席会议制度。完善案例指导制度，定期发布参考性案例，深化审判、检察案例研究中心建设，建立健全类案及关联案件检索机制。加强办案团队建设，实现司法人员专业化分工、类案专业化办理。

2. 深化诉讼制度改革和执行体制改革

一是深化以审判为中心的刑事诉讼制度改革。进一步健全侦查机关调查收集证据制度，进一步规范补充侦查、不起诉、撤回起诉制度。发挥检察机关诉前主导作用，完善检察机关提前介入机制，落实侦查机关重大疑难案件听取检察机关意见制度。完善庭前会议、非法证据排除制度，进一步落实证人、鉴定人、侦查人员出庭作证制度，规范法庭调查和庭审量刑程序，进一步完善技术侦查证据的法庭调和使用规则。同时，在刑事诉讼中进一步落实宽严相济刑事政策，完善认罪认罚从宽制度。建立健全涉案财物管理工作机制。健全落实法律援助值班律师制度，以全面实现刑事案件的法律帮助和律师辩护。逐步实行不服司法机关生效裁判和决定的申诉由律师代理制度。建立健全依法从严从快惩处妨碍突发事件应对的违法犯罪行为的应急处突联动工作机制。

二是深化民事诉讼制度改革。加快推进跨域立案诉讼服务改革，2022年底前实现诉讼服务就近能办、同城通办、异地可办，优化司法确认程序适用。全面推进"分调裁审"机制改革，扩大小额诉讼程序适用范围，开展

民事一审简易程序案件庭审模式改革试点。全面推进诉讼服务中心建设，打造全流程一体化在线诉讼服务平台系统，实现在线立案、调解、保全、庭审。

三是深化执行体制改革。深入推进审执分离，优化执行权配置，加强执行难综合治理、源头治理，落实统一管理、统一指挥、统一协调的执行工作机制。加强司法裁判执行联动中心建设，建立健全联合惩戒机制。完善刑罚执行制度，一方面要统一刑罚执行体制，另一方面要进一步深化监狱体制机制改革，实行监狱分级和罪犯分类制度。进一步完善监狱、看守所与社区矫正和安置帮教机构工作对接机制。完善社区矫正制度。深化强制隔离戒毒制度改革。

3. 进一步健全完善司法监督体系

健全完善政法领域执法司法制约监督体系。严格落实防止干预司法"三个规定"，建立健全督办追责机制。具体而言，要健全法官、检察官办案制约和监督制度，全面推行法官、检察官办案责任制，健全审判人员、检察人员权责清单，统一规范法官、检察官办案权限，构建科学合理的司法责任认定和追究制度。同时，还要健全司法人员惩戒制度，推动惩戒委员会发挥实质性作用。对审判权、检察权的运行加强监督管理，对法院院长、庭长和检察院检察长、业务部门负责人的监督管理权力和责任予以明晰和确定，健全履职指引和案件监管全程留痕制度，建立领导干部办案定期公示通报、考核监督机制。建立执行案件动态监控机制，加强对消极执行、久拖不执等行为的监督。探索推进行政案件跨区域管辖制度改革。建立虚假诉讼联合防范、发现和制裁机制。完善民事、行政检察监督机制。加强检察机关公益诉讼工作，常态化开展"守护渤海"检察公益诉讼专项监督。完善检察建议制度和司法建议制度。

加强人权司法保障。进一步完善刑事立案监督和侦查监督工作机制，建立重大案件侦破终结前核查讯问合法性制度，全面推进检察机关在基层公安机关执法办案管理中心派驻检察室工作。加强刑事"挂案"检察监督。建立有重大影响案件审查逮捕听证制度，构建羁押必要性审查一体化机制。全面推进监狱、看守所巡回检察，健全社区矫正巡察监督机制。完善有效防范和及时发现、纠正冤假错案工作机制。加强人民陪审员、人民监督员队伍建设，完善人民陪审员参审机制，拓宽人民监督员监督范围。健全辩护人、诉讼代理人行使诉讼权利保障机制。

4. 加强产权保护，完善知识产权保护体制机制

依法保护产权。坚持权利平等、机会平等、规则平等，依法平等保护国有、民营、外资等各类市场主体。鼓励引导企业建立规范的法人治理结构。严格遵循罪刑法定、法不溯及既往、疑罪从无等原则，以发展的眼光客观看待和依法妥善处理各类企业经营过程中存在的不规范问题。严格规范涉案财产处置程序，依法慎用查封、扣押、冻结等措施，尽量减少刑事强制措施对涉案企业正常生产经营活动产生不利影响。建立健全涉产权冤错案件有效防范和常态化纠错机制，准确把握涉产权犯罪认定标准。推进破产案件适用简易程序审理。

打造知识产权保护高地。加大对侵犯企业商标、专利、商业秘密以及损害商业信誉等违法行为的执法力度。加强对关键核心技术、战略性新兴产业的知识产权保护，妥善处理涉及商业秘密民事程序与刑事程序的关系。加强知识产权刑事司法保护，对侵犯商标权、著作权和专利权等违法犯罪行为保持高压严打态势，挂牌督办重大知识产权犯罪案件。完善知识产权民事、刑事行政案件"三合一"办案机制，健全典型案例发布和重大案件公开审理机制。落实知识产权惩罚性赔偿制度，提高知识产权侵权违法成本。高标准投入中国（天津）知识产权保护中心建设，加快"一站式"知识产权保护平台建设，推动专利快速预审、快速确权、快速维权。完善知识产权纠纷非诉解决机制，推进知识产权行政执法、司法、仲裁、调解等高效对接，2023年底前基本形成知识产权纠纷多元化解机制。

5. 优化涉企法律服务

加快推进涉企政务服务和法律服务。全面落实政务服务"好差评"制度。畅通政企沟通渠道，完善政府与企业、行业协会商会等常态化联系机制。发挥便民专线服务企业作用，推进营商环境投诉受理工作。推进电子证

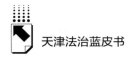
照应用和相关政府信息系统数据共享，深化"政务一网通"平台建设，全面实现"一网通办"（法律法规另有规定或涉及国家秘密等的政务服务事项除外）。推进企业开办所涉业务联办，优化"企业开办一窗通"服务平台，逐步实现各类市场主体全覆盖。

持续推进民营企业"法治体检"常态化、制度化。建立中小企业维权援助机制，加快推进商会调解组织建设，支持建立涉外法律服务专家团，为外经贸企业提供涉外法律服务，开展树立守法诚信企业家、标杆企业活动，引导企业和企业管理者依法治企、诚信经营、依法维权。

参考文献

［1］《以提高司法公信力为根本尺度　坚定不移深化司法体制改革》，《人民日报》2015年3月26日。
［2］徐汉明：《习近平司法改革理论的核心要义及时代价值》，《法商研究》2019年第6期。
［3］《天津高院发布司法体制改革白皮书》，天津法院网，2017年7月21日，https：//tjfy. chinacourt. gov. cn/article/detail/2017/07/id/2931764. shtml。
［4］陈一新：《习近平法治思想是马克思主义中国化最新成果》，《人民日报》2020年12月30日。
［5］公丕祥：《习近平法治思想中的改革论述》，《东方法学》2021年第2期。
［6］黄文艺：《论习近平法治思想中的司法改革理论》，《比较法研究》2021年第2期。
［7］王红卫、李建华、刘基智、袁红丽：《公共法律服务均等化的研究与探索》，《中国司法》2021年第3期。

B.12
天津市开展扫黑除恶专项斗争
创建"无黑"城市探索

天津市扫黑除恶专项斗争专题研究课题组 *

摘　要：　天津市扫黑除恶斗争取得了重大战略成果，探索出大量宝贵的经验做法。始终坚持党的领导，提高政治站位；坚持为民立场，彰显公平正义，让人民群众充分感受到中国特色社会主义制度的巨大优势；坚持严格依法，做到不枉不纵，体现法治的强大威力；坚持标本兼治，以"无黑"城市成果建设更高水平的平安天津、法治天津。

关键词：　平安天津　扫黑除恶　法治天津　系统治理

2018年1月，党中央、国务院决定在全国开展为期3年的扫黑除恶专项斗争，作为全国战场的一块重要阵地，天津于2018年10月在全国率先提出创建"无黑"城市目标，将安全视为最重要的民生，在扫黑除恶中施行标本兼治，加强对重点行业领域的综合治理、源头治理、依法治理。作为真正的首都"政治护城河"，切实担负起了维护政治安全、拱卫首都的首责。三年来，天津市扫黑除恶专项斗争取得了重大战略成果。截至2020年12月

---

* 执笔人：龚红卫。课题组成员：龚红卫，法学博士，天津社会科学院助理研究员；王焱，法学博士，天津社会科学院副研究员。本文系2021年度天津社会科学院高端智库委托课题"京津冀一体化下平安建设体系研究"（课题编号：21YWT-10）阶段性成果。市委依法治市办、市委政法委、市公安局、市扫黑办提供相关资料。

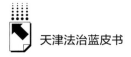

底，全市共打掉涉黑组织 27 个、恶势力犯罪集团 71 个、涉恶犯罪团伙 505 个，战果超过过去 10 年的总和；破获刑事案件 5157 起，抓获犯罪嫌疑人 6830 人，494 名犯罪嫌疑人慑于强大攻势投案自首。

天津市贯彻落实党中央关于扫黑除恶斗争的部署要求，坚持以习近平法治思想为首要武器，立足天津之卫、天津之责，组织各区各部门协调联动、整体推进，全力开展扫黑除恶斗争，坚决扫除黑恶势力影响，"无黑"城市创建取得明显成效，探索出大量宝贵的经验做法，为经济社会发展提供坚实保障。

一 坚持党的领导，提高政治站位

天津市把坚决打赢扫黑除恶专项斗争作为贯彻落实习近平法治思想的具体实践，作为构筑首都"政治护城河"的必战之役，作为各级党委"一把手"工程，履行好重大政治责任。扫黑除恶专项斗争成绩的取得，最根本在于坚持以习近平同志为核心的党中央的坚强领导，在于习近平法治思想的科学指导，在于中央政法委和市委、市政府的有力领导，在于各区各部门扫黑除恶战线广大同人的艰苦卓绝、拼搏奋进。

（一）压实主管责任，狠抓关键少数

天津市按照"战区制、主官上"要求，始终把扫黑除恶专项斗争作为各级党委"一把手"工程、党政领导干部"第一责任"、平安建设"第一任务"。天津市连续三年把扫黑除恶专项斗争纳入市委常委会年度工作要点，纳入巡视巡查和不作为不担当专项治理重要内容。各区、街道（乡镇）、社区（村）坚决履行"无黑"承诺，以最坚决的态度、最有力的担当、最务实的举措，坚决扛起扫黑除恶重大政治责任，形成"四级书记"带头抓的"头雁效应"。全市政治生态、党风政风持续改善，干部队伍得到净化，纪律作风明显提升。天津市把巩固基层政权、加强基层组织建设作为治本之策。高标准推进村两委换届，实行"史上最严"资格准入，列出"九不能"

负面清单，严格区、镇两级联审，严厉打击各类干扰换届行为，坚决防止黑恶人员进入两委班子，坚决防止基层组织被黑恶势力操控。全市 3538 个村 100% 全部换届，所有村 100% 实现"一肩挑"，取得历史性突破，党的执政根基更加牢固。

（二）强化组织领导，狠抓大案要案

在各级党委集中统一领导下，天津市发挥党建引领的政治优势和综合治理的体制优势，坚持扫黑除恶工作"一盘棋"，打造扁平化组织领导体系，设置专班、一体运行、合成作战，以扫黑除恶的战绩检验各级领导干部的政治站位、政治担当、政治能力。

天津市把依法严打作为扫黑除恶"硬道理"，针对扫黑除恶专项斗争中挖出的"骨头案""钉子案"，增强斗争精神，坚定必胜信念，讲究斗争策略、增长斗争本领，充分发挥扫黑与反腐两把"利剑"作用，侦破一大批有影响的涉黑恶案件。

（三）夯实防控基础，巩固斗争成果

天津市政法部门深入推进平安天津建设各项工作，扫黑除恶专项斗争与社会治安防控同步取得重大战略成果。在扫黑除恶的强大声威震慑下，全市社会治安秩序持续向好，刑事发案、刑事警情和严重暴力犯罪比专项斗争前下降超过 40%，命案、枪案、绑架案连续多年保持全破。命案连续 3 年"发案不过百"，连续多年实现重大涉政治案/事件、暴恐案/事件"零发生"。特别是在 2019 年全国平安建设考评中，天津市排名全国第三，多项工作走在全国前列，平安建设风险隐患有效管控，为建设更高水平平安天津打下了坚实的基础。

通过扫黑除恶专项斗争，全市政治生态、社会治安、发展环境进一步优化，社会治理体系和治理能力进一步提升，人民群众获得感、幸福感、安全感显著增强。2020 年市统计局问卷调查显示，99.7% 的居民群众拥护支持扫黑除恶，98.7% 的居民群众认为社会治安与专项斗争前相比有了明显进

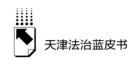

步，96.6%的居民群众希望扫黑除恶专项斗争持续深入开展，人民群众获得感、幸福感、安全感持续提升。

二 坚持为民立场，彰显公平正义

天津市树牢扫黑除恶是"天下之战""江山之战"思想，紧盯人民群众反映最强烈、最深恶痛绝的黑恶问题，进行坚决斗争。经过三年扫黑除恶专项斗争，全市政治生态、社会生态、自然生态明显改善，社会公平正义更加彰显。

（一）聚焦问题线索

天津市按照"五个100%"标准，即100%甄别、100%核查、100%深挖、100%处理、100%反馈，对每一件群众信访举报予以认真对待，通过循线深挖蛛丝马迹，"撕开口子、揭开盖子、挖出根子"，发现打掉了一批隐藏较深的黑恶势力。开展扫黑除恶专项斗争以来，市委政法委、市扫黑办对全市65起重大涉黑涉恶案件实施挂牌督办，对一批"重点案""骨头案"提级办理，异地用警，联合攻坚，成功侦破了全国扫黑办挂牌督办的颜某某社会性质组织案，并从中发现了相互勾结的多个黑恶犯罪团伙。

各级公安机关针对线索来源问题，采取深入排查、全面畅通和拓展线索举报渠道等措施，进一步落实有奖举报制度，充分发动群众举报线索，调集足够警力，推进线索核查工作，进行拉网式排查。监狱、戒毒场所开辟"第二战场"，加大在押人员坦检力度，核查转递坦检线索1100余条。各级扫黑办建立线索处理平台，坚持登记、甄别、核查、反馈、复核五个100%，落实线索核查"三长签字"，确保线索清仓见底。

（二）聚焦突出问题

针对全市涉农地区打掉的黑恶势力80%以上存在非法占地、非法建设、非法牟利问题，天津市开展土地管理领域专项整治，打掉土地领域涉黑恶组织 31 个。全市制定出台《土地资源案件行政执法与刑事司法衔接办法》等一整套制度体系，从源头上防范土地违法犯罪案件回潮反复，有力维护了土地安全、经济安全、生态安全。

规划资源部门查处违法占地，城市管理部门拆除违法建筑，农业农村部门清理农村土地承包合同中期限过长、租金过低、显失公平的"问题合同"。全市法院处理土地领域行政未执行案件。纪检监察机关严查党员干部、公职人员在征地拆迁、土地出租、监管执法过程中的以权谋私、权钱交易、职务犯罪问题。全市以扫黑除恶专项斗争为突破，收回国有集体土地 5 万余亩，清收承包款 1 亿余元。市领导同志分别领衔督办重点难点案件，通过挂牌督办，使一起封尘 13 年的历史积案成功告破，为受害人讨回了公道，使公平正义重新回归。

（三）聚焦督导整改

天津市紧紧抓住中央扫黑除恶督导、"回头看"和特派督导的有力契机，查问题、补短板、促整改、扩战果。按照中央督导组提出的"三个再一遍""两个大起底"要求，对近 10 年的涉黑涉恶案件、纪检监察案件、民商事案件和行政案件进行全面起底"复诊"，"五不漏"深挖问题线索。截至 2020 年 6 月底，政法和纪检监察机关共翻查起底民事行政案件 6 万余件（次），刑事案件 2 万余件（次），涉黑涉恶和纪检监察案件 2500 余件（次），从中发现 700 余条涉黑涉恶线索，基于此立案 158 起，查处违法犯罪嫌疑人 251 人。在"案件清结"方面，全国扫黑办挂牌督办的"12·4"涉黑专案已经宣判，市扫黑办挂牌督办的 65 起案件全部告破。2021 年上半年以来，新打掉 3 个涉黑组织、8 个涉恶犯罪集团、7 个恶势力犯罪团伙。

（四）聚焦民计民生

天津市把扫黑除恶矛头直指侵害群众利益，群众反映强烈的欺行霸市、暴力拆迁、违规强占农村集体资产等恶性违法犯罪。依法审结"市霸""行霸""楼霸"等群众身边的黑恶犯罪案件 69 件，判处罪犯 593 人。依法审

结"村霸"等农村基层黑恶势力犯罪案件 15 件,判处罪犯 136 人。持续开展打击"黑中介""黑物流""套路贷""校园贷"等专项行动,出台《关于防范打击"套路贷"犯罪的指导意见》,打掉涉黑恶"套路贷"犯罪团伙 142 个,涉案金额 14.3 亿元。审结了全国首例套路贷黑社会性质组织案,被评为"2018 年度人民法院十大刑事案件"。

(五)聚焦发展环境

天津市严厉打击高利放贷、强揽工程、强买强卖等侵害企业合法权益、扰乱金融秩序、破坏营商环境的黑恶势力犯罪,集中整治滨海新区平行进口汽车市场乱象,打掉诈骗团伙 4 个,破获诈骗、敲诈案件 125 起,由案件高发下降为零警情,有力促进了市场繁荣稳定。针对中央督导组反馈的黑恶势力侵害国有企业利益问题,开展专项打击整治,解决阻工、侵占国企房产土地等问题 83 个,为国家集体挽回经济损失 320 余亿元。组织开展"雷霆""飓风""断卡"等系列专项行动,打掉涉网犯罪团伙 39 个,破案 661 起,挽回经济损失 2.19 亿元,侦破了全国首例雇用网络"水军"抹黑敲诈企业案,对涉网犯罪形成了强力震慑,有力维护了清朗网络空间。

三 坚持严格依法,做到不枉不纵

在扫黑除恶专项斗争中,天津市颁布了一系列扫黑除恶法治化的政府性文件,为扫黑除恶构建了强大的制度基础。政法系统严格依法办案,不枉不纵,严把案件质量,提高办案水平,加强法律监督,打造津门政法铁军,落实依法治理。

(一)依法准确定性

天津市扫黑办对黑社会性质组织案、犯罪集团案件逐案盯办,在侦查、起诉、审判各环节就事实证据、案件定性、法律适用等问题组织会商研判,严把案件事实关、证据关、程序关和法律适用关。公检法机关严格遵循罪刑法定、证据裁判、非法证据排除等法治原则，客观准确评价犯罪特征，对符合黑恶犯罪标准的一个不漏、绝不放纵，对达不到标准的依法不予认定，坚决做到"是黑恶犯罪的一个不放过""不是黑恶犯罪的一个不凑数"。

（二）严把案件质量

天津市各级检察院检察长、法院院（庭）长以办案人身份直接办理涉黑涉恶重大案件。各级司法机关依法保障犯罪嫌疑人、被告人合法权益，在起诉审判过程中高度重视、认真研究当事人及辩护律师提出的无罪、罪轻意见，充分保护诉讼辩护权利。认真贯彻最高人民法院《关于建立健全防范刑事冤假错案工作机制的意见》、"两高三部"《关于办理死刑案件审查判断证据若干问题的规定》。坚持宽严相济刑事政策，对黑恶犯罪团伙首要分子、骨干成员坚决依法严惩，对自愿如实认罪、真诚悔罪的初犯、偶犯、从犯、未成年犯当宽则宽。在涉黑涉恶案件办理中，全市检察机关对 104 件738 人适用认罪认罚从宽制度，各级法院对 938 名具有法定从轻情节、自愿认罪认罚的被告人依法从轻处罚，确保罪刑相适应。

（三）加强法律监督

天津市把法律监督融入办案全过程，维护司法公正。严格落实律师辩护全覆盖，扫黑除恶专项斗争中，1942 名律师参与涉黑恶案件审判，为 526名被告人依法指派法律援助律师。疫情期间，在看守所为律师会见被告人开辟"绿色通道"，就视频庭审方式、举证质证形式提前征求被告人及辩护人的意见，庭审中充分听取辩护意见，在判决书中回应体现，充分保障被告人及辩护人的诉讼权利。严格落实司法公开要求，邀请人大代表、政协委员、新闻媒体、各界群众 2495 人次旁听审判，加强社会监督，确保司法公正。

（四）提高办案水平

天津市扫黑除恶专项斗争领导小组和公检法机关建立扫黑除恶专家

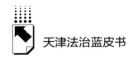

"人才库"和典型案例"资源库",以老带新、以案代训,编制指导手册,开展庭审观摩,典型案例指引,集中学习研讨,强化实战能力。天津市公检法机关联合制定出台《关于办理恶势力犯罪集团案件的工作意见》《涉黑涉恶案件裁判文书模板》多个关于办理恶势力犯罪案件的指导性文件,统一办案标准。形成规范化办案流程,提升执法司法能力水平。

（五）锻造过硬队伍

天津市政法系统把开展扫黑除恶专项斗争作为历练队伍、锻炼能力的重要契机,按照"五个过硬""四个铁一般"的标准打造津门政法铁军。强化思想政治引领,加强党建统领,把支部建在办案专班中,党员领导干部冲锋在前,身先士卒,全体干警以对党和人民极端负责的态度,体现勇于担当、忠诚使命的本色,涌现出一大批先进典型。结合队伍教育整顿,对充当黑恶势力"保护伞"的,严肃处理,绝不姑息,坚决清除"害群之马"。加强全面从严治党、从严治警,以"保护伞"反面典型为警为戒为训,教育引导广大干警规范公正文明执法,锻造一支对党忠诚、服务人民、执法公正、纪律严明的政法队伍。

四　坚持标本兼治,创建"无黑城市"

天津市扫黑除恶专项斗争中,强化边扫边治边建,旨在建立健全常态长效化体制机制,从源头最大限度地挤压黑恶势力滋生空间。坚持边推进边总结边提升,梳理提炼专项斗争的好经验、好做法,固化为制度机制,推动扫黑除恶常态化运行。紧盯重点地区、领域和行业,加大依法治理、系统治理、综合治理和源头治理的力度,科学运用"打、防、管、控、建"等多种方式,建立打击预防黑恶势力综合体系,绝不给黑恶势力任何空间。以推进市域社会治理创新为契机,落实"一案一整改"要求,打掉黑恶势力的同时,及时补足基层治理的短板,提升自治、法治、德治、智治相结合的基层社会治理体系和治理能力现代化水平。

（一）强力推进"六清"行动①

天津市按照全国扫黑办工作要求，加快推进常态化疫情防控形势下扫黑除恶专项斗争。针对疫情造成被告人收押难、提讯难、开庭难、入监难问题，市扫黑办组织市卫健委和政法部门共同研究制订工作指南，为加快案件审理提供有力政策支撑。各级政法部门强力推进"六清"行动，建立"六清"档案，倒排工期，挂图作战，抢时间、追进度，依托"云侦查"、智慧检务和云审判等手段，提高办案效率，把疫情造成的影响降到最小。

（二）强力推进"惩腐打伞"

天津市把扫黑除恶作为修复净化政治生态的有力抓手，市纪委监委制发《关于在扫黑除恶专项斗争中强化监督执纪问责的工作方案》、工作指导手册，重兵投入"惩腐打伞"主战场，严格落实《扫黑除恶专项斗争中建立健全严惩公职人员涉黑涉恶违法犯罪协作配合五项机制》，完善纪检监察机关与政法机关监督制约、衔接配合、线索移送、协同办案、会商研判、审前通知、旁听审理、逐案筛查等8项制度。把"惩腐打伞"纳入全市党风廉政建设主体责任考核和纪检监察工作业务考核，实现纪法衔接、一体推进、效果叠加，切实提高扫黑除恶和"惩腐打伞"的整体性、协同性。在全市通报"保护伞"案例33起，媒体曝光17起典型案例，发挥了强大震慑作用。

（三）强力推进重点行业整治

市扫黑除恶专项斗争领导小组17个成员单位牵头，开展社会治安、乡村治理、金融放贷、工程建设、交通运输、市场流通、自然环保、信息网络、文化旅游、教育卫生、裁判执行等11个重点行业领域专项整治，要求

---

① 扫黑除恶专项斗争的"六清"是指2020年开展的"线索清仓、逃犯清零、案件清结、伞网清除、黑财清底、行业清源"六项行动。

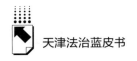

列出问题清单、责任清单，台账式管理、项目化推进。各区、各系统、各单位落实基层"吹哨"、部门"报到"机制，市、区、街镇三级联动，形成整治工作"一盘棋"。各级纪委监委和公检法机关结合执纪执法办案中发现的行业监管漏洞，向行业主管部门和企事业单位发出"三书一函"1000余份，整改完成率达到100%，增强了全社会对黑恶犯罪的"免疫力"。坚持以案促治，从法律、政策、机制层面提出解决办法，集中解决了一批影响经济社会发展、群众反映强烈的突出问题。

（四）强力推进"黑财"处置

天津市强化政法机关与金融、税务、审计等部门联合，加大打"黑财"力度。银行保险机构利用反洗钱系统监测排查涉黑涉恶可疑人员和交易，强化资金监测分析，全面查清、彻底摧毁黑恶势力经济基础。加大财产刑执行力度，建立多部门参与的执行联动指挥中心，充分运用多种手段，实现审执无缝对接。严格准确区分合法财产和非法财产，规范涉案财产处置，对涉案经营性财产实施代管托管，防止出现"审结一个案件，拖垮一个企业"。

（五）强力推进重点人员管控

天津市制定《涉黑涉恶服刑人员和刑满释放人员管理办法》，对新收涉黑恶罪犯、社区矫正对象进行逐人分析、逐人谈话、逐人建档，从严把握涉黑恶罪犯减刑、假释和暂予监外执行，对判处十年以上徒刑涉黑恶罪犯的减刑、假释、暂予监外执行案件，严格落实三级审查机制。落实好涉黑恶罪犯会见通信、考核奖励、分级处遇、离监就医等制度要求。实施精准教育转化，逐犯研判评估，不断提高教育改造工作针对性和实效性。强化对涉黑涉恶社区矫正对象电子监控手段，无脱逃脱管、无重大违法违纪案件，监管秩序持续安全稳定。

（六）开展"无黑"创建

围绕创建"无黑"城市目标，天津市开展"无黑"社区（村）、"无黑"单位、"无黑"市场等十大基层"无黑"创建行动,以扫黑除恶战果、社会治安状况、行业监管水平、群众评价感受、基层治理能力、营商发展环境等方面实际状况、具体数据为标准,制订"无黑"城市评价体系。将人民群众评价作为衡量扫黑除恶成败的根本标准,接受社会监督,广泛听取意见建议。发放居民调查问卷130余万份,把评判"表决器"交到群众手中。市统计局问卷调查显示,2020年居民群众安全感为98.4%,同比上升1.4个百分点。征求人大代表、政协委员意见建议800余人次,市区两级组织调研暗访督查200余次,对基层"无黑"创建进行客观准确全面评估,确保专项斗争始终反映民意、汇聚民智、保护民利,让人民群众获得感、幸福感、安全感更加充实、更有保障、更可持续。

参考文献

[1] 《"扫黑除恶"战果如何?》,《天津日报》2020年8月25日。
[2] 戴小强:《论"扫黑除恶"专项斗争的特征及其法治要求》,《北京警察学院学报》2018年第3期。
[3] 宁小可、苏述庚、杨勇:《以系统思维推进党的建设新的伟大工程》,《中共山西省委党校学报》2019年第5期。

B.13
司法裁判执行联动机制建设与创新发展

天津市司法裁判执行联动机制研究课题组 *

摘　要：　司法裁判"执行难"是我国司法实践中的一个顽症，一定程
度上阻碍了司法体制改革进程。为有效解决司法裁判执行难
问题，天津市贯彻落实最高人民法院《关于建立和完善执行
联动机制若干问题的意见》，坚持党委统筹领导，依靠政府
及社会各界深入联动，形成法院外部联动、成员单位横向联
动、合力作为的执行工作新格局。当前，天津市司法裁判执
行实践中还存在执行联动机制不能有效贯彻落实、执行联动
机制体系不成熟、执行联动工作考核制度不严密、执行联动
机制信息化建设相对落后等问题，这就需要天津市进一步健
全执行联动衔接机制，完善联动单位权力监督制约机制，强
化执行联动信息化建设，加强队伍建设，完善社会信用
体系。

关键词：　裁判执行　联动机制　党委统筹　社会信用体系

司法裁判"执行难"一直是我国司法实践中的难题，在一定程度上阻
碍了我国司法体制改革和法治建设进程。对此，最高人民法院牵头建立了具
有中国特色的司法裁判执行联动机制。该机制旨在调节人民法院与协助单位

* 执笔人：尚海涛，法学博士，天津师范大学法学院副教授，社科处副处长。课题组成员：尚
海涛、齐千胜、冯婉君、陈敏铃、刘欣平。天津市高级人民法院提供基础稿件。

的内部关系，附属于民事协助执行制度，通过增强协助单位的法律义务，保证其与民事执行威慑机制的有效衔接，从而实现执行效果的最大化。民事执行联动机制以贯彻《关于建立和完善执行联动机制若干问题的意见》为前提，形成法院外部联动、成员单位横向联动、合力作为的执行工作新格局。天津市坚持以习近平法治思想为指导，深入贯彻中央和市委关于加强综合治理、从源头切实解决执行难问题的部署要求，深化"党委领导、政法委协调、人大监督、政府支持、法院主办、部门联动、社会参与"的执行难综合治理工作格局，推动建立天津市司法裁判执行联动中心，健全与完善执行工作长效机制，促进天津市司法裁判执行工作效率进一步提升，让人民群众在每一个司法案件中都能感受到公平正义。

一 天津市司法裁判执行联动机制的现状

（一）执行联动的基本理念

"强制执行事关当事人合法权益的及时实现，它是司法程序的关键环节，其事关司法权威和司法公信力。"① 执行联动机制是为有效解决司法裁判执行难，由人民法院联合其他部门探索和推动的一项工作机制。人民法院利用各种社会资源，针对拒不履行生效裁判的被执行人，通过一系列办法促使其自动履行生效裁判，具体包括严格限制其市场交易行为、社会交往活动、行政许可与行业准入审批等。为推动司法裁判执行联动机制的有效运行，天津市认真落实解决司法执行难的要求，在全国率先建立省级司法裁判执行联动中心。司法裁判执行联动机制建设是一个重大紧迫而极具现实意义的课题，对于提升法治中国、法治天津和法治社会建设水平具有重要意义。

---

① 周强：《深化执行领域务实合作　共同提升强制执行水平》，《中国信用》2019 年第 2 期，第 8 页。

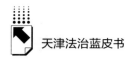
（二）执行联动的体系

"治理执行难这一综合性难题，必须有全局思维，综合施策。"① 司法执行联动机制由人民法院牵头，需要多方单位和机构相互协作，形成体系的运行机制。需要形成党委领导、人大监督、政府参与、政协支持，同时联合公安、税务、工商、金融、海关、房地产管理、出入境管理、车辆管理、工程招投标管理等部门，形成一个较为完整的体系。天津市司法裁判执行联动中心就是由天津市委政法委、市高级人民法院、市人民检察院、市发展和改革委员会、市教育委员会、市公安局、市民政局、市司法局、市人力资源和社会保障局、市规划和自然资源局、市住房和城乡建设委员会、市交通运输委员会、市文化和旅游局、市市场监督管理委员会、市政府国有资产监督管理委员会等 21 家成员单位和部门组成。

（三）执行联动的运行成果

天津市推动建立执行联动机制，"人民法院与其他社会力量协同配合，实现强制执行工作的社会化，成为新时代'枫桥经验'指导下切实解决'执行难'问题、推进社会协同治理工作的必然选择"②。这种联动机制本身就是为解决执行难而建构的一种长效机制，法院通过利用社会各方资源，联合各个部门加大执行力度，促使未进入强制执行程序的生效法律文书确定的债务人自动履行义务，旨在通过增加义务人责任、提高强制执行的成本等方式，实现彻底解决法院执行难的目的。天津市通过推动执行联动机制建设，促进了社会诚信体系建设。随着天津经济的快速发展，与经济发展不相适应的社会道德体系中存在道德缺失和诚信缺失问题。一些市场主体缺乏诚信和社会责任感，存在恶意逃债现象，天津市建立的联动中心为构建诚信社会提

---

① 江必新：《论国家治理现代化背景下执行难之破解》，《中国应用法学》2017 年第 2 期，第 3 页。

② 潘剑锋、牛正浩：《新时代"枫桥经验"视域下的社会化协同执行机制——基于 J 省法院的实证研究》，《东岳论丛》2021 年第 3 期，第 175 页。

供了法律保障。联动中心建设取得了明显成效，得到了广泛好评。《人民日报》刊载专题经验报道《天津联合执行让"老赖"寸步难行》，新华社拍摄专题宣传片《"互联网＋执行"保障申请执行人合法权益》，对市联动中心建设成效进行报道。2021 年一季度，天津法院执行案件结案率达 54.65%，全国排名第 6 位，17 项质效和管理指标位居全国前十位，"3＋1"核心指标持续保持高标准运行。

二 天津市构建司法裁判执行联动机制的 实践探索与经验做法

天津市委依法治市办坚持以习近平法治思想为指导，认真落实党中央关于切实解决执行难工作部署要求，指导推动市高级人民法院等单位加强执行联动机制建设，在全国率先建立省（直辖市）级司法裁判执行联动中心，取得明显成效。

（一）坚持党委统筹领导，大力推进联动中心工作创新

"人民法院执行工作之所以能够一直保持正确方向，不断克服困难、向前发展，最根本的就是始终坚持党的领导。"① 天津市委高度重视从源头解决执行难问题。按照市委主要领导批示要求，2019 年 12 月，市委全面依法治市委员会出台《关于加强综合治理 从源头切实解决执行难问题的实施意见》，将健全执行联动机制作为工作重点，作出专题部署。文件出台后，市委依法治市办组织市高级人民法院对执行联动机制建设存在的问题开展深入调研，发现有的单位态度不积极、部分联动单位"联而不动、联而乏力"、法院对联动单位缺乏制约等突出问题。

为切实解决上述问题，2020 年 3 月，市委依法治市办进一步制定出台了《关于建立天津市司法裁判执行联动中心的实施方案》（以下简称《实施

---

① 江必新：《如何打赢"基本解决执行难"这场硬仗》，《人民论坛》2017 年第 3 期，第 6 页。

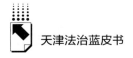

方案》），专题部署推进建立联动中心工作。一是夯实目标要求。深化"党委领导、政法委协调、人大监督、政府支持、法院主办、部门联动、社会参与"的执行难综合治理工作格局，建立联动中心，健全和完善执行工作长效机制，提升全市司法裁判执行效率，努力让人民群众在每一个司法案件中都感受到公平正义。二是明确成员单位。确定市委政法委和市发展改革委、规划资源局、市场监管委、银保监局等 21 个成员单位，每个成员单位明确负责协助执行工作的分管领导、具体部门和联络员，根据自身职责积极参与联动工作，排除执行工作中的干扰和阻力，支持法院依法行使执行权。在市高院执行局设立联动中心办公室，负责召集联席会议和处理日常事务。三是完善工作机制。成员单位加强信息共享、工作交流，建立健全网络查控协作机制，并视情况派员到市高院执行局驻点办公。联动中心建立联席会议制度，定期通报情况，研究解决突出问题，推进协助执行、联合惩戒、网络查控等工作，协调督办重大、疑难、复杂执行案件。四是细化工作职责。围绕健全网络执行查控系统、联动查找被执行人、完善联合惩戒机制、推进失信被执行人信息共享、强化对公职人员的信用监督、加大对拒执行为的打击力度等 6 个方面的工作，明确各成员单位配合执行的 51 项具体职责。法院依法向成员单位提供协助事项法律文书，各成员单位及时反馈查询信息、控制结果，保障执行工作顺利进行。

（二）发挥联动中心办公室职能作用，推进联动中心实体化运行

《实施方案》规定，"执行联动重点成员单位视情况派员到市高院执行局驻点办公，直接参与联动中心工作"。联动中心办公室旨在推动各成员单位加快与人民法院建立网络查控系统，健全失信联合惩戒机制，并协助全市各级法院解决执行中的疑难复杂问题。为充分发挥联动中心办公室职能作用，保障联动中心实体化运行，主要从以下三个方面着手。一是配足配强人员力量。主动协调市委政法委，确定与执行工作密切相关的市公安局、市民政局、市司法局、市国资委、市规划资源局、市市场监管委、市税务局、市社保中心等 8 家单位派员、带办公系统到天津高院执行局驻点

办公，天津高院指派一名处级干部为办公室负责人。二是升级改造软硬件设施。积极改造升级联动中心办公场所，配备充足办公设备，保障派驻人员办公；装备大屏幕，集中显示各派驻单位职责清单、未完成工单及已完成工单情况；在法院内部办公系统中增加"事项请示"模块，下级法院请求联动中心协调解决疑难复杂问题的，承办法官仅需在电脑端填写申请事项，经本院执行局领导审批后，即可直报联动中心。三是建立规章制度。制定"两制度、两工单"，即《联动中心办公室工作制度》《联动中心协调事项办理流程》和《工作交办单》《答复意见单》，明确联动中心办公室工作职责，细化协调事项办理流程和办理时限，规定各成员单位对查询信息类、协调类、疑难复杂类协助事务的办理时限分别为 1、5、10 个工作日，以规范工作流程，提高办理实效。

（三）借助联动中心平台，进一步拓展执行联动覆盖面

以联动中心为平台，在前期联动机制建设成效基础上，主动与各成员单位加强协调沟通，在失信惩戒、执行查控等方面进一步加强执行联动机制建设，不断完善综合治理执行难格局。一是与市交通运输委、市发展改革委等五部门联合落实《关于限制失信被执行人参与本市小客车指标配置的协议》，截至 2021 年 8 月，共限制 5279 个失信个人和 102 家失信企业参与本市小客车摇号。二是协调市银保监局推动本地商业银行全部上线网络查冻扣划功能，实现"点对点"银行查控在天津地区的全覆盖和系统功能的完善升级。三是与市公安交管局合作研发"天津涉机动车网上办案系统"，在全国范围内率先确立线上查控被执行人机动车辆新模式，彻底改变以往登门临柜的传统办案方式。针对部分车辆虽底档查控但不能实际控制的问题，市交管局协助法院开展路面控车。四是与市教委建立限制失信被执行人子女就读高收费民办学校工作机制，促使被列入失信被执行人的小升初学生家长及时履行义务。五是与市税务局签订《关于建立完善执行联动协作机制的意见》，明确联动查控系统建设的 59 项具体数据项，除被执行人缴退税账户及明细等信息外，还包括被执行人实际经营地、法定代

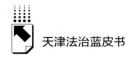

表人姓名及联系方式、财务人员姓名及联系方式等重要信息。2020 年 12 月底，双方"点对点"网络查控系统已上线运行。同时，协调公安、检察机关加大司法拘留和打击拒执犯罪力度。

（四）进一步发挥联动作用，切实提升执行质效

充分运用联动中心平台，灵活运用联动机制，有效解决执行中的难点、堵点问题。一是助推"黑财清底"工作。针对疫情防控期间会见难问题，积极协调派驻单位市司法局，协助查实在押被执行人的服刑监狱，并与监狱部门建立视频会见系统，执行法官在本院执行指挥中心即可与被执行人视频会见，有力推动了"黑财清底"工作的顺利开展。二是助推土地专项巡视整改工作。组织召开部分联动中心成员单位参加专题会议，推动市委政法委牵头成立由市高院、市规划资源局、市公安局、市农业农村委等联动单位参加的市专项巡视整改协调小组。在整改行动中，多部门统一行动，共同梳理案件台账，联合与各区委、政府对接，研究整改问题落实。仅用三个月时间，即将最高人民法院交办的违法占用耕地类行政非诉执行案件全部清结，整改任务全部落实到位，有力保障了国家耕地安全。三是助推国资领域专项执行工作。针对市委交办的国资领域专项执行工作，以联动中心为纽带，主动与公安、国资、规划资源等联动单位对接，就查人找物、以物抵债、办理产权手续等方面进行协调联动。市国资委还指派专员参与法院专项工作组，负责协调做好执行和解、以物抵债接收等工作，有力推动了案件的执行。全市法院收回国企债权，腾退厂房土地，市国资委领导专门带队向市高院赠送锦旗表示感谢。同时，各院还通过联动中心办公室协调解决 30 项疑难复杂问题，平均用时 5 天，执行效率得到极大提升。天津市河北区人民法院在一起执行案件中，难以确定某小区地下超市是否属原规划的菜市场，执行法官两个月内多次到有关部门窗口查询均未得到准确答复。该问题提交至联动中心办公室后，市规划资源局调取本局建设工程档案，两天时间即解决，案件顺利执结。

三 进一步完善司法裁判执行联动机制的对策

（一）健全执行联动衔接机制

健全执行联动机制，首先要配备完善的基础运行机制，以保证执行联动机制整体正常运行。一方面，政法委可以通过建立执行工作协调机制，牵头组织各联动单位共同商讨解决联动工作中存在的问题，各联动单位针对存在的问题建言献策，寻求通过规制解决，从而保证执行联动工作衔接顺畅。另一方面，分别从明确执行主体、主体权限、具体运行程序、责任承担、救济渠道等完善执行规范，保证执行联动工作过程的合法性、合规性。执行联动机制尚处于地方法院探索阶段，基于各地法院具体实际情况差异，各地的执行标准不一，缺乏执行的统一性。当前司法实践中，在审执分离难以定论的情况下，可以单独设立相应的联动领导小组作为联动执行机制的启动主体，设置联络员，对各部门执行联动工作进行统一协调。在执行联动衔接过程中，法院作为执行工作的骨干主体，要加强上下级法院和不同区域法院之间的协作，尤其是在异地联动执行过程中，要实现信息共享共用，发挥协同作用。

此外，法院应当注重与其他相关职能部门的衔接工作，如银行等金融机构应当积极配合法院执行，法院做好与金融机构的协调工作，便利企业机构的信息查询、冻结、扣划；对于法院要求的房产登记、权属变更登记等事项信息，房管局应当积极配合并提供相关证据材料。此外，还有公检法协作以及与宣传、土地管理等职能部门的协作。除职能部门外，法院还应当加强与居委会、村委会、街道办事处等基层组织的联系，利用地方基层组织熟悉被执行人具体信息优势，推动执行工作顺利进行。具体运行程序方面，可以通过立法规定联动执行工作的具体内容以及程序等，明确执行主体的地位、权利义务、责任承担以及协助救济渠道等事项。此外，执行联动衔接机制的运行需要以平台为支撑，可以借鉴政务服务中心的制度构建方式，将相关联动单位常规部门集中起来，设立一站式多方联动执行平台，由人民法院总体调控，结合多部门信息进行联动，集约同步上传房产、土地、经济等信息，实现数据共享共用。法院设置专门的工作人员负责执行工作办理，统一窗口，一站式集中办理执行工作，提高工作效率。

（二）完善联动单位权力监督制约机制

关于执行联动机制，最高人民法院下发的意见以及备忘录对联动方式、措施作了较为详细的规定，但具体司法实践中"联而不动"现象屡有发生，导致最高人民法院下发的文件成为一纸空文，无法落实到司法实践中，追根究底是联动单位权力监督制约机制欠缺造成的。一方面，可以将监督权赋予联动执行机制的启动主体——联动领导小组，定期召开联络会议，加强联动单位之间的联系。政法委作为领导和管理政法工作的职能部门，主要负责公检法等政法工作的宏观指导和监督检查，保证联动执行机制有效运行。另一方面，采用激励、考核机制，提高联动单位及其工作人员的积极性，推动联动工作有效进行。

"通过集中清理中的科层化手段，如任务分配、工作汇报和绩效考评等，上级法院对下级法院的领导地位得以确立，这将重新整合起传统上松散的组织关系，通过集中和整合这些被稀释的系统内部力量，实现对法院内部执行联动机制的建立。"[1] 同时，将联动工作中工作人员的具体执行情况作为年度考核、职务晋升、录用招聘、调动分配等参考依据，相关人事部门根据人民法院提供的执行信息实施考核奖惩措施。各级应将单位协助执行情况列入社会治安综合治理考核范围，联动单位是否被纳入失信被执行人名单，是否存在部门保护主义、消极协助等，应当作为单位考核的重点内容。对于拒不履行协助义务、阻碍执行的联动单位，应当制订严格的处理细则，加大问责力度，从重查处消极协助、泄露协助信息的行为，解决"联而不动"问题。除此之外，相关部门要加大执行联动机制宣传力度，积极向公众宣传执行联动工作的正当性、必要性，引导

---

[1] 郑涛：《中国民事执行难问题的再解读——法院权能的视角》，《南大法学》2021 年第 1 期，第 43 页。

社会成员积极配合法院工作，定期向社会公告消极执行甚至阻碍执行的行为，让公众了解执行，让当事人自觉履行，树立诚信意识。

（三）强化执行联动信息化建设

最高人民法院院长在《坚决打好"基本解决执行难"总攻战》中强调，要加快升级应用现代信息技术，加强办案系统和指挥系统的规范应用，推动执行办案模式和执行管理模式现代化变革。《最高人民法院关于人民法院深化司法体制综合配套改革的意见——人民法院第五个五年改革纲要（2019～2023）》也强调，要加大强制执行力度，不断扩大网络查控范围。在互联网经济和大数据处理技术深度融合的信息时代，办案模式和执行管理模式的现代化变革具有重要意义，它可以帮助解决"查人找物难"问题，推进"互联网＋执行"建设，保证联动执行工作高效进行；有助于不断优化网络司法拍卖流程，促进涉案财产处理等事项推进；还有利于完善综合治理格局，从而推动整体执行工作再上新台阶。

进一步强化执行联动信息化建设，建立执行联动信息查询平台，充分利用大数据现代科技手段将联动单位与失信平台进行对接，着重健全网络执行查控系统。此外，还需要加快推进失信被执行人信息共享工作、完善失信被执行人联合惩戒机制，通过多方面综合手段加快推进现代信息技术与办案模式相互融合。

（四）加强队伍建设，完善社会信用体系

解决"执行难"问题的重中之重是法院执行队伍建设，随着执行联动机制的进一步完善，现有的执行人员无法满足执行案件增加的现实需求。案多人少矛盾在基层法院尤为明显，在新的执行案件增加的同时，执行人员还面对大量堆积案件，极大增加了法院执行工作人员的压力。因此，在保证工作效率的基础上，要进一步优化执行队伍建设，提高执行队伍的整体素质。此外，还要建立执行人员长效激励和考核机制，以提高其积极性和主动性；提升执行队伍成员的业务能力，科学配置各部门人员工作安排，可以通过员额

法官选任、干部轮岗、社会人才聘用等方式补充执行力量。同时，针对不同地区法院执行配置方面的差异，有针对性地加强基层执行机制配套设施建设，保证执行工作高效运行。加强廉政建设，设立专门的信访员和廉政员，对执行信访案件和执行工作人员的廉政纪律进行监督检查，规范执行工作人员的执行行为。此外，加强与各联动单位之间的沟通，整合社会资源共享共用，建立信息共享共用数据平台，完善社会信用体系。"面向'执行难'的信用激励中，需要刚柔兼济的权力运转，需要借助大数据来实现司法效率的提升，并注重执行权力对信用文化的价值培育，以实现社会生态和国家治理的良性提升"。① 一方面，要注重公民诚信意识的培养，加大宣传力度，加强思想教育；另一方面，从立法层面完善社会信用体系，加快信用法律制度立法，将社会信用体系纳入法治轨道，保障我国社会信用体系的良性发展。

参考文献

[1] 周强：《深化执行领域务实合作　共同提升强制执行水平》，《中国信用》2019 年第 2 期。

[2] 江必新：《论国家治理现代化背景下执行难之破解》，《中国应用法学》2017 年第 2 期。

[3] 潘剑锋、牛正浩：《新时代"枫桥经验"视域下的社会化协同执行机制——基于 J 省法院的实证研究》，《东岳论丛》2021 年第 3 期。

[4] 江必新：《如何打赢"基本解决执行难"这场硬仗》，《人民论坛》2017 年第 3 期。

[5] 张榕：《"执行难"化解之误区及其归正》，《厦门大学学报》（哲学社会科学版）2017 年第 4 期。

[6] 郑涛：《中国民事执行难问题的再解读——法院权能的视角》，《南大法学》2021 年第 1 期。

[7] 王学辉、邓稀文：《"执行难"背后的信用激励机制：从制度到文化》，《四川师范大学学报》（社会科学版）2020 年第 1 期。

---

① 王学辉、邓稀文：《"执行难"背后的信用激励机制：从制度到文化》，《四川师范大学学报》（社会科学版）2020 年第 1 期，第 78 页。

B.14
天津市检察建议运作机制的现状、完善与发展

天津市检察建议运作机制研究课题组 *

摘　要： 为适应新时代检察工作的新形势、新要求，天津市各级检察机关高度重视检察建议工作，在推动检察建议工作规范化、提升检察建议质量和效果方面取得显著成效。2019年以来，天津市检察建议制发情况整体向好，各类建议制发更加均衡、类案监督能力明显提升、宣告送达适用范围明显扩大。同时，天津市各级检察机关在强化检察建议刚性方面进行了许多有益探索，主要包括建设示范点、创新内部机制、借助外部力量等。为进一步加强天津市检察机关制发检察建议工作规范化，检察机关还需要更新法律监督理念、探索"案件化"办理模式、完善协同配套机制，逐步完善并探索体现天津市检察建议工作特色的长效机制。

关键词： 检察建议　运作机制　法律监督　社会治理

检察建议深深根植于我国传统法治文化土壤，在曲折发展中展现出强大的生命力，成为一种极具中国特色的法律制度。进入中国特色社会主义新时代，检察建议制度的适用领域日渐广泛，业务覆盖面逐渐扩大，在维护国家

---

* 执笔人：于阳、周丽宁。课题组成员：于阳，天津大学法学院副教授、法学博士；周丽宁，天津大学法学院刑事法律研究中心研究助理、法学硕士。天津市人民检察院提供相关资料。

法制统一、服务社会综合治理等方面彰显重要价值。党的十八大以来，党中央对法律监督工作提出一系列新要求。为抓住深化司法体制改革的发展契机，适应新时代检察工作的新形势、新要求，满足社会公众对检察机关的新期待，天津市各级检察机关高度重视检察建议工作，将"推动检察建议工作规范化，提升检察建议质效"作为一项重要任务常抓不懈。近年来，全市检察建议制发水平、落地落实等方面取得了显著成效。但还要认识到新时代检察建议工作的艰巨性和长期性，及时总结经验，巩固成果，持之以恒强化检察建议刚性，完善检察建议运作机制，为推进全面依法治国提供强大助力。

一　天津市检察建议工作总体情况

近年来，天津市各级检察机关结合本市实际，深入贯彻落实最高人民检察院党组关于强化新时代法律监督的部署要求，平稳有序推进检察建议工作。根据 2019～2020 年具体统计数据和相关文献分析，天津市检察建议工作整体质量提升、各类建议更加均衡，监督能力明显增强，检察公信力得到强化。

（一）制发质量整体向好，治理效能得到发挥

近年来，天津市制发检察建议的数量、质量、效果呈现稳中有进的良好态势。2019 年，天津市各级检察机关制发检察建议共 1427 件，回复率为78.46%；检察建议已回复的采纳率达到 99.05%。2020 年，全市共制发检察建议 1706 件，比上一年度提升 19.55%，回复率达到 80.07%，同比上升1.61%；已回复的检察建议采纳率为 98.68%[①]。2020 年采纳率小幅回落，可能与制发数量提升、社会治理类检察建议占比增大有一定关系。尽管如此，天津市连续两年的检察建议回复率、采纳率仍高于同期全国平均水平。

---

① 数据来源于天津市 2019 年、2020 年检察建议工作情况报告。

公开数据显示，2019 年 1 月至 2020 年 6 月，全国检察机关制发检察建议的回复率约为 69.53%，采纳率约为 96.69%①。

天津市各级检察机关聚焦关键领域，充分发挥检察建议的社会治理功能。2020 年，社会治理类检察建议的数量为 440 件，占比 25.79%，相比 2019 年上升了 43.32%②。新冠疫情暴发后，全市检察机关及时制发检察建议，解决办案中发现的疫情防控难题，助力扎牢织密疫情防控网。河西区人民检察院依据疫情发展变化情况，分别向河西区看守所、河西区司法局社区矫正机构制发相关风险隐患、预防性提示检察建议，为相关机构加强应对处置、确保辖区监管场所秩序稳定、保障被监管人员身体健康提供了具体有效的保障措施。此外，检察建议还在复工复产、扫黑除恶、公共安全等国家重视、群众关心的重点领域发挥了重要作用，切实服务大局，与人民需求同频共振。

（二）各类建议制发更加均衡，刑事执行检察建议"减量提质"

从检察建议的类型来看，2020 年各类检察建议比例更加均衡。2019 年，纠正违法类、社会治理类、公益诉讼类检察建议占比分别为 47.65%、21.51%、11.07%，纠正违法类检察建议的数量明显高于其他两类。2020 年，天津市各级检察机关更加重视通过检察建议参与社会治理，这种情况有了明显好转③。2020 年，纠正违法类检察建议占比下降到 32.47%，社会治理类检察建议占比上升到 25.79%，公益诉讼类检察建议共 523 件，占比达到 30.66%，同比上升 231%④。天津市检察机关一方面致力于做实做强主责主业，不断提高纠正违法类检察建议制发质量；另一方面，聚焦中心大局，通过制发检察建议切实维护公共利益，有效提升社会综合治理水平。

---

① 徐日丹：《2019 年度全国检察机关社会治理类优秀检察建议评选揭晓》，2020 年 8 月 6 日，最高人民检察院网，https://www.spp.gov.cn/spp/zdgz/202008/t20200806_475605.shtml。
② 数据来源于天津市 2020 年度检察建议工作情况报告。
③ 数据来源于天津市 2019 年度检察建议工作情况报告。
④ 数据来源于天津市 2020 年度检察建议工作情况报告。

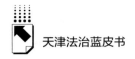

从检察建议业务类别看，以往刑事执行业务中多发滥发检察建议的情况得到进一步遏制，刑事执行检察建议的数量进一步减少、质量进一步提升。2019 年，刑事检察业务部门制发的检察建议数量为 953 件。其中，刑事执行检察建议占比达到 60.97%①。这是因为刑事执行部门有时会针对同一问题制发重复性检察建议，或是仍旧"一案一发"，没有识别同类案件，统一从源头治理。2020 年，刑事执行检察建议数量缩减到 387 件，同比下降 33.39%，占比为 22.68%，同比下降 38.29 个百分点②。这表明，刑事执行领域提高检察建议质量、减少重复性检察建议数量的努力已经初见成效。

（三）类案监督能力明显增强，司法活动规范化水平有效提升

面向同类多发问题的类案检察建议同个案检察建议相比，具有监督对象范围更广、监督内容更深入系统的优势③。2020 年，全市共制发纠正违法类案检察建议 74 件，同比上升 21.31%④。检察机关越来越注重识别刑事诉讼中存在的类似违法问题，有针对性地制发类案监督违法建议，从而"以点带面"推动司法活动规范化。天津市人民检察院第二分院对某监狱 2018～2020 年的 84 件提请减刑普通案件和 26 件提请减刑三类案件开展类案监督，制发类案检察建议，解决监狱长期存在的普遍性、倾向性问题；河东区人民检察院通过制发类案检察建议，纠正公安机关办理醉酒型危险驾驶案件存在的证据收集固定不及时、办案期限过长等问题；津南区人民检察院发现，公安机关办理某恶势力团伙犯罪案时未及时串联研判近年类案，致使该团伙长期存在，针对这一普遍现象制发类案检察建议，有效督促公安机关细化办案机制；监狱交叉巡回检查工作中，宝坻区人民检察院对公安机关 2018 年、2019 年刑事案件侦查过程中存在

---

① 数据来源于天津市 2019 年度检察建议工作情况报告。
② 数据来源于天津市 2020 年度检察建议工作情况报告。
③ 张永胜、张亮：《类案检察建议的适用与提高行政监督实效》，《检察日报》2019 年 12 月 3 日，第 3 版。
④ 数据来源于天津市 2020 年度检察建议工作情况报告。

的问题进行统计分析，制发相应类案检察建议规范公安机关侦查活动，刑事案件质量得到有效提升。

（四）宣告送达适用范围更广，检察建议公信力进一步强化

宣告送达公开透明、仪式感强，是强化检察建议公信力的重要方式，也是倒逼检察机关提高检察建议质量的有效手段。数据显示，2020 年天津市宣告送达检察建议的数量和占比均大幅提升。2019 年，全市宣告送达的检察建议为 58 件，占比不足 4.1%①。2020 年，天津市适用宣告送达的检察建议增加到 420 件，占比达到 24.62%，宣告送达工作取得重大进展②。同时，各级检察机关重视提升宣告送达的规范性、创新性，以保障送达实效。南开区人民检察院配备经验丰富的检察官助理，专职负责检察建议的送达和督促落实工作，对被建议单位进行充分释法说理，加强沟通联系，及时帮助其解决检察建议落实中的困难，实现了社会治理类和公益诉讼类检察建议全部宣告送达；河东区人民检察院创新宣告送达方式，牵头与住建委、区城管、街道办等多家责任单位召开圆桌会议，公开送达检察建议，共同商讨解决方案，联合多方力量确保检察建议落地落实。

二　天津市提升检察建议刚性作用的有益探索

检察建议是法律明文规定的检察机关行使法律监督职权的一种方式。从这个角度审视，检察建议的运作实际上是公权力的行使，名为"建议"实际上却具有天然的强制性基因。但是，检察建议缺乏国家强制力保障，在立法层面不具备类似抗诉等制度的刚性效力，其刚性更多来自实践层面的实体制度、配套机制保障。2019 年 2 月 26 日最高人民检察院发布的《人民检察院检察建议工作规定》（高检发释字〔2019〕1 号）（以下简称《检察建议

---

① 数据来源于天津市 2019 年度检察建议工作情况报告。
② 数据来源于天津市 2020 年度检察建议工作情况报告。

工作规定》）第 5 条，将检察建议分为"再审检察建议、纠正违法检察建议、公益诉讼检察建议、社会治理检察建议以及其他检察建议"①。其中，再审检察建议和公益诉讼检察建议依附于诉讼程序，一定程度上具有法律强制力保障；而纠正违法类检察建议和社会治理类检察建议通常缺乏强制督促措施，仅具有指导性和影响力②。正如最高人民检察院检察长所强调的，"要把没有硬性要求的检察建议做成刚性、做到刚性"③，通过发挥各级检察机关的主观能动性狠抓检察建议采纳落实，提升检察建议刚性。天津市各级检察机关在全市检察工作一盘棋的基础上，从"内"发力、向"外"探索，致力于强化检察建议刚性，努力实现多赢共赢。

（一）通过示范建设，促进检察建议工作规范化

天津市在对全市检察建议工作情况进行摸排研判的基础上，选取东丽区人民检察院和西青区人民检察院作为检察建议"做成刚性、做到刚性"的示范点，引导天津市检察建议工作走向规范化。东丽区人民检察院围绕"制、质、信、效"，逐步完善检察建议工作机制，突出法律监督工作重点领域，全面提升检察建议质量。主要包括：建立标准化管理制度，强化检察建议规范性；实行案件化办理模式，严格制发审核流程，提升检察建议专业性；联动多方社会力量参与检察建议工作，加强检察建议公开性，提高检察建议公信力；加强后续跟进督导、跟踪回访、考核考评机制，切实增强监督实效。西青区人民检察院针对检察建议工作开展全口径归集管理。在《检察建议工作规定》的基础上，制定更加细化、操作性更强的本级检察建议管理办法，指导承办人员按照统一标准开展检察建议工作；设置固定的检察建议制发流程，以业务管理部门为枢纽带动各部门分工协

---

① 《人民检察院检察建议工作规定》第 5 条规定，检察建议主要包括以下类型：（1）再审检察建议；（2）纠正违法检察建议；（3）公益诉讼检察建议；（4）社会治理检察建议；（5）其他检察建议。

② 荣晓红：《论我国检察建议刚性建设》，《江苏警官学院学报》2019 年第 6 期，第 16～24 页。

③ 《检察日报社评：检察建议要做成刚性做到刚性》，2018 年 9 月 25 日，最高人民检察院网，https：//www.spp.gov.cn/zdgz/201809/t20180925_ 393590.shtml。

作，为切实提升检察建议自身质量提供保障；定期评查检察建议质量，综合分析评估整体工作情况，形成评估报告并及时反馈相关责任部门，同时将检察建议数量、质量、落实效果等纳入检察官绩效考核，以效能引导检察建议规范化建设。

（二）创新内部机制，推动检察建议质效提升

为将检察建议"做成刚性"，天津市检察机关着重整合内力，创新内部机制，坚持"以质效立公信"，严把检察建议质量关。为推动检察建议质效提升，创新内部机制，天津市检察机关主要采取了以下三个方面的举措。

一是坚持"三性"审查机制。取消对检察建议的数量考核，整合司法资源，保证检察建议"精、准、实"。不断提升检察建议文书内容的说理论证水平，由法律政策研究部门工作人员对社会治理类检察建议的"必要性、合法性、说理性"进行逐一审查并出具审核意见书，提升检察建议的公信力和权威性。

二是建立季度分析通报机制。天津市人民检察院法律政策研究室每季度对全市检察建议工作情况进行分析通报，及时从全市检察建议工作情况中总结经验、发现问题、分析原因并指明改进方向，同时要求各院针对现存问题结合实际提出具体改进办法，为后续整改落实提供指引。

三是建立"年度优秀检察建议"评选机制。从 2018 年开始，天津市检察机关已经连续三年开展"年度优秀检察建议"评选活动，成立专门评选小组，从办理程序、文书格式、内容质量、落实效果等方面综合评价参评检察建议，选出"十大精品检察建议"和"十大优质检察建议"。在对年度检察建议工作成效进行检验的同时，充分发挥优秀检察建议的导向性、引领性和示范性作用。

（三）巧借外力支持，保障检察建议落地落实

为保障检察建议落地落实，天津市检察机关从被建议主体角度出发，借助外力，采用刚柔并济方针，尽力争取被建议单位的支持配合。一方面，彰

显检察建议柔性监督的特质，建立事前沟通机制，着力打通检察工作与社会治理的"最后一公里"。社会治理类检察建议相较其他类型检察建议刚性更弱，在具体落实中往往面临较大阻碍。因此，天津市检察机关在制发社会治理类检察建议之前，逐一与被建议单位进行沟通并引入专家咨询论证。确保检察建议提出的问题具有精准性，提供的对策方案具备科学性与可行性，让被建议单位自觉自愿采纳落实检察建议中的整改方案。此外，天津市检察机关还积极加强与全市各单位的沟通联系，大力宣传法律监督工作"双赢多赢共赢"理念，最大可能争取各单位对检察建议工作的支持。另一方面，为不回应、不落实检察建议的行为设置不利后果，向被建议单位施压，促使其提高对检察建议的重视程度。2019 年开始，天津市人民检察院通过与中共天津市委全面依法治市委员会办公室（以下简称"天津市依法治市办公室"）沟通协调，将全市各级党群团体、行政机关对检察建议的回复落实情况列入绩效考评负面清单，切实引起被建议单位对检察建议的高度重视，逐步在市域社会与法律治理实践中取得良好效果。

三 检察建议在实践中存在的问题

天津市检察机关通过推进示范点建设、创新内部机制、联合外部力量开展实践，确保检察建议刚性得到极大提升，推动检察建议工作在融入社会治理、服务国家大局、保障公共利益、维护法制统一正确实施等方面切实发挥了重要作用。在充分肯定这项工作的同时，还应重视和关注存在的问题，根据课题组实地走访调研的反馈情况，天津市检察建议工作在具体运作中仍存在不足，尚有进一步提升的空间。

（一）检察建议文书质量有待提升

一是文书形式不规范。实践中仍然有部分检察建议不符合形式规范。其一，少数检察建议的语言表述、行文格式不符合格式样本要求，如将当事人或被建议主体的全称、简称混合使用，文书结构层次、段落划分不当等。其二，个别检察建议未按照《检察建议工作规定》的要求以检察院名义统一编号，而是以部门名义编号。其三，个别区检察院的检察建议中缺少关于异议期、回复期的内容。检察建议文书形式存在问题多是由于承办人员对检察建议工作不够重视，没有认真学习最新相关文件，未采纳审核部门提出的意见建议，同时也反映了检察建议审核把关环节还有待加强。

二是文书内容专业性、说理性不强。从文书内容来看，一些检察建议的专业程度不够、说理论证不充分。其一，制作的部分涉及金融、建筑等专业领域的检察建议，由于承办人缺乏该领域专业知识，提出的问题不够深入、精准，提出的对策建议缺乏操作性，直接影响检察建议的有效性。其二，部分检察建议仅简单罗列存在的违法现象，并未进行充分说理论证，缺少证据和相关法律支撑，导致其缺乏说服力。检察建议内容存在的问题更多体现出个别承办人员的法律监督能力有待提高，制发检察建议水平仍有较大提升空间。从某种程度上讲，检察建议文书内容尚未满足新时代法律监督工作的迫切需求。

（二）检察建议制发程序规范性有待加强

调研发现，天津市检察建议在制发程序的调查核实环节、审核备案环节以及送达环节还存在一些不规范情形，需要引起有关机构的注意和重视。主要表现在以下四个方面。

一是调查核实措施使用较少且形式单一。《检察建议工作规定》指出，承办人可以根据案件的具体情况选择多种措施进行调查核实，包括向案件相关人员了解情况、听取被建议单位意见、咨询第三方对专业问题的意见、现场走访、查验等手段[①]。但在实际工作中，由于承办人员办案任务繁重，大部分制发主体选择的调查核实措施较为单一，以案卷查阅、致电被建议单位

---

① 《检察建议工作规定》第14条规定，检察官可以采取以下措施进行调查核实：（1）查询、调取、复制相关证据材料；（2）向当事人、有关知情人员或者其他相关人员了解情况；（3）听取被建议单位意见；（4）咨询专业人员、相关部门或者行业协会等对专门问题的意见；（5）委托鉴定、评估、审计；（6）现场走访、查验；（7）查明事实所需要采取的其他措施。进行调查核实，不得采取限制人身自由和查封、扣押、冻结财产等强制性措施。

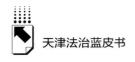

为主，很少使用其他手段。

二是审核程序的把关作用仍有待加强。在检察建议制发过程中，部分业务部门没有掌握检察建议的分类标准及相应审核程序，有时"先斩后奏"，事后才提交审核部门，导致审核环节虚置；未明确法律政策研究部门出具的审核意见书的约束力，审核意见出具后缺乏相应的反馈机制，未能实质把控检察建议质量。

三是备案程序有待明确。备案环节中，备案的具体流程、备案方式还需要进一步明确，实践中存在备案不及时、多头备案的问题，致使上级检察院的相关部门无法及时掌握检察建议制发情况。

四是宣告送达程序"量"与"质"有待提升。2020 年，天津市检察建议的宣告送达工作有了很大突破，但是宣告送达适用率仍然存在较大提升空间。同时，还需要进一步重视宣告送达程序的质量。不少单位在宣告送达时较少邀请相关第三方人员参与，释法说理不够充分，忽视宣告送达的效果，有损检察建议权威性和公信力，不利于检察建议的落地落实。

（三）检察建议督促支持统管力度有待提高

检察建议的采纳落实情况能够直观反映其是否"做到刚性"。目前，天津市检察机关对被建议单位的督促、支持以及帮助力度还有待加强，主要表现在以下三个方面。

一是部分单位在思想认识上存在误区。实务中还有部分制发主体将回复等同于落实，不重视后续检察建议是否真正落实到位，不重视检察建议的正面效用是否得到发挥。部分单位对于未回复的检察建议，主要采取致电被建议单位沟通协商、下发督办函等方式，很少通过实地走访、主动会商等方式督促、支持被建议单位。

二是检察机关帮助、支持措施有待拓展。一些检察建议落实情况相对迟缓的被建议单位提出，希望加强同检察机关的沟通协调，邀请检察机关专门人员对其单位成员进行法律宣讲，帮助其了解检察建议的性质、作用等相关知识，以提高其对检察建议的重视程度。

三是跨区督办力度亟待加强。实践中，督办针对本辖区之外制发的检察建议同辖区内检察建议相比，难度更大、阻碍更多，督办力度有所降低。部分检察机关跨区督办检察建议没有及时向天津市人民检察院汇报，或没有及时与被建议单位所在辖区的检察机关取得联系与支持，从而不利于跨辖区检察建议的落地落实。

四 建立天津市检察建议长效规范运行机制的对策建议

当前，需要结合实际、多措并举，从源头解决天津市检察建议工作中存在的问题，完善天津市检察建议工作机制，切实保障检察建议工作规范运行。具体而言，要重视理念引领作用，推动检察建议工作从追求数量向追求质效转变，从"办事"模式向规范化、"案件化"办理模式转变，从依靠自身力量向多方协同治理转变。

（一）更新法律监督理念，引领检察建议规范化发展

新时代对检察建议工作提出新要求，"理念一新天地宽"[1]，检察机关要适时更新法律监督理念，引导检察人员深刻认识、高度重视检察建议制度的独特价值和重要功能，从思想上纠正部分检察干警怠于运用检察建议开展法律监督的倾向。

首先，要树立"在办案中监督，在监督中办案"的理念，将案件办理同法律监督相结合。"在办案中监督"强调法律监督是检察机关的基本职能和重要使命，在实践中应当以法律监督作为办理案件的主要目标，避免片面、孤立的办案倾向，在案件办理中发现线索、综合研判，通过制发检察建议加以解决；"在监督中办案"强调以案件办理为抓手实现法律监督，在案件办理中开展法律监督活动，让法律监督效果真正落到实处，避免监督虚

---

① 徐盈雁：《迈步新时代：理念一新天地宽》，《人民检察》2018 年第 23～24 期，第 122～124 页。

置，同时促进检察建议工作程序的规范化①。

其次，要树立"刚柔并济"的检察建议理念。检察建议要"做到刚性"离不开"柔性"手段的支持。要认识到"柔性监督"并非检察建议软弱化的表现，而是新时代法律监督方式从"单方管理"向"多方治理"转变的体现。简言之，就是要让检察建议工作通过"柔性"方式，实现"刚性"效果，转变片面注重"刚性监督"的倾向。

最后，要树立"双赢、多赢、共赢"的新时代法律监督理念。检察建议不是零和博弈，建议主体和被建议单位有共同的目标和方向，都是为了找出问题、"对症下药"，实现标本兼治。在检察建议制作中，检察机关要重视同被建议单位的沟通协调，发掘问题背后的根源，争取通过制发检察建议解决社会普遍性问题，切实维护人民利益、满足人民需求，让检察建议在推进国家治理能力和治理体系现代化中发挥更大作用。

（二）探索"案件化"办理模式，确保检察建议工作规范运行

"案件化"办理模式是从线索受理、立案登记、调查核实、审核把关、送达跟踪、评估结案、备案监督等环节对检察建议工作流程进行规范化管理的工作模式，能够有效推动检察建议工作由"粗放化"向"规范化"转变。探索"案件化"办理模式需要重点关注以下几点。

第一，整体来看"案件化"模式要注重多元化、灵活性。规范化不等于单一化，检察建议在学理上、法律文本中都有多种类型，不同类型的检察建议在适用范围、强制力、独立程度、复杂程度等方面各不相同，需要针对具体的检察建议类型设定不同的案件化办理模式。例如，刑事、民事诉讼中的纠正违法类检察建议通常与诉讼案件结合紧密，可运用的已有证据材料较多，其调查核实环节可以适当简化；而社会治理类检察建议则通常需要承办人员付出较多的时间精力进行调查核实，搜集相关证据。因此，社会治理类

① 谢鹏程：《坚持"在办案中监督、在监督中办案"的检察理念》，《检察日报》2021年1月22日，第3版。

检察建议的审核把关等程序需要更加严格。公益诉讼类检察建议可以选择性地在部分环节或对部分重大案件实行案件化管理，而社会治理类检察建议则需要进行全流程规范化管理。第二，要运用"案件化"管理思维，以重点办案阶段为抓手，确保检察建议规范运行①。具体而言，要重视线索受理阶段的统一管理，不但要通过多种渠道强化主动发现线索的能力，还要注重线索的规范管理，避免出现线索分散、多头受理、浪费司法资源的问题；在调查核实阶段要避免调查手段单一，运用多种方式充分搜集证据，强调证据材料的"真实性、合法性、关联性"，为检察建议内容提供有力支撑；在送达阶段，需要根据案件情况选择适用不同的送达方式，对社会影响力较大、典型意义较强或是被建议单位配合程度较低的单位适用宣告送达，以保障检察建议采纳落实的实际效果。

（三）完善协同配套机制，助力检察建议效能强化

检察建议虽然是检察机关行使职权的重要方式，但是长期缺乏法律的强制力保障。为强化检察建议的落实效果，只能通过"合力""借力"等方式完善配套机制，通过完善协同配套机制赋予检察建议"强制力"。正如有学者指出："检察建议要求立法赋予其强制力的'刚性化'思路，背后的预设立场是法律监督等于强制监督……法律监督权不仅是强制力，更是一种影响力。"② 其中，"法律监督权是影响力"的解读契合当前"共建共治共享"的社会治理理念，符合检察建议融入社会治理的发展方向。总体而言，创新检察建议协同配套机制可从以下三个方面入手。

第一，争取被建议单位上级单位或行业主管机关的支持。实践中，被建议对象有很大一部分是科层制单位，来自其上级单位和领导的压力可以很好地转化为采纳落实检察建议的有效动力。检察机关在制发检察建议时可以根

---

① 刘亦峰、冯琪：《检察建议制度的发展路径探析——以提升"检察建议刚性"为核心点》，《辽宁公安司法管理干部学院学报》2021 年第 1 期，第 60～67 页。
② 李立景：《协同赋权：新时代中国检察建议的范式转型与重构》，《湖南社会科学》2020 年第 5 期，第 87～99 页。

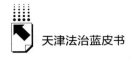

据案件具体情况，有选择地抄送被建议单位的上级单位，以便引起重视、推动落实。对于没有上级单位的被建议主体，可以将检察建议抄送至其行业主管部门。一方面可以督促个体采纳落实检察建议，另一方面也有利于主管部门对该行业相关问题进行统一整改。

第二，争取同级党委、人大、政协的支持。检察机关在制发检察建议时，可以同时将检察建议以及被建议单位回复落实情况报送同级党委和人大①。检察建议制发实践中，检察机关也需要积极探索检察建议的人大或政协评议机制，或建议人大常委会将检察建议采纳落实情况纳入政府部门述职内容，提高被建议单位重视程度，为检察建议效能强化提供保障。

第三，广泛争取社会其他力量支持。针对承办人员专业领域知识缺乏导致检察建议专业性不足的问题，需要借助"外脑"，以论证会等形式使专家学者参与到检察建议的制发过程中，帮助检察机关精准发现问题、提出具有可行性的对策建议，以此有效保证检察建议的专业性。此外，还需进一步推广适用公开宣告送达，正确引导社会舆论，以此督促被建议单位落实检察建议。对于社会影响力较大、督促落实难度较大的案件，可以适用包括新闻发布会、圆桌会议、座谈会在内的多种形式进行检察建议宣告送达。在有效促进被建议单位整改落实的同时，彰显检察建议的公开性透明性，提升检察建议社会影响力。

参考文献

[1] 徐日丹：《2019 年度全国检察机关社会治理类优秀检察建议评选揭晓》，2020 年 8 月 6 日，最高人民检察院网，https：//www. spp. gov. cn/spp/zdgz/202008/t20200806_475605. shtml。

[2] 张永胜、张亮：《类案检察建议的适用与提高行政监督实效》，《检察日报》2019 年 12 月 3 日，第 3 版。

---

① 孙信志：《人大为检察建议"硬起来"撑腰》，《民主法制建设》2019 年第 1 期，第 34 ~ 36 页。

[3] 荣晓红：《论我国检察建议刚性建设》，《江苏警官学院学报》2019年第6期，第16～24页。

[4]《检察日报社评：检察建议要做成刚性做到刚性》，2018年9月25日，最高人民检察院网，https：//www.spp.gov.cn/zdgz/201809/t20180925_393590.shtml。

[5] 徐盈雁：《迈步新时代：理念一新天地宽》，《人民检察》2018年第23～24期，第122～124页。

[6] 谢鹏程：《坚持"在办案中监督、在监督中办案"的检察理念》，《检察日报》2021年1月22日，第3版。

[7] 刘亦峰、冯琪：《检察建议制度的发展路径探析——以提升"检察建议刚性"为核心点》，《辽宁公安司法管理干部学院学报》2021年第1期，第60～67页。

[8] 李立景：《协同赋权：新时代中国检察建议的范式转型与重构》，《湖南社会科学》2020年第5期，第87～99页。

[9] 汤维建：《检察建议规范化改革展望》，《人民检察》2018年第16期，第19～23页。

[10] 王敏远：《检察建议工作面临的新情况与新思路》，《人民检察》2018年第16期，第24～26页。

B.15
"分调裁审"及多元解纷机制建设

"分调裁审"及多元解纷机制研究课题组*

摘　要：　以2020年天津市高级人民法院颁布的《关于全面推进"分调裁审"机制改革的实施办法》等文件为代表，天津市各级法院一方面积极落实中央和最高人民法院的相关政策和举措，另一方面，依据本地实际情况有所突破和创新，体现了鲜明的地方特色。在诉前导流、诉前调解、案件速裁、专业审判等领域取得了长足进步，形成了一批值得推广和借鉴的经验和做法。展望未来，应在完善规则体系、强化分流引导服务、明确繁简分流识别标准等方面不断优化制度，持续推进"分调裁审"与多元解纷机制建设向更高水平发展。

关键词：　"分调裁审"　多元解纷　繁简分流　调解　速裁

一　引言

　　我国的"分调裁审"经历了从提出"分调裁"概念到形成"分调裁审"机制的发展历程。2017年5月最高人民法院颁布《关于民商事案件繁简分流和调解速裁操作规程（试行）》，提出必须进一步推动和规范人民法院民商事案件繁简分流、先行调解、速裁等工作。同年7月，最高人民法院

---

　　*　执笔人：张勤，法学博士，天津财经大学法学院教授，主要研究方向为多元解纷、民商法。天津市高级人民法院提供相关资料。

在云南丘北召开全国法院繁简分流和速裁工作培训会，会议首次明确提出以分流调解速裁为内涵的"分调裁"概念。继提出"分调裁"概念之后，2019 年 1 月召开的全国高级法院院长会议首次提出"分调裁审"的概念，"分调裁审"与"分调裁"相比，在原有"速裁"的基础上新增了"快审"，内涵得以扩大。2020 年 2 月最高人民法院颁布《关于人民法院深化"分调裁审"机制改革的意见》，正式发布专门文件规定"分调裁审"机制，从完善诉非分流对接机制、完善调裁分流对接机制、完善案件繁简分流标准、建立健全速裁快审快执机制、强化配套措施等五个方面进一步深化"分调裁审"机制改革。

位于渤海之滨的天津，作为中国四大直辖市之一，在司法改革和多元化纠纷解决机制建设领域，一方面积极落实中央和最高人民法院有关司法改革和多元化纠纷解决机制建设的政策和举措；另一方面，依据本地实际情况有所突破和创新，体现了鲜明的地方特色。

本报告以国家层面尤其是最高人民法院的"分调裁审"及多元解纷机制建设相关制度为框架，立足天津实际，对"分调裁审"及多元解纷机制在天津的现状进行考察，归纳和凝练主要经验和做法，梳理机制建设中存在的困难和问题，并提出相应的对策和建议。

二 "分调裁审"及多元解纷机制的构建

本部分基于"分调裁审"及多元解纷机制的内涵，从分流、先行调解、速裁快审、配套保障四个方面梳理了"分调裁审"及多元解纷机制建设的现状。其中分流部分的内容，细分为诉非分流、调裁分流、繁简分流三个方面。

（一）分流

1. 诉非分流

为进一步推进多元化纠纷解决机制建设，天津市高级人民法院早在

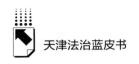
2015 年 11 月就颁布了《天津法院关于推进多元化纠纷解决机制建设的实施意见》，提出要为人民群众提供更多可供选择的纠纷解决方式。该意见第 7 条提出，人民法院应设立诉讼辅导室，承担对当事人的接待辅导职责，从当事人的司法认知能力、诉讼能力、解纷能力出发，引导愿意通过非诉方式解决纠纷的当事人选择非诉解纷方式。

2017 年最高人民法院颁布《关于民商事案件繁简分流和调解速裁操作规程（试行）》，作为指导全国各级人民法院推行繁简分流和调解速裁的操作规程，在第 2 条明确提出，设立专职或者兼职程序分流员工作岗位，其重要工作内容之一就是进行诉非分流。

在最高人民法院颁布的操作规程基础上，2017 年 12 月天津市高级人民法院颁布了《关于民商事案件繁简分流调解速裁工作指南（试行）》，立足于天津实际，对最高人民法院的操作规程进行了细化。

2020 年 2 月最高人民法院颁布的《关于人民法院深化"分调裁审"机制改革的意见》，对如何进行诉非分流进行了较为详细的规定。同年 7 月，天津市高级人民法院颁布的《关于全面推进"分调裁审"机制改革的实施办法》提出，坚持把非诉讼纠纷解决机制挺在前面，加强诉讼与非诉讼解纷方式的分流，引导更多纠纷在诉讼外解决。在具体措施上，建立立案前分流机制，由诉讼服务中心工作人员向当事人释明各类解纷方式的优势和特点，发放调解告知书，积极引导优先选择调解、仲裁、行政复议、行政裁决等非诉讼纠纷解决方式。在效力上，该实施办法取代了 2017 年底颁布的《关于民商事案件繁简分流调解速裁工作指南（试行）》。

2. 调裁分流

天津市高级人民法院颁布的《天津法院关于推进多元化纠纷解决机制实施的意见》提出对纠纷进行诉非分流，还进一步强调了调裁分流，即调解和裁判的分流。

最高人民法院颁布的《关于民商事案件繁简分流和调解速裁操作规程（试行）》第 3 条规定了人民法院登记立案后的调裁分流规程。程序分流员认为适宜调解的，在征求当事人意见后转入调解程序；认为应当适用简易程序、速裁的，转入相应程序，进行快速审理；认为应当适用特殊程序、普通程序的，根据业务分工确定承办部门。调裁分流的内涵，既包括调解和裁判的分流，还包括裁判程序中简易及速裁与特殊及普通程序的分流。

最高人民法院颁布的《关于人民法院深化"分调裁审"机制改革的意见》第 7 条强调，要全面开展调裁分流工作，将愿意接受调解的案件与直接进入裁判的案件进行分流。在强调调裁分流的同时，该意见也规定了调裁衔接工作相关内容。第 10 条规定，要完善调裁一体登记流转机制，对在规定期限内调解不成的，要进行繁简分流。简单案件由速裁、快审团队审理，其他案件仍由日常业务庭审理。

3. 繁简分流

以最高人民法院相关规范性文件为指导，天津市高级人民法院先后颁布了《关于推进案件繁简分流优化司法资源配置的实施意见》（2017 年 3 月）、《民商事案件繁简分流调解速裁工作指南（试行）》（2017 年 12 月）、《关于全面推进"分调裁审"机制改革的实施办法》（2020 年 7 月）等文件，建立完善繁简分流和调解、速裁、快审衔接配合机制。具体流程表现为，在诉讼服务中心设置程序分流员，对立案阶段不能调解的案件，依据标准进行立案分流，精准导入速裁程序、简易程序、普通程序解决纠纷。全市法院建立繁简分流信息化平台，实施智能算法加人工识别的案件繁简分流模式。除平台自动识别为简单和复杂的案件外，其他案件实行以案由为基础要素，以诉讼主体、诉讼标的额、诉讼请求、电子卷宗数量、是否鉴定、反诉等为调整要素，并由人工加以审核、调整后，由繁简分流信息化平台根据案件得分情况识别案件的繁简，简单案件移送给速裁快审团队进行办理，复杂案件移送给相关审判庭办理。

（二）先行调解

无论是诉非分流还是调裁分流，作为非诉讼纠纷解决方式的调解，在分流机制构建中发挥着重要作用。最高人民法院颁布的《关于民商事案件繁简分流和调解速裁操作规程（试行）》第 1 条明确了先行调解的两种类型，

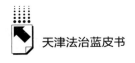

即人民法院调解和委托第三方调解。对于适宜调解的案件，第 7 条提出了应当出具先行调解告知书的程序性要求，引导当事人先行调解。第 9 条列举了 9 类适宜调解的纠纷。

天津市高级人民法院颁布的《关于全面推进"分调裁审"机制改革的实施办法》确定了 6 类可先行调解的纠纷，保留了家事纠纷、物业纠纷、交通事故赔偿纠纷、相邻关系纠纷，新增了供用水、电、气、热力合同纠纷和劳动争议。

为充分发挥调解在纠纷解决中的作用，天津市各级法院诉讼服务中心普遍设立了诉前调解室。2020 年全市法院诉前调解案件 16532 件，相关经验入选第五批《人民法院司法改革案例选编》。加强在线调解这一以信息技术为依托的新型纠纷解决方式。强化法院在线调解平台应用，吸纳 176 家调解组织加入法院线上调解平台，聘请 1024 名律师及各界人士担任特约调解员，法官加强指导，调解成功率为 55.67%。"互联网 + 调解"经验被最高人民法院简报刊载。积极推动不同类型调解平台的互通和融合，推动人民法院调解平台与人民调解"津调通"、商会调解平台、交通执法办案系统、劳动人事调解仲裁办案系统互联互通。

（三）速裁快审

最高人民法院颁布的《关于民商事案件繁简分流和调解速裁操作规程（试行）》第 19 条规定，基层人民法院可以设立专门速裁组织，对适宜速裁的民商事案件进行裁判。第 20 条列举了 7 类适宜速裁的事实清楚、权利义务关系明确、争议不大的金钱给付纠纷。第 21 条规定了速裁审理方式，对于采取速裁方式审理的案件，一般只开庭一次，庭审过程中不受法庭调查、法庭辩论等庭审程序的限制，直接围绕诉讼请求进行。第 22 条规定，采用速裁方式审理的民商事案件，可以使用令状式、要素式、表格式等简式裁判文书，案件审理结束后应当当庭宣判并送达。

以最高人民法院的相关文件为指导，天津市高级人民法院颁布的《关于全面推进"分调裁审"机制改革的实施办法》第四部分"速裁快审",从团队建设、速裁快审方式、诉讼文书送达、裁判文书格式等方面详细规定了推进速裁快审审理方式改革内容。关于考核,第 32 条提出,要依靠大数据制定有效的绩效考核机制,将速裁快审率纳入绩效考核范围。

(四)配套保障

诉非分流、调裁分流、繁简分流等制度的有效推行,离不开诉讼服务中心等硬件设施的有力支撑。2019 年 2 月 25 日天津市高级人民法院召开党组会议,专题部署诉讼服务中心工作,会议讨论审议了《深入推进诉讼服务机制现代化建设规划方案》,大力加强诉讼服务中心硬件建设。在规划方案的推动下,全市 22 家法院完成诉讼服务中心转型升级。全市法院改扩建诉讼服务大厅,面积在 300 平方米以上的法院占 76%,实现诉讼辅导、诉前调解、立案分案、法律咨询、判后答疑等一站办理,并提供诉讼智能引导、诉讼风险评估、诉状自助生成等多样化便民服务。

以津南区人民法院为例,该法院改扩建 1000 平方米诉讼服务中心、500 平方米诉调对接中心、800 平方米执行事务中心,将诉讼服务中心科学划分为七大功能区,设置 17 个服务窗口,将"最好的场所,最好的服务"提供给当事人。

三 "分调裁审"及多元解纷机制的运行效果

天津市各级法院认真贯彻落实中央和最高人民法院有关"分调裁审"和多元解纷机制建设的政策和措施,因地制宜,不断创新,取得了良好的运行效果,产生了一系列典型经验和做法。

(一)诉前导流

在诉前导流环节,依据纠纷性质,科学甄别,对应采取行政裁决、行政复议、仲裁等方式解决纠纷,及时引导到相应部门解决。全市 80% 的法院

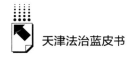

与交警队、司法局、市场监督局、金融工作局、妇联、工会、劳动仲裁委等两个以上单位或组织有效对接。80%的法院与本区、街道两级矛盾纠纷调处中心进行对接。全市约80%的法院将群体案件、集团诉讼案件、证据复杂案件、重大社会影响案件、一方下落不明案件等情形的案件列入直接立案范畴。

全市90%的法院在诉讼服务中心进行诉讼咨询和指导，提供诉讼辅导和相应的智能设备，引导当事人选择最适宜的纠纷解决方式，初步形成了各具特色的诉前辅导机制。辅导人员的构成呈现多样化特征，主要包括退休法官、人民陪审员、特邀调解员、律师调解员、法官、法官助理等。

在人员配置上，全市100%的法院配备专人负责诉前案件繁简分流工作，综合考虑案由、标的金额、证据数量、当事人情况等，对登记案件进行详细甄别、严格筛选，分流繁简案件。70%的法院制定了案件繁简分流操作规程，并明确了分流标准。

（二）诉前调解

作为多元化纠纷解决机制建设的重要内容，需要充分发挥法院调解和委派调解、委托调解等类型的调解在纠纷解决中的作用。对导入诉前调解程序的案件，在天津各级法院中，60%的法院采取了移交员额法官、法官助理进行调解或者移交本院专职调解员或者移送相关单位调解等移送形式。多主体参与，扩充了调解力量，丰富了调解形式，极大缓解了法院调解工作压力，也有力提高了调解成功率。90%的法院确定了30日的诉前调解期限，从时间上倒逼提高调解效率，从根本上保障当事人的诉讼时效利益。

红桥区人民法院建立诉前调解室，由司法局选派人民调解员入驻，与擅长调解的资深法官联合办公，不断提升诉前调解水平。以红桥区人民法院诉前调解室为载体的红桥区诉前联合人民调解委员会被评为"全国模范人民调解委员会"。

在调解方式上，天津市各级法院根据案件类型，分别采取线上、线下两种模式进行调解。线上调解的案件多为金融借款合同纠纷、物业服务合同纠纷等事实清楚、证据简单的案件，此类案件导入人民调解平台，委派人民调解员进行调解，调解成功的案件，出具人民调解协议，并按照当事人的要求，由法院进行司法确认。调解失败的案件，及时进行立案，交由相关团队依法作出裁判。线下调解的案件由员额法官或法官助理进行调解，调解成功的案件，按照当事人的要求，出具人民调解协议，再由法院进行司法确认，或者正式立案，并由法院出具民事调解书。调解失败的案件，及时进行立案，交由相关团队依法作出裁判。

在设施配置上，津南区人民法院设置了律师调解室、婚姻家庭调解室、交通事故调解室、物业纠纷调解室、金融保险纠纷调解室、人民调解室、网络调解室、公证调解室等8个具有浓厚文化色彩的主题调解工作室。以主题调解工作室这一个性化的服务方式，推动诉前调解深入发展。

（三）案件速裁

"分调裁审"机制建设的一项重要内容就是速裁，加强速裁团队建设成为实现这一目标的重要手段。全市法院系统中有5家建立了速裁审判庭，有15家建立了速裁团队，积极开展要素式庭审、令状式文书等机制创新。

天津市第一中级人民法院2020年3月至12月共新收速裁案件1367件，审结1942件，与2019年相比，速裁案件占比提升3个百分点。南开区人民法院速裁审判庭2020年审结速裁案件占民事案件的42.7%。

静海区人民法院在各民事审判庭设立了"1+1"速裁团队，一名法官和一名书记员审理了大量的简易案件，把法官助理从大量的重复性工作中解脱出来。针对送达和归档工作量大的问题，通过购买社会服务的方式，交由外包公司完成集约送达、扫描和归档，实现全院全覆盖，将速裁团队的工作量减轻了50%以上。

红桥区人民法院将速裁机制建设与标准化结合起来，制定了小额诉讼程序审理民事案件流程、庭审质量、赡养、物业等案件裁判标准。通过标准化明确庭审重点、裁判尺度，让案件审判简练又有章法，同时辅以模板化笔录、表格式裁判文书、电话送达等举措，在案件量逐年上升、人员基本不变

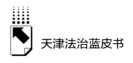

的情况下，保持了高水准的审判效率。

津南区人民法院全面推行要素式判决书、令状式判决书、表格式判决书、纠纷要素表、要素式庭审。根据物业纠纷案件审理实践，总结出"津南特色"的物业纠纷要素表，"三书一表一庭"大大推进了批量案件的快速审理。

（四）专业审判

如果说繁简分流侧重从案件性质和类型出发，设置不同的审理程序，轻重分离、快慢分道，进而提升审判效率，专业审判则是在程序相同的情况下，通过配备专业化团队，借助分工优化提升审判效率及质量，进而实现快审。两者追求的价值目标相同，可谓异曲同工。天津市各级法院针对金融、破产、交通、医疗、物业、家事等不同案件类型，组建相对固定的专业化审判团队，促进审判提质增效。2020 年津南区人民法院家事审判团队家事案件调撤率达 80.79%，平均审限仅 10.4 天。

静海区人民法院在金融审判、公司股权、融资租赁等专业领域组建专业化团队，选任具有深厚理论功底、过硬业务技能和丰富实践经验的法官，并配备高学历、务实作风的年轻法官助理；重点强化类案检索辅助职责，推动案件精审，着力破除和解决专业领域的"疑难杂症"。在实践中，专业化团队及时总结处理类案的经验，不断提高复杂案件审理的质量和效率。根据审判实践制定《建设工程施工合同纠纷案件办案指南》，分析建设工程施工合同纠纷案件的主要特点和成因，阐述了通过典型案例审理此类纠纷的基本原则、常见问题和解决方法，帮助专业化团队在短时间内掌握审理同类复杂案件所必需的基本要素。在标准化审理理念的指导下，案件的审判时间和审理周期大大缩短。

四 "分调裁审"及多元解纷机制建设中的问题

在国家层面，2016 年和 2017 年最高人民法院先后颁布了《关于进一步

推进案件繁简分流 优化司法资源配置的若干意见》及《关于民商事案件繁简分流和调解速裁操作规程（试行）》，随后在 2020 年又颁布了《关于人民法院深化"分调裁审"机制改革的意见》。在最高人民法院的推动下，"分调裁审"机制建设不断深化，"分调裁审"成为新时期多元化纠纷解决机制建设的新内容。

就天津本地的制度建设和实践而言，2015 年天津市高级人民法院颁布《天津法院关于推进多元化纠纷解决机制建设的实施意见》，随后相继出台了《关于推进案件繁简分流优化司法资源配置的实施意见》《关于构建繁简分流调解速裁机制的指导意见》《关于民商事案件繁简分流调解速裁工作指南（试行）》《关于天津法院深入推进诉讼服务机制现代化建设的规划方案》《关于全面推进"分调裁审"机制改革的实施办法》等文件，"分调裁审"及多元解纷机制建设取得了一系列值得重视的成就。尽管如此，正视现实，制度建设运行中仍存在一些亟待解决的问题。

（一）诉前调解工作机制不健全

最高人民法院和天津市高级人民法院均对适宜调解的纠纷类型作出了较详细的规定，但实践中诉前调解的启动主体并不明确，一些法院遵照最高人民法院的规定，由当事人自行选择是否启动诉前调解，充分尊重当事人主动权；另一些法院则自己掌握主动权，由自己享有适用诉前调解的启动权，对于调解的案件范围，除法律明确规定不能进行调解或限定适用调解的案件，其他一律先进行诉前调解。实践中调解启动主体的差异以及调解范围的不统一，极易使当事人对诉前调解产生误解，也间接造成后期转为诉讼程序案件办理的阻碍。

（二）繁简分流标准不统一

2020 年最高人民法院颁布的《关于人民法院深化"分调裁审"机制改革的意见》第 13 条对民事案件的繁简分流标准进行了明确。除新类型案件、与破产有关案件、当事人一方或双方人数众多案件、上级人民法院发回

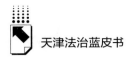

重审案件、适用审判监督程序案件、第三人撤销之诉案件、执行异议之诉案件等9类案件外，基层人民法院和人民法庭对于其他事实清楚、权利关系明确、争议不大的一审民事案件，作为简单案件分流。第13条以负面清单的方式列举了9类不适宜分流为简单案件的纠纷类型，但对于负面清单外的其他案件如何甄别缺乏统一的分流标准。立案登记制实施以来，当事人在立案时提供起诉状、身份证明及简单证据即可立案，立案法官依据审查材料及简单的询问并不能有效把握案件复杂程度，且在缺少被告答辩和质证的情况下，无法准确判断后续案件进展。

既有的分案方式主要依靠人工进行，人工分案往往依靠分案人的个人经验，不同的法官经验差异较大，导致分案标准不统一、不连贯、不客观，随意性较大。

（三）民事速裁机制不完善

2017年最高人民法院颁布的《关于民商事案件繁简分流和调解速裁操作规程（试行）》第20条列举了7类适宜速裁的事实清楚、权利义务关系明确、争议不大的金钱给付纠纷，这些纠纷分别是：离婚后财产纠纷、民间借贷纠纷、租赁合同纠纷、买卖合同纠纷、商品房预售合同纠纷、金融借款合同纠纷、银行卡纠纷。尽管有列举式的规定，但由于规定过于原则，如何判断事实清楚、权利义务关系明确、争议不大，在实践中不同法院和法官会产生不同的认识和评判标准。

《民事诉讼法》第157条规定，基层人民法院及其派出的法庭审理事实清楚、权利义务关系明确、争议不大的简单的民事案件，适用简易程序。不难发现，适用速裁方式的案件与适用简易程序的案件特征非常接近。因此，亟须厘清民事速裁机制与简易程序以及小额诉讼程序的关系，避免将民事速裁方式误认为"异化的简易程序"。

除存在速裁审理适用案件范围不明确、与简易程序等程序关系不清晰等问题外，速裁审理配套制度不完善等问题也不容忽视。比如，民事速裁案件的诉讼费用收取，目前基层法院大多比照简易程序减半，但高级、中级法院，因法律规定只能适用普通程序全额收取，不足以鼓励当事人主动选择速裁程序。

五　完善健全"分调裁审"及多元解纷机制的对策建议

"分调裁审"及多元解纷机制的完善，离不开对现存问题的及时识别和发现，发现问题是解决问题的前提。针对现有制度设计及运行中存在的不足，本文从进一步完善规则体系、强化分流引导服务、明确繁简分流识别标准三个方面提出对策建议。

（一）进一步完善规则体系

在立法层面应针对部分适宜调解案件设定调解前置程序，以立法形式明确调解范围、调解主体、分流程序、调解期限、调解方法和调解结果确认等。

设立速裁程序，发挥速裁快审的功能。目前速裁程序还未归入诉讼程序中，并非真正意义上的一种独立诉讼程序，而是严重依附于简易程序。应在小额诉讼程序的基础上进行改造，使其成为与简易程序、普通程序并列的一种诉讼程序，明确规定适用该程序的分流标准、案件范围、审理流程、审理期限和结案方式等问题。

优化简易程序，扩大独任制适用范围。经过诉前调解、速裁程序等对案件分流后，可以通过简易程序快审消化一部分案件。同时在普通程序中扩大独任制的适用范围。灵活重置普通程序与合议制的组合关系，将简易程序、普通程序细分为独任制简易程序、独任制普通程序、合议制简易程序、合议制普通程序。独任制普通程序可适用于已有生效示范裁判或类案裁判的群体性纠纷案件、一审裁定不予受理或驳回起诉等没有必要合议的上诉案件。扩大独任制的适用范围，有利于提高司法效率，节约司法资源。为保障案件审理质量，有必要针对适用独任制审理的案

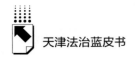

件设置专门的讨论机制，健全完善相应的审判监督管理机制，防止权力滥用或侵犯当事人诉讼权益①。

（二）强化分流引导服务

在分流引导服务中，需要通过诉讼成本评估引导纠纷走向。在当事人选择调解的意愿不强时，要做好诉讼成本的评估和分析工作，为当事人算好"五笔账"，即经济账、风险账、亲情账、信誉账和时间账，特别是应当从当事人的角度考虑，明确调解的优势，并及时提出适当的化解纠纷方法，避免矛盾加剧。根据纠纷的性质和类型，向当事人介绍合适的纠纷解决办法，并引导当事人作出自主选择。

针对当事人过度依赖人民调解、司法调解，行业调解、商事调解作用发挥不明显以及仲裁等解纷方式使用不多等问题，在诉讼成本评估及纠纷性质和类型分析的基础上，引导当事人从自身实际出发，选择行业调解、商事调解以及仲裁、行政复议、行政裁决等易被忽视的纠纷解决方式。

（三）明确繁简分流识别标准

结合目前繁简分流的实践经验，各法院要根据以往的案件审理情况进行大数据分析，剥离复杂案件和简单案件的筛选标准，总体可综合考虑以下六个标准：一是案由集中度，二是当事人情况，三是案件争点情况，四是审结率，五是调撤权重，六是审理周期。操作中需要将六项标准综合考量，以标准交叉重叠后列举的案由清单为基础，作为复杂案件和简单案件的区分指南，提高繁简分流识别的科学性和准确性②。同时，安排审判经验丰富的法官对案件进行人工识别，确保分案标准的统一、连贯和客观。

---

① 龚成、张引千：《独任制改革试点的发展路径与思路探索》，《法律适用》2021年第6期。
② 张龑、程财：《从粗放到精细：繁简分流系统化模式之构建》，《法理适用》2020年第9期。

B.16
天津市未成年人检察工作
创新实践与思考[*]

天津市未成年人检察工作研究课题组^{**}

摘　要：　未成年人检察工作是少年司法的重要组成部分。目前，我国
　　　　　已基本形成了中国特色社会主义未成年人检察制度。天津市
　　　　　人民检察院未成年人检察部门着力减少和预防未成年人犯
　　　　　罪，从严惩处侵害未成年人合法权益的犯罪；依法办理未成
　　　　　年人刑事案件，将教育、挽救和感化贯穿办案始终，在未成
　　　　　年人普法教育、未成年人保护公益诉讼机制、未成年人检察
　　　　　工作社会支持体系、未成年被害人一站式取证试点、涉罪未
　　　　　成年人社区矫正工作等方面均取得了创新性发展。当前未成
　　　　　年人犯罪出现新情况、新问题，未成年人保护形势依然严峻
　　　　　复杂，需要拓展网络空间未成年人公益诉讼，深化未成年人
　　　　　司法保护，进一步衔接专业化办案与社会化保护。

关键词：　未成年人检察　未成年人普法　社区矫正　司法保护

　　改革开放以来，以20世纪80年代上海市长宁区人民法院、人民检察院

　＊　本文系天津社会科学院2019年院级重点课题"青少年犯罪的域外视野"（19YZD－06）的阶段性
　　　成果。
＊＊　执笔人：赵希，法学博士，天津社会科学院法学研究所，助理研究员。天津市人民检察院提
　　　供相关资料。

先后成立专门的未成年人刑事案件办案组织为起点，我国少年司法工作已历经 30 多年的实践发展，取得了一系列成就和突破①。少年检察是少年司法的重要组成部分，自最高人民检察院设立专职未成年人检察工作的第九检察厅以来，未成年人检察制度的理论创新和制度探索不断发展。2020 年《最高人民检察院关于加快推进未成年人检察业务统一集中办理工作的通知》指明了新时代未成年人检察工作的基本思路、原则方向和目标任务，确立了"捕、诉、监、防、教"一体化工作模式，形成了涉未成年人刑事、民事、行政、公益诉讼"四大检察"工作格局，基本形成了中国特色社会主义未成年人检察制度。

天津市未成年人检察机关深入落实"一号检察建议"，将未成年人检察保护的质量、效益放在优先位置，在未成年人普法教育、公益诉讼机制、未成年人检察工作社会支持体系、未成年被害人一站式取证试点、涉罪未成年人社区矫正等方面均取得了创新性发展。面对未成年人保护新形势和未成年人犯罪新问题，天津市将持续加强未成年人检察工作专业化与规范化建设，力争在服务党和国家经济社会发展大局中推动未成年人检察工作。

一 未成年人检察制度的时代背景、
理论支撑和功能定位

（一）未成年人检察制度的时代背景

未成年人检察制度的创建与发展，与我国未成年人犯罪状况以及检察制度的完善发展存在密切关联。在工业化、城市化快速发展的大趋势下，未成年人违法犯罪成为一个重要且具有普遍性的问题。我国自改革开放以来经济飞速发展，同时城乡发展差异、区域发展差异等促生了农村留守儿童和城市流动青少年违法犯罪问题，已经引起社会各界的广泛关注。未成年人犯罪问

---

① 孙谦：《关于建立中国少年司法制度的思考》，《国家检察官学院学报》2017 年第 4 期。

题亟待相关司法制度完善加以解决。2019 年 1 月 3 日，国务院新闻办发布最高人民检察院内设机构改革成果，设立第九检察厅，专门负责未成年人检察工作，中国特色未成年人司法制度进入一个新的发展阶段①。

（二）未成年人检察制度的理论支撑

未成年人检察应当遵循儿童最大利益和国家亲权原则。前者是指对于儿童的一切事宜都应以其最大利益为首要考虑，目的是使儿童得到特别保护，并且使儿童得到身体、心智、道德、精神等方面的发展。后者是指国家有权力也有责任对未成年人不良行为进行干预甚至接管监护权。儿童保护是政府的重要责任，政府应当修改和完善法律法规，严厉打击和惩治侵害儿童的犯罪，设置"高压线"追究侵犯儿童权益的法律责任，在父母不能履行监护职责或者监护失职的情况下实现国家监护。此外，保护主义优先原则也是未成年人检察制度的理论基础之一，是指司法机关在处理未成年人犯罪时，要以教育、影响、挽救为基本出发点，在诉讼过程中给予未成年人特殊保护，并尽量通过各种教育方式而非刑罚处罚方式挽救犯罪的未成年人，帮助其融入正常的社会生活。

（三）未成年人检察制度的功能定位

相比成年人司法，未成年人司法功能的突出特点是强调最大限度保护未成年人权益，要求未成年人司法不仅关注刑事案件相关的案件事实、证据等，更要关注未成年人本身，探究未成年人犯罪产生的原因，采取措施改善未成年人犯罪的社会环境和内在因素。换言之，相比成年人司法的被动性、中立性，未成年人司法更具主动性，具有更强的干预、预防、保护色彩②。未成年人检察制度的功能与其司法权性质密切相关，后者包括裁判权、教育权以及保护权。裁判权是诊断未成年人犯罪的原因并给予相关处理和治疗，

---

① 姚建龙、孙鉴：《检察改革的三重维度——以最高检内设机构改革及未检厅的设立为视角》，《青少年犯罪问题》2019 年第 3 期。

② 孙谦：《关于建立中国少年司法制度的思考》，《国家检察官学院学报》2017 年第 4 期。

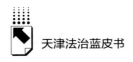

教育权是将教育、感化、挽救寓于未成年人司法的全部流程，保护权强调根据个案中未成年人的具体情况保护其权益①。

检察机关作为刑事诉讼的中间环节，积极贯彻"宽严相济"的刑事政策，采取教育、引导、保护等措施，在办理未成年人犯罪案件中切实保护未成年人的合法权益。同时，检察机关作为国家法律监督机关和社会治安综合治理成员单位，通过办理案件调查分析未成年人犯罪的主客观因素和区域性犯罪特点，协调相关部门和社会力量，根据其心理特点和学习求知规律，实施预防犯罪、感化挽救等帮教活动，开展有针对性的法治宣传教育。

二 天津市未成年人检察工作概况

（一）天津市未成年人检察工作的确立与发展

天津市人民检察院第八检察部负责办理未成年人犯罪和侵害未成年人犯罪案件的审查逮捕、审查起诉、出庭支持公诉、抗诉，开展相关立案监督、侦查监督、审判监督以及相关案件的补充侦查，以及开展未成年人保护和预防未成年人犯罪相关工作。全市各基层院全部成立了独立的未成年人检察机构。

天津市人民检察院从严惩处侵害未成年人合法权益的犯罪，用心做好未成年人检察工作，形成"阳光·冰凌""小曦姐姐"等特色品牌。多位检察长兼任中小学法治副校长，定期开展校园安全督导调研活动。与共青团市委共建未成年人检察工作社会支持体系，与市妇联建立保护妇女儿童权益协作机制，共同筑起保护未成年人的"法治大坝"。

早在2012年底，天津市各个基层院已全部成立了独立的未成年人检察机构，市院和两个分院分别在公诉处、二审监督处下设未成年人检察办公室，

---

① 姚建龙：《未成年人检察的几个基本问题》，《人民检察》2020年第14期。

实现了涉及未成年人案件专人办理①。根据 2021 年天津市人民检察院发布的工作报告，2020 年从严惩处性侵、拐卖等侵害未成年人犯罪，提起公诉 505 人。注重深化未成年人司法保护工作，由 241 名检察干警担任法治副校长，共开展 889 次线上校园普法等活动。河西区"晨曦"未成年人检察工作室荣获"全国未成年人思想道德建设工作先进单位"称号，检察系统共有 3 个检察院和 6 名干警被评为"法治进校园"全国巡讲突出单位和个人。

（二）天津市未成年人检察工作成果概览

近年来，在天津市委和最高人民检察院的正确领导下，市人大及其常委会的有力监督下，天津市检察机关认真贯彻落实国家对未成年人的特殊方针政策，着力减少和预防未成年人犯罪，从严惩处侵害未成年人合法权益的犯罪。严格把握对未成年人的批捕、起诉标准，落实未成年人刑事诉讼特别程序，建立附条件不起诉、犯罪记录封存等制度。在依法办理未成年人刑事案件的前提下，把教育、感化、挽救贯穿办案始终。加强未成年人犯罪社会化帮教预防体系建设，在党委领导和政府支持下，加强与综治、共青团、学校、妇联、关工委、民政、社区等有关方面的联系与合作，实现对涉罪未成年人教育、挽救和感化的无缝对接，各项工作均取得较大进展。

根据天津市人民检察院发布的《天津市未成年人检察工作白皮书》，2016～2018 年天津市检察机关办理的 1000 余件未成年人刑事犯罪案件中，聚众斗殴犯罪连续三年呈现上升趋势，占涉案总人数的 50% 以上，盗窃罪、故意伤害罪、抢劫罪、寻衅滋事罪、诈骗罪的涉案人数占 36%。全市检察机关受理的未成年人刑事案件数量总体稳定。此外，涉罪未成年人的合法权益保护制度得到全面落实。2016～2018 年，为 601 名涉罪未成年人安排亲情会见，在心理测试基础上对未成年犯罪嫌疑人、被害人开展心理辅导 1011 人次，对 345 名未达刑事责任年龄未成年人开展临界预防工作，对 433

---

① 《天津市检察院举行未成年人检察工作 30 年新闻发布会》，http：//www.tjcaw.gov.cn/zf/zfdt/tjcaw - ifxsvenv6362065.shtml，最后访问日期：2021 年 5 月 30 日。

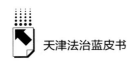
名附条件不起诉未成年人开展跟踪回访工作，利用观护基地开展帮教691人次①。

三 天津市未成年人检察工作的创新成果

（一）探索未成年人普法教育的新举措

天津市人民检察院和基层院落实"谁执法谁普法"普法责任制，加强青少年法治教育，开展了形式多样的校园法治宣讲活动、参观未成年人警示教育基地活动等。通过选取典型事例，结合法律知识，为学生讲解法律常识。

创新性成果主要有落实"谁执法谁普法"普法责任制，主要内容如下。第一，推动法治副校长工作常态化发展，深化检校共建。和平区人民检察院2020年在全市率先实现了全区56所中小学和幼儿园法治副校长全覆盖。第二，深入开展法治进校园活动。推动法治进校园与学校日常教学活动相结合。在一般性法律知识教育基础上，天津市人民检察院和基层院还开展具体领域的法治宣传活动，如开展抵制非法出版物和不良网络信息宣传活动、防治校园欺凌专项巡讲、国家安全宣传教育活动、《民法典》知识宣讲活动等。通过上述活动，一方面提升了学生的法律意识；另一方面帮助学生切实掌握防范和应对伤害的方法，提高自我保护意识。第三，不断探索适合未成年人的普法宣传新形式。例如，武清区人民检察院开展的普法机器人进校园宣讲活动，在孩子们与智能机器人轻松愉快的互动中，加深了孩子们对相关法律知识和自我保护知识的理解。

（二）开拓未成年人保护公益诉讼机制

未成年人公益诉讼重在清除校园及周边长期存在的"危险源"，涉及未

---

① 《检察日报》2019年12月22日，第1版。

成年人禁烟保护、基础设施安全、校园周边交通安全、娱乐场所违规接纳未成年人等方面。通过公益诉讼等方式开展的法律监督有助于推动未成年人保护法律法规落实到位，解决未成年人犯罪背后的深层社会问题。

天津市积极开拓未成年人保护公益诉讼机制。宝坻区人民检察院开展未成年人保护公益诉讼专项行动，向区教育局、区烟草专卖局、区市场监管局、区公安局等发出"一揽子"检察建议，并组织各行政机关召开公开听证会，制订方案联合行动，为辖区未成年人提供全方位保护。津南区人民检察院积极开展未成年人保护领域公益诉讼，对违规向未成年人出售烟酒负有监管职责的相关部门制发诉前检察建议，督促加强行业管理，净化市场环境。武清区人民检察院未成年人检察部门对区域内20余所中小学、幼儿园门前道路是否有减速带、人行横道线、黄色网格线等校园道路安全标识进行了逐一排查，找到存在的相关安全隐患，为向相关责任部门制发诉前检察建议做准备，督促责任机关积极落实整改，保障未成年人出入校园安全。

（三）创新未成年人检察工作社会支持体系

新修订的《未成年人保护法》第116条明确规定，"国家鼓励和支持社会组织、社会工作者参与涉及未成年人案件中未成年人的心理干预、法律援助、社会调查、社会观护、教育矫治、社区矫正等工作"；新修订的《预防未成年人犯罪法》在总则中明确规定，"国家鼓励、支持和指导社会工作服务机构等社会组织参与预防未成年人犯罪相关工作，并加强监督"，明确了各级人民政府、相关部门、团体、学校、家庭的责任，为帮教制度提供立法支撑。

天津市人民检察院和基层院积极探索吸纳社会力量完善构建未成年人检察工作的具体机制。天津市河北区人民检察院设立全市首家青少年司法社会服务中心，入选全国首批未成年人检察工作社会支持体系建设试点单位，被最高人民检察院评为"为未成年检察工作做出贡献的集体"和全国未成年人检察工作创新实践基地。北辰区人民检察院与团区委、相关街道联合成立北辰区未成年人司法社会服务中心，旨在为涉案未成

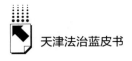

年人提供法律服务、心理疏导、救助救济等服务，是构建未成年人检察工作社会支持体系的重要依托。津南区人民检察院与团区委会签《关于构建未成年人检察工作社会支持体系的合作框架协议》，与 12355 青少年服务台、12355 法律援助服务站、青少年社会工作服务机构等共建未成年人司法社会服务中心，实现专业化办案与社会化保护无缝衔接。与区妇联组建心理咨询团队，从法治教育、心理疏导等方面加强罪错未成年人临界预防，帮助涉罪涉错未成年人无痕回归社会。

（四）开展未成年被害人一站式取证试点

为抓实抓好"一号检察建议"监督落实，努力实现未成年被害人全方位司法保护，天津市人民检察院出台实施方案，在全市范围内部署开展未成年被害人"一站式"取证试点工作。2020 年 1～12 月，在滨海新区、和平区、北辰区、津南区、宝坻区、蓟州区等 6 个基层院开展了为期一年的试点工作，力求打造一批功能齐备的专业办案场所，培育一批未成年人检察人才与团队，形成一批可复制可推广的成熟工作模式，为未成年被害人"一站式"取证工作在全市检察机关全面推开打下坚实基础。

未成年被害人"一站式"办案中心包含规划设置询问室、身体检查室、会商室、监控室等功能分区，配备沙盘、同步录音录像等设备，模拟家居环境，营造安全亲切的谈话氛围。在此基础上，配备了一支办案、医疗检查、心理辅导等工作经验丰富的专业团队。结合辖区实际情况，计划采取政府购买服务、联合公益组织等方式，会同相关单位或部门组建一支由公安机关、检察机关、医疗机构、心理咨询师、社工等人员组成的工作团队，开展询问取证、身体医疗检查、伤情司法鉴定、生物检材提取、合适成年人到场等工作，了解和评估未成年被害人的身心状况，并讨论个性化方案，如对未成年被害人的取证、诊断和治疗以及救助等。

（五）开展涉罪未成年人社区矫正工作

2020 年 7 月 1 日起实施的《社区矫正法》对未成年人社区矫正作了专

门规定，天津市人民检察院及各区院与刑事执行检察部门紧密对接，在充分调研社区矫正未成年人相关情况的基础上积极开展涉罪未成年人社区矫正工作。

武清区人民检察院未成年人检察工作室充分利用社会调查和心理测评报告等资料，会同司法行政部门制订个性化矫治方案，全程参与涉罪未成年人的教育、帮扶及矫治工作，最大限度杜绝社区矫正对象脱漏管和再犯情况发生，为罪错未成年人提供全面、有力的司法保护。南开区人民检察院未成年人检察工作室与南开区司法局社区矫正部门就探索未成年人社区矫正中的矫治帮扶、亲情感化、法治教育、心理矫治等相关工作召开联席会议，为全面落实涉罪未成年人社区矫正的相关政策和要求奠定基础。

四 天津市未成年人检察工作的下一步创新举措

为更好地应对未成年人犯罪的新情况和新形势，建议天津市未成年人检察工作从如下方面进一步开展探索与创新。

（一）拓展网络空间未成年人公益诉讼

建议在各司法部门协同配合、社会支持体系协同的基础上完善天津市未成年人网络保护公益诉讼机制。首先，要对未成年人网络保护所涉单位和部门的职权进行划分，明确各自的法律责任，保证各环节工作衔接顺畅。其次，健全举报机制，配备专职人员及时受理公众举报，完善对侵害未成年人案件的报告和干预处理流程。会同有关部门及时调查、排查相关网络风险隐患。加强辖区内互联网文化单位传播非法音频视频的检察监测，及时发现违法情形。最后，充分发挥技术优势，建立大数据系统，加强对未成年人信息的申报、汇总和分析，精准把握未成年人网络保护动态，为公益诉讼开展提供技术支持。通过上述机制撬动更有效的行政治理和行业自律，帮助未成年人远离网络风险，健康成长。

（二）深化未成年人司法保护

2021 年新修订的《未成年人保护法》确立了六大未成年人保护体系，即家庭、学校、社会、网络、政府和司法保护。检察机关不仅要履行司法保护职责，而且要担负起法律监督的重要任务，这就要求其在未成年人司法保护领域进一步提升和完善业务能力。这既包括对涉罪未成年人的教育、感化和挽救，也包括对作为刑事案件被害人的未成年人的特殊关爱。

1. 严格落实未成年人刑事案件特别程序

在评估涉罪未成年人犯罪事实、主观恶性、认罪认罚等情况的基础上，合理提升附条件不起诉适用率，严格限制适用逮捕强制措施。附条件不起诉在未成年人犯罪案件中能够发挥促进犯罪嫌疑人改过自新、避免短期自由刑弊端、节约司法资源等积极作用①。适用非羁押措施有利于减少长时间羁押给未成年人带来的心理伤害和监管场所可能存在的交叉感染。

2. 进一步提升未成年人法律援助的覆盖面和专业化水平

积极推动建立未成年人刑事案件专业法律援助律师队伍，及时为没有委托辩护人的未成年犯罪嫌疑人提供法律援助。同时，加强与辩护人的沟通，认真听取辩护人的意见，共同做好涉罪未成年人的教育、感化和挽救工作。

3. 切实提升未成年人犯罪记录封存效果

以最大限度地封存犯罪记录实现对涉罪未成年人的最大程度挽救。明确对掌握的未成年人犯罪信息的保密义务，并加强对公安机关、审判机关等机关的犯罪记录封存监督，要求法律援助、社会帮教组织、社区矫正相关人员签订保密协议，对未成年人犯罪记录失密情况进行问责，并及时采取补救措施。应对犯罪记录封存内容、封存溯及力问题、封存效力、查询条件及程序、解除封存情形以及监督追责机制等进行细化规定，检察机关的不起诉决定、被公安机关作出治安处罚的未成年人违法犯罪记录，也应纳入封存范

---

① 赵新、王晓敬：《完善附条件不起诉适用配套措施》，《检察日报》2014 年 10 月 8 日，第 3 版。

围。对于封存的电子犯罪记录应当实行专门管理和查询制度，在相关电子信息系统中需要加设封存模块或专门标注，未经授权不得查询使用。

4. 拓展未成年被害人"一站式"取证试点工作

在未成年被害人"一站式"取证试点工作的评估、完善基础上全面推进相关工作落实开展，力求打造功能齐备的专业办案场所，做好人财物保障，既要加强与公安、司法行政、妇联等外部沟通交流，做好工作衔接，又要强化检察机关内部民行、控申、未检等部门配合，明确业务分工，完善工作机制，共同推动工作顺利开展。

（三）进一步推动专业化办案与社会化保护衔接

1. 完善社会化帮教体系

为涉罪未成年人及其家庭量身定制帮教考察、法制宣讲、心理测评、心理疏导等系列帮教方案，为涉罪未成年人尽早回归社会提供助力。通过购买服务的方式，以项目化运作为载体，支持和引导本地社会工作服务机构向涉罪未成年人提供必要的社会服务。引入司法社工参与未成年人特殊制度中的社会调查、合适成年人到场、心理疏导、心理测评、观护帮教等工作，从社会学和心理学角度矫正，帮助未成年犯罪嫌疑人正确认识自己，促使他们更好地成长，为涉案未成年人提供科学、专业、精准的帮教服务。

2. 制订个性化救助方案

检察机关在办案中应当结合案件、被害人和受伤害情况，吸纳多方面的专业人士参与，为每一名未成年被害人制订个性化的救助方案。形成政府主导、部门联动、社会支持的综合救助体系，实现为未成年被害人提供全方位救助的目的。未成年被害人救助过程中尤其需要心理辅导和心理治疗，特别是对被性侵未成年人进行心理疏导，帮助其调整认知、稳定情绪，回归正常的生活学习。针对未成年人遭受性侵害案件中暴露的问题，向有关职能部门发出检察建议，强化学校安全管理，帮助学生增强自我保护能力。

法治社会

Society Ruled of Law

B.17
天津法治社会发展总体评价与展望

天津市法治社会发展研究课题组*

摘　要：　近年来，天津市在普法工作、社会治理法治化、法治社区和
　　　　　法治乡村建设、社会矛盾化解、社会治安保障和法治文化弘
　　　　　扬等方面取得了显著成果，法治社会建设成效明显，但是在
　　　　　普法责任制、市民法律实践、社会矛盾化解等方面仍然存在
　　　　　不足。"十四五"时期，天津法治社会建设将以学习贯彻习
　　　　　近平法治思想为首要任务，大力弘扬和宣传宪法，建设社会
　　　　　主义法治文化，保障重点领域重点对象法治宣传教育，持续
　　　　　用力开展好普法工作，抓好普法责任制落实，继续深入推进
　　　　　基层治理法治化。

关键词：　法治社会　普法　社会治理　法律素质　法治文化

---

* 执笔人：朱涛，法学博士，天津财经大学法学院副教授，硕士生导师；研究方向：民法、消
费者权益保护法。市委依法治市办、市委政法委、市司法局提供相关资料。

中共中央印发的《法治社会建设实施纲要（2020～2025年）》指出，"法治社会是构筑法治国家的基础，法治社会建设是实现国家治理体系和治理能力现代化的重要组成部分。建设信仰法治、公平正义、保障权利、守法诚信、充满活力、和谐有序的社会主义法治社会，是增强人民群众获得感、幸福感、安全感的重要举措。"[①] 2018年以来，天津市坚决贯彻落实习近平总书记对天津提出的"三个着力"重要要求，坚持从"四个全面"战略布局高度，立足天津之特、天津之责、天津之为，深刻把握全面依法治市工作新局面新要求，全力抓好党中央全面依法治国战略部署落地实施，形成了法治社会建设的整体格局。在推进全民普法，开创社会治理新格局，建设法治社区、法治乡村，保障社会治安，化解社会纠纷，弘扬法治文化等方面形成了一批具有天津特色的经验做法。

一　天津市法治社会建设现状

近年来，随着经济社会的发展，天津法治社会建设水平不断提高。经过多个五年普法规划的实施，市民法律意识和法律素质有了较大提升。不断推动社会治理创新，深入推进社会治理法治化，基层治理效果显著改善。社会矛盾化解体系和能力建设进一步优化，矛盾纠纷的多元化解机制已经形成。现代公共法律服务体系不断完善，市民对于法律服务的认可度与满意度逐步提升。天津法治社会建设已经进入快车道，进入了加速发展期。

（一）天津市"七五"普法取得明显成效

天津市委、市政府高度重视普法工作，坚持将法治宣传教育作为全面依法治市的重要基础性工作抓紧抓实。坚持统筹推进全民守法普法，充分发挥牵头抓总、协调督导作用，以深入推进守法普法为主线，以制度机制建设为

---

① 《读懂"人民"二字在法治社会建设中的分量》，新华网，https：//baijiahao.baidu.com/s?id=1685591591968849594&wfr=spider&for=pc，2020年12月13日。

保障，以年度重点任务为依托，狠抓落实普法责任制和绩效考核两大抓手，促进社会各方聚力创新，形成推进守法普法整体合力。经过五年的发展，全市普法宣传教育机制逐步健全，深化依法治理步骤，法治宣传教育实效逐年增强，强化全民法治观念，夯实全体党员党章党规意识，提升了全市厉行法治的积极性和主动性，形成了守法光荣、违法可耻的法治社会氛围。

1. 坚持问题导向，强化督导考核

通过在全市部署开展宪法学习宣传和"七五"普法中期督查工作，各项普法工作任务有效开展，扎实落地。发挥考核指挥棒作用，推进普法工作作为全面依法治市考核的重要内容，普法工作纳入国民经济和社会发展"十三五"规划和市绩效考核指标体系，全面覆盖各区、市级政府部门和党群组织，普法质效全领域实现"硬指标"推进。有效推动普法责任制落实，《天津市关于实行国家机关"谁执法谁普法"普法责任制的实施意见》得到全面落实。建立法官、检察官、行政执法人员、律师等以案释法制度，落实普法责任制联席会议制度。共发布105家单位普法责任清单，推进年度"谁执法谁普法"重点宣传项目，"礼赞新中国津门普法行"落实普法责任制"三个一"活动在全市铺开，形成多元普法的新局面。

2. 全面提升重点人群法治素养，营造法治社会氛围

天津市重视群众法治素质的整体提升，特别是重点人群的法治素养，推动普法工作从"工作需求"向"受众需求"转变，增强普法工作的实践效果。第一，领导干部充分发挥"关键少数"作用。通过落实《天津市关于完善国家工作人员学法用法制度的意见》《天津市关于推动国家工作人员旁听庭审活动常态化制度化的实施意见》等文件，进一步完善党委（党组）中心组集体学法、法律知识考试等制度，各级党校和行政学院教学内容必须涵盖宪法法律学习精讲，创新领导干部旁听庭审"法治教育课"实践内容。天津市自主研发网上学法用法考试系统，系统手机版、真人语音朗读和中国知网账号认证相互连通，覆盖全市国家机关工作人员12万余人，是司法部"司法行政改革新亮点"宣传案例之一。第二，进一步加强青少年普法工作。推进中小学课堂法治教育全面落实，构筑学校、家庭、社会"三位一

体"的法治教育网络，全市 877 所小学、527 所中学设立法治副校长。编印《小智宣法》漫画读本，在全市发放 3 万册。在高校开展大学生法治辩论赛、法治原创作品征集大赛和"学宪法、讲宪法"演讲比赛等法治实践活动，高校法治原创作品大赛线上流量突破 100 万人次。第三，注重普法工作在群众中的深化普及。探索建立天津市"法治宣传教育发展测评数据库"，围绕重要人群、重要节点每年开展动态评估，针对群众需求重点、供给方式等深度调研。广泛响应群众要求，建设"津门普法"媒体平台，及时推送优秀普法产品，向群众充分普及优质普法宣传内容。

3. 以《宪法》《民法典》宣传为重点，持续加强重点领域普法

深入学习宣传习近平法治思想，大力弘扬宪法精神，将服务和保障党和国家工作大局作为开展法治宣传教育的着力点。市委常委会专题研究宪法学习宣传工作，市委理论学习中心组召开扩大会议集体学习宪法，市委书记作专题辅导并提出明确要求。全市积极组织开展"送宪法进万家""宪法精神七进"等全民学习活动，向市民印发宪法宣传册 400 万本。充分利用"12·4"国家宪法日和宪法宣传周，相关单位组织"宪法诵读""宪法知识竞答"活动，利用新媒体平台进行微视频创作评选。市民广泛参与"宪法在身边"知识竞赛，掀起学宪法热潮。通过宪法公益广告进院线，播放量达到 16700 余场次，观众观看达 82.7 万人次。天津广播电视台制作专题节目《宪法为新时代护航》，《法制日报》头版报眼刊发《天津把宪法精神送到千家万户》，全市形成线上线下同推进、宪法精神全域覆盖的宣传格局。按照中央统一部署，掀起《民法典》宣传热潮。联合市委宣传部等多部门执行并实施全市学习宣传《民法典》工作计划和安排，将《民法典》学习纳入各级党委（党组）理论学习中心组专题学习内容，天津市《民法典》宣讲团扩大基层学习效果，邀请 36 名专家学者开展 400 余次民法典宣讲活动。"津门普法——《民法典》与你同行"法治沙龙系列活动已经形成品牌特色，吸引力逐步加强，共 350万人次云端学法，影响力惠及全市。天津主流媒体承担着重要责任，在重点频率、时段推出专栏、发布专刊，各新闻网站遴选 3600 余篇优质稿件及时推送。通过自媒体平台扩大普及效果，推出《民法典》普法微视频 430 个，《民

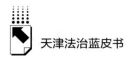
法典与你同行》《打卡民法典》等公益宣传片广泛传播，社会宣传成效显著。

4. 凝聚依法抗疫合力，积极营造良好的法治营商环境

以"防控疫情　法治同行"专项法治宣传行动为纽带，通过发布倡议书、召开新闻发布会、进行新闻访谈，赢得疫情防控主动权。创新推出"非接触式"普法，发布以案释法案例，推送快板书、电子海报等法治文化产品，开通12348疫情防控专线，开办公益法律服务空中课堂，疫情防控法治公益广告在全国铁路、天津机场、地铁和1400辆公交车上广泛投放，得到司法部和群众的肯定认可。以"服务大局普法行"主题实践活动为依托，营造良好的法治营商环境。围绕"三大攻坚战"、服务民营企业、服务保障全运会等，开展特色普法依法治理工作。依托"3·8"妇女节、"3·15"消费者权益保护日、"4·15"全民国家安全教育日、"6·26"国际禁毒日等集中宣传掀起热潮。聚焦热点领域，常态化开展防范非法集资、打击电信网络犯罪、扫黑除恶等法治宣传活动。强势宣传《天津市文明行为促进条例》，印制单行本420万册，发放宣传页150万份，以法的"硬度"保障文明"软实力"提升。

（二）社会治理法治化持续推进

天津市社会治理法治化进程中，立法、执法与司法机关、有关部门都充分发挥了职能作用，全面、立体地构建了天津社会治理法治化基本格局。找准社会治理与法治实践的结合点，筑牢基层依法治理"压舱石"，推动法治社会建设有效深入社会基层。

1. 加强法治乡村以及法治社区建设

相关部门规划并落实天津市加强法治乡村建设实施方案，制订细化的责任清单，明确实施主体权责，着力"法律明白人"培养工程，加快推行自治、法治、德治相融合的城乡基层社会治理体系建设。在此基础上，各单位深化法治创建活动，组织开展"天津市民主法治示范村（社区）"创建评选，68个村（社区）被命名为市级民主法治示范村（社区）。推进民主法治示范村动态发展，7个批次、53个全国民主法治示范村（社区）完成复核，第一、二、三批市级682个民主法治示范村完成复核。确立16个市级普法依法治理基层

联系点，推动了帮扶困难村的民主法治建设。天津法治乡村和法治社区建设在全国范围内处于领先水平，全市有 3 个区被评为"全国法治县（市、区）创建活动先进单位"，9 个村、社区被评为"全国民主法治示范村（社区）"。

2. 创建新型社会治理模式

创建"一元领导、一体运行、一网覆盖"的新型社会治理模式，"津治通"一体化社会治理平台全域贯通，网格化服务管理"九全"工作机制落实落细，在疫情防控工作中，迅速响应、持续有力发挥作用。发动全市 8431 支志愿服务团队、27.7 万余名志愿者参与社区管控、关爱特殊群体等志愿服务，有力服务保障疫情防控工作。

3. 健全多元化矛盾纠纷化解机制

坚持和发展新时代"枫桥经验"，在全国率先建立三级社会矛盾纠纷调处化解综合机制，接待群众 7.8 万余人次，化解矛盾纠纷 1.2 万余件。发挥人民调解第一道防线作用，2020 年新建行业性、专业性人民调解组织、个人品牌调解室 109 个，建立派驻派出所调解组织 244 个、诉前调解组织 35 个，开展矛盾纠纷排查近 80 万余次，调解纠纷 4.1 万件，成功率达 97.3%。发挥"分流阀"作用，全市共调解行政复议案件 988 件。

4. 升级公共法律服务，提升法治获得感

一是构建全业务、全时空服务网络。建立公共法律服务体系，构建联席会议制度，推动"三大平台"融合发展，发挥 12348 热线 7 × 24 小时全业务、全时空法律咨询作用，全年实体、网络平台共解答法律咨询 3.8 万余人次，12348 热线接听群众来电近 30 万人次，让群众足不出户找到"说法地方"。二是探索建立热线咨询转办工作机制。做好公共法律服务"后半篇文章"，探索建立热线转办法律援助和热线转办事项导入区社会矛盾纠纷调处中心工作机制，全年转办法律援助事项 319 件，努力打通服务群众的"最后一公里"。三是积极开展法律援助。深入开展"法援惠民生、扶贫奔小康"品牌活动，加强妇女、老年人、残疾人等特殊群体法律援助，优先受理、极速办理农民工讨薪案件，全年助力讨薪 858.89 万元，有力解决农民工"燃眉之急"。全年各类法律援助机构办

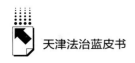

理法律援助案件 2.1 万余件。

5. 建立健全法治服务与保障机制

为依法维护疫情防控期间市场秩序平稳，市人大常委会、市政府在全国率先出台依法防控疫情、野生动物管理保护等地方性法规规章。各级执法司法机关依法严惩哄抬物价、制假售假等违法犯罪行为，市场监管委对津南区某惠民药店处以 300 万元重罚，成为全国第一批严厉打击疫情防控期间哄抬物价案例，在全国范围产生重要影响。此外，市委政法委牵头出台《政法机关服务民营经济十条措施》，依托 12348 公共法律服务热线和网络平台，增设服务民营企业专线和信箱，先后解答民营企业咨询类电话 4074 通，转办事项 21 件，为企业提供疫情防控期间足不出户的专业法律服务，确保反映问题"事事有回音、件件有着落"。

（三）市民法律素质及法律认同感有所提升

法律认同感属于思想意识范畴，本质上是公民对法律的一种赞许性态度和确认性行为。公民法律认同感应包含三个维度：公民对法律的认知度、认可度以及实践度。在促进公民法律素养提升过程中，公民"知法"程度的提升与公民对法律的认知度增强密不可分，公民"守法"程度的提升则有赖于公民内心对法律的真正认可，而公民"用法"程度的改善恰好印证了公民法律实践度的增强。公民法律认同感的三个衡量维度与公民法律素养的三个核心要素一一对应且呈正相关。基于此，课题组构建了公民法律认同感与公民法律素养的关系模型（见图 1），并围绕此模型设计若干问题，在前述实证分析的基础上，随机选取部分天津市民进行问卷调查研究①。

---

① 本次问卷调查共发出问卷 1000 份，收回有效问卷 805 份，调查对象涉及中心城区、环城四区、滨海新区和部分郊区。被调查者中男性 448 名，女性 357 名；年龄最小 15 岁，最大 74 岁；文化程度最低是小学，最高达到研究生及以上；在职业分布上，涉及政府机关工作人员、企业事业单位人员、法律工作者、教师和科研人员、私营企业主和个体工商户、农民、外来务工人员和普通居民等。天津是直辖市，又是特大城市，决定了人们对法治社会的主观评价重点是法治城市建设。这可能不够全面，但有代表性。对法治城市的调查采取了 5 级满意度评价，分别为"非常好、比较好、一般、不太好、很不好"。

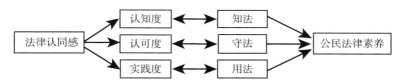

图1 公民法律认同感与公民法律素养关系模型

市民对天津社会法治环境的主观评价是检验天津法治社会建设的一个重要指标，同时也反映天津市民对自身法律素质的真实评价。

1. 市民对天津市法治社会建设的满意度情况

从统计结果看，有43.1%的被调查者认同目前的法治城市、法治社会建设进展情况，有61.4%认同城市的法治环境正在逐步改善。这说明人们对动态变化的认同大于静态，但并不能说明人们对现状很满意，对目前法治城市状况的满意度不到50%，认为一般的占45.0%。认同逐步改善说明这些年的法治城市、法治社会建设取得了一定成果。这两者的结合点就是法治环境改善的速度。随着经济和社会的发展，人们对法治城市、法治社会的期望值也会越来越高，因此，法治城市、法治社会建设的速度不能低于人们日益增长的对法治城市、法治社会的期望。法治环境改善速度足够快就会让人们的满意度提升得相对高，人们就会更加认可法治社会建设。

2. 法律认知度现状

在前述天津市市民法治观念和法治意识整体调查研究的基础上，针对部分市民继续投放关于公民法律认知度的调查问卷。从调查结果看，调查对象主要通过电子媒体和传统媒体获取法律知识，并作为最便利的法律知识获取途径；其次是通过普法活动、专门的法律学习和公益性普法网站等途径获取。随着信息技术的不断发展，电子媒体日渐成为人们获取信息的主要方式，法律知识的普及和传播也出现依赖电子媒体的趋势。从另一个角度看，调查对象通过普法活动和普法网站获取知识的比例之和超过75%，可见政府等普法主体的普法方式可以得到一定程度的肯定。

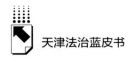

3. 法律认可度现状

对市民法律认可度的问卷调查分析发现，目前促使市民遵守法律的决定性因素，并非来自公民内心对法律的认可，大部分市民对自己守法的动力没有清晰的认知（见表1、表2），而是受生活习惯和文化教育的影响而自觉守法。由于缺乏法律信仰作为稳定的守法动力来源，这部分人群的守法选择更易受到干扰。依据"内心的法律信仰"作出守法选择的人群仅占28.37%，说明法律信仰还未能普遍根植于市民内心。

表1 市民遵守法律的决定性因素调查

单位：人，%

	内心的法律信仰	个人的道德观念	担心因违法被处罚	认为做人就应遵纪守法	合计
总体	118	121	37	140	
（N=416）	28.37	29.09	8.89	33.65	100

表2 市民不遵守法律的决定性因素调查

单位：人，%

	不知道这是违法行为	认为相关法律规定不合理	与自身的利益冲突	认为个人违法影响不大	其他	我没有不遵守法律的行为	合计
总体	153	39	50	15	5	154	
（N=416）	36.78	9.38	12.02	3.61	1.2	37.02	100

4. 法律实践度现状

法律实践度是公民运用法律基本情况的评价标准，是法律认同的动态积极体现。调查发现，当权益受到侵害时，42.55%的市民选择运用法律手段维护自身权益，37.26%的市民选择视情况而定。结合对市民使用法律的积极性产生负面影响的因素调查，公民运用法律的"时间成本""经济成本""社会关系成本""解决纠纷或维护权益的效果"等会对法律实践度产生正向或反向影响（见表3、表4）。

表3　市民解决纠纷或维护权益最愿意选择的处理方案调查

单位：人，%

	向法院起诉	申请仲裁	上级主管部门解决	寻求熟人帮忙	自认倒霉	视情况而定	合计
总体	101	76	55	21	8	155	
（N＝416）	24.28	18.27	13.22	5.05	1.92	37.26	100

表4　对市民使用法律的积极性造成负面影响的因素调查

单位：人，%

	时间成本	经济成本	社会关系成本（亲友、同事等）	解决纠纷或维护权益的效果	个人对相关法律程序的熟悉程度	其他	不受影响，会积极使用法律	合计
总体	272	263	130	229	129	3	27	
（N＝416）	65.38	63.22	31.25	55.05	31.01	0.72	6.49	100

（四）法治文化日益繁荣

天津市为进一步推动法治文化繁荣，全市上下将法治宣传深刻融入法治文化建设，形成法治精神的有效传承，反哺社会民生。

1. 推动传统媒体和新兴媒体相互融合，创新法治文化阵地

制定《天津市关于加强社会主义法治文化建设的意见》《关于加强天津市媒体公益普法工作的意见》，科学搭建声、屏、报、网立体宣传平台。《天津日报》《今晚报》等市级主流媒体作为宣传主力军发挥强劲作用，开设《今日开庭》《法眼大律师》等普法栏目。北方网等主流网站做好网络平台，开设《津门普法》栏目，"天津司法"等微信微博公众号面向群众，12348天津法网密集推送普法产品，全方位提升天津法治文化的导向性和影响力。

2. 打造突出地域特色、时代特色的法治文化

天津市重视将地域特色和时代特色融入法治文化建设，通过打击传销法治文艺基层行巡演、京津冀法治宣传教育协同发展法治文艺汇演等活动，展现津门法治文化的风貌和传承。利用科技实力优势和产业特色，开展法治动漫微视频征集评选，举办"普法大讲堂企业环境保护沙龙"等活动，创新技术支撑型法治文化项目，培育具有天津特色的法治文化产品。

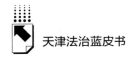
3. 集合资源优势，实现法治文化共建共治共享

天津市集合资源优势，推进法治深入基层，以法治惠民为核心，各单位和基层共建打造 29 个市级法治宣传教育基地和阵地优秀品牌，群众反响良好，其中 2 个获评全国法治宣传教育基地。16 个区建成一个或多个区级法治宣传教育基地，在共建共治共享的基础上，打造了一批主题鲜明、互动性强的法治文化精品项目，打开了津城民众学法用法新境界和新格局。

4. 加大法治宣传力度，强化"七五"普法成果宣传声势

《天津日报》、天津电视台等主流媒体对"七五"普法总结验收情况进行专题报道；聚焦普法亮点，《法治日报》头版刊载《构筑测评指标体系　紧抓重点媒体领域　天津"七五"普法亮点纷呈》；《天津"七五"普法工作取得实效，聚法治之力，筑发展之基》，被学习强国平台转发宣传，形成强大声势。

二　天津市法治社会建设的主要经验

（一）扎实推进普法组织保障工作

经过"七五"普法五年来的发展，天津市普法宣传教育机制进一步健全。始终坚持将建机制、打基础作为深入推进普法工作的关键，高标准推动"七五"普法，组建普法讲师团，举办普法骨干培训班，为"七五"普法顺利实施打下坚实基础。

1. 完善机构设置

为适应改革需求，天津市专门成立市委全面依法治市委员会守法普法协调小组和市普及法律常识办公室。为确保守法普法工作高效运行、实体运作，市司法局承担守法普法协调小组联络员和办公室职责，负责组织召开守法普法协调小组会暨落实普法责任制联席会议。各区、各部委办局快速完成相应机构调整，全市形成党委领导、人大监督、政府实施、政协支持、职能部门各司其职、全社会齐抓共管、群众广泛参与的大普法工作格局，为法治

社会建设打下坚定的体制基础。

2. 加强督导考核

天津市法治建设工作考核坚持问题导向，确保各项工作任务落实落地，在全市范围内部署开展宪法学习宣传实施和"七五"普法中期督查；相关单位充分发挥考核指挥棒作用，指导普法工作纳入国民经济和社会发展"十三五"规划，全面依法治市考核内容与普法工作紧密结合，与全市绩效考核指标体系接轨并纳入其中，考核范围对各区、市级政府部门和党群组织全面覆盖，不留考核空白和死角，形成法治建设"硬指标"，有力推进普法质效全领域提升。

3. 夯实普法责任制落实

建立法官、检察官、行政执法人员、律师等以案释法制度，推动《天津市关于实行国家机关"谁执法谁普法"普法责任制的实施意见》有效落实，完善普法责任制联席会议制度，发布普法责任清单，涉及单位达 105 家。各单位负责重点宣传项目建设，开展多种活动，创新法治文化建设，形成宣传联动，融合责任落实内容，有效促进各方履行普法责任，形成多点落实、全面开花的责任格局。

（二）以"战区制、主官上、权下放"党建引领基层治理，压实战区主责

通过全市"吹哨报到"机制赋予基层"战区"吹哨职权，上级解决问题，部门闻哨而动，拿出各方资源帮助基层解决问题，推动了大事小事在基层得到化解。仅 2020 年 10 月以来，市级中心响应区级吹哨 30 余次，带领市级资源下沉服务，使 20 多件积案难案在下级"战区"得到有效化解。

将矛盾纠纷按照类别、层级，框实在相应"战区"，由过去信访人层层走访向上"运动"而信访资源"不动"，变成信访人在相应社会矛盾纠纷调处中心"不动"而信访资源向战区集中"运动"，各级各部门"一把手"主办，领导包案，亲力亲为，压实了战区主责，不仅极大地方便了信访人，而且有效避免了越级访。

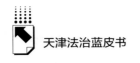
（三）全面推进"六进六全"机制，在解难题上求突破

针对社区民警下不去、情况上不来、工作不扎实等问题，全面启动社区警务改革，将其纳入市政府民心工程和全市综治考核，会同市综治办、市委组织部、民政局、财政局、人力资源社会保障局出台《关于深入推进社区警务改革 实行"六进六全"工作机制的意见》，召开全市深化社区警务改革推动会，促进社区民警沉入社区、社区警务融入社区。实现社区警务进社区工作体系"全覆盖"，警务室进社区居委会"全达标"，社区民警进警务室"全派驻"，治安辅助力量进社区"全配备"，公安民生服务进社区"全方位"。

此外，公安机关将夯实社区警务工作作为全面深化公安改革的支撑点和推进立体化社会治安防控体系建设的着力点，紧紧围绕"一年打基础、两年上台阶、三年创一流"的工作目标，会同政府有关部门跟进实施"五项保障"工程，全面落实"四全工作"，推进警力下沉、警务前移，以社区小平安保社会大平安。2016年以来，全市社区入室盗窃、盗窃汽车、盗窃电动车等可防性警情同比分别下降26%、8.9%和35.9%，民警管事率、群众见警率和安全感满意度显著提升。

（四）以"大调解"工作机制发挥调解优先和综合优势

不拘泥于人民调解、行政调解、司法调解类别界限，设立调处"主持人"角色，并视情设立观察员，运用"四方"调处方式，主动引导矛盾双方选择调解。主持方中立主导，观察方公正建议，依法依规综合运用各种调处手段，帮助矛盾双方实现和解，改变了以往信访单纯接、转、督而"调"的优势发挥不足等问题。市级中心建立由各单位主官、人民调解员、律师等45人组成的主持人库以及由"两代表一委员"等组成的观察员库，在实践中发挥了重要作用，涉国资系统李某某、涉卫健系统谷某某等多年信访投诉事项，在"四方"调处的参与下，实现源头化解。

矛盾纠纷调处化解综合机制建立后，天津发挥社会矛盾纠纷调处中心评理说法的作用，更把社会矛盾纠纷调处中心当成"心灵医院"，通过"主持人"培训以及引入心理服务团队等方式，倾听投诉人的心声，打开心结，站在群众的立场和角度，从情理法三方面，释法明理，疏导劝解。河北区某地块拆迁安置、宁河区工程合同纠纷等过去看似不可能调成的事项，最终实现"事心双解"。

天津市高级人民法院出台《推进多元化纠纷解决机制建设》等文件，推动纠纷以非诉方式及时在源头化解。加强诉前联调，与市司法局、金融局、总工会、台办等单位建立联调机制，在诉讼服务中心设置诉讼辅导员，设立诉前调解室，对纠纷进行诉前导流、联合调解。2020年以来诉前调解案件16532件。多元化解纠纷相关经验入选第五批《人民法院司法改革案例选编》。加强在线调解，推动人民法院调解平台与人民调解"津调通"、商会调解平台、交通执法办案系统、劳动人事调解仲裁办案系统互联互通。全市法院法官轮流进驻市、区、街（镇）三级社会矛盾纠纷调处中心，通过诉讼服务、诉前调解、司法确认等全力参与一站式解纷、一站式服务。

三 "十四五"时期天津推进法治社会建设的思路举措

（一）坚持用习近平法治思想指导法治社会建设

天津市推进法治社会建设，必须充分发挥习近平法治思想的核心指导作用。"习近平法治思想深刻回答了法治中国建设为了谁、依靠谁的问题，科学指明了新时代全面依法治国的根本立场。习近平法治思想明确全面依法治国最广泛、最深厚的基础是人民，必须坚持以人民为中心，坚持为了人民、依靠人民。要把体现人民利益、反映人民愿望、维护人民权益、增进人民福祉落实到全面依法治国各领域全过程。积极回应人民群众新要求新期待，系统研究谋划和解决法治领域人民群众反映强烈的突出问题，不断增强人民群

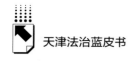

众获得感、幸福感、安全感，用法治保障人民安居乐业。"①

天津市法治社会建设工作，坚持以习近平新时代中国特色社会主义思想为指导，把深入学习领会习近平法治思想作为当前重要政治任务，在深入学习宣传习近平法治思想的重要意义、科学内涵和核心要义基础上，各相关单位要增强走中国特色社会主义法治道路的自觉性和坚定性。把习近平法治思想纳入各级党委（党组）中心组学习内容，与加强领导班子建设、干部教育培训相结合，推动领导干部带头学习、模范践行。健全社会管理格局。

（二）以宪法宣传为重点，推动多种形式普法

把宪法学习宣传和贯彻实施作为法治建设的重中之重，在全社会深入开展"尊崇宪法、学习宪法、遵守宪法、维护宪法、运用宪法"系列学习宣传教育活动，构建更科学的普及体系，拓展活动方式。进一步推动宪法进企业、进农村、进机关、进校园、进社区、进军营、进网络，形成纵向深耕、横向拓展的网络化推动布局。进一步深化法治区县创建和民主法治村、民主法治社区、法制教育示范校、法制教育示范单位等基层法治创建，巩固现有基层民主法治建设成果，并形成建设亮点。

进一步构建"互联网＋"普法新格局，充分发挥天津的产业优势，开创新型普法的天津模式。开展丰富的线上群众性法治文化实践活动，各级各类媒体要切实担负起传播法治文化的社会功能。通过网络和自媒体法治文化思想引领，引导群众坚持正确的舆论导向，自觉履行公益法治宣传职责。构建以多种媒体为渠道，大数据为依托，综合运用多种手段，开展全方位新时代法治精神传播体系建设。促进传统媒体坚守阵地，鼓励和引导广播、电视、报刊等大众媒体继续办好普法节目、专栏和法治频道。充分带动社会参与热情，鼓励和引导互联网、移动媒体等新兴媒体引领法治宣传教育方式创

---

① 《用习近平法治思想引领法治中国建设》，人民网，https：//baijiahao.baidu.com/s？id＝1687000752953744004&wfr＝spider&for＝pc，2020 年 12 月 25 日。

新，鼓励政府网和门户网站进行法治宣传教育栏目创新，适应时代和群众要求，充分扩大法治宣传教育的覆盖面、影响力和渗透力，在格局上形成领先全国的优势。

（三）全面落实普法责任制，构建立体化格局

为了更准确地聚焦民生、就业等重点领域，在现有基础上全面落实普法责任制，将普法责任制落实作为法治建设的重要内容，推动纳入各区各系统工作总体布局，纳入党政综合目标责任制考核和领导干部政绩考核，加强普法责任制落实情况考核评估，定期开展普法责任制落实情况履职评议等活动。为配合责任制落实，必须加强领导干部法治能力建设，全面推行领导干部任前法律知识考试制度，建立领导干部应知应会法律法规清单制度。明确天津市国家机关工作人员学法用法考试方式，通过实践摸索丰富相关制度建设的内容。

在全面落实"谁执法谁普法"普法责任制基础上，将普法融入立法、执法、司法和法律服务各环节，继续健全以案释法长效机制。全市各区根据自身特点整合社会普法资源，形成深入群众、带动群众、激发群众的全民大普法格局。相关单位明确责任清单和工作内容，细化工作推动举措，广泛开展《民法典》普法工作，将其作为"十四五"时期普法工作的重要任务来抓。继续重视法治教育实践基地建设，特别是青少年法治教育基地在基层的全面推行，把法治教育融入国民教育全过程，构建学校、家庭、社会"三位一体"的教育网络。

（四）完善多元化矛盾纠纷化解机制

天津将进一步建设人民调解、司法调解、行政调解等相互衔接的"大调解"工作格局。

完善社会矛盾纠纷排查化解体系，充分发挥劳动纠纷调解四方联动机制作用。强化医疗纠纷、交通事故等各类专业性、行业性调解组织建设，减少非专业性因素干扰。对于基层维稳工作，继续保持对不稳定因素的动态跟踪

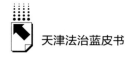

管理，把握化解矛盾纠纷的主动权，强化责任感。健全群体性事件应急处置机制，有效防范、预警和化解群体性事件。

完善社会风险评估机制，实现重大决策、重大项目经济效益和社会稳定风险"双评估"全覆盖，加大源头预防力度。建立运用法治方式解决问题的平台和机制，增强基层单位依法治理能力，完善企业、学校等基层单位业务和管理活动各项规章制度，严格按章办事按规办事。广泛开展行业依法治理，推进业务标准程序完善、合法合规审查到位、防范化解风险及时和法律监督有效的法治化治理方式。

建立健全群众诉求表达机制，充分维护群众合法权益，兼顾各方与重点关注并行，推行公共决策事项社会公示、公开听证等制度，增强政府公信力。促进信访与行政复议、诉讼、仲裁、执法监督相互配合，引导群众合法理性表达利益诉求、解决矛盾纠纷，完善"枫桥经验"天津模式。重点做好妇女、未成年人、老年人、残疾人、进城务工人员、下岗困难职工等社会群体的权益保障工作，切实减少社会问题，满足群众诉求，强化社会治理功能，有效化解社会矛盾。

推动法治化向社会基层扎根，完善党委领导、政府负责、社会协同、公众参与的社会管理格局，进一步加强社会管理法规、制度、体制、能力建设。创新社会管理的法律法规和制度安排，建立依法、守法、常态、有序、有效的社会管理机制，使各项社会工作有法可依、有法必依，使依法治理成为社会治理的基本方式，通过法治减轻基层工作人员负担。强化社会综合治理职能，形成社会治理合力，创新社会治理方式，破解社会治理难题，调节社会关系，平衡社会利益，解决社会矛盾，促进社会和谐。

（五）深入推进基层治理与社区自治

通过加强基层群众自治建设，发掘基层社会力量，形成法治社会建设的土壤。健全党组织领导的基层群众自治机制，激发社会活力和效能，完善民主管理制度，保障基层群众充分实行自治的权利。逐步发展基层民主，把城乡社区建设成为管理有序、服务完善、文明祥和的社会共同体。

　　加快推动基层自治组织规范化建设，依法落实村（居）委会民主选举制度，完善选举程序。规范村（居）级重大事务民主议事决策范围、程序和方式，凡涉及全体村（居）民利益的重大问题，应由村（居）民会议、代表会议讨论决定。健全政务公开、村（居）务公开等制度，推进党支部、村（居）委会报告工作和民主评议干部制度。解决政府行政管理与基层群众自治有效衔接和良性互动问题，保证人民群众依法实行民主选举、民主决策、民主管理、民主监督。提升城乡社区依法治理能力和治理水平，在党组织领导下实现政府治理和社会调节、居民自治良性互动。

　　依法完善村（居）民自治章程和村（居）规民约，落实各项民主管理制度。充分发挥"管理规约"等"软法"效用，推进基层自治。村（居）民委员会目前法律主体明确，但在社区基层住宅小区自治中，管理规约若要发挥约束作用，其制定主体必须具备法律上的正当性。因此，可以通过地方性法规等方式认可业主大会的法律主体地位。业主大会的组织特征得到确认，才能适用《民法典》有关法人或非法人组织的规定，并进而依据《公司法》第19条之"公司应当为党组织的活动提供必要条件"这一规范要求，在业主中设立党组织，开展党的活动，发挥整合社会基层力量的作用。

结　语

　　纵观天津市的法治社会建设进程，发挥传统优势与探索创新模式并重，利用优势资源与抓紧补齐短板并举。我国正值转型期，社会治理面临诸多挑战；随着人民群众物质生活条件不断改善，权利义务意识、民主法治意识、政治参与意识等不断增强，对于法律的认同、认可与实施也提升到一定高度，也希望参与国家治理与社会治理。

　　2021年时值中国共产党百年华诞，是"十四五"规划开局之年，也是"八五"普法工作启动之年。天津市法治社会的建设与发展，未来会以学习贯彻习近平法治思想为首要任务，深入学习宣传习近平法治思想，大力弘扬

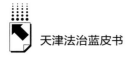

和学习宣传宪法，建设社会主义法治文化；保障重点领域、重点对象法治宣传教育，持续用力开展好普法工作，抓好普法责任制落实，完善基层治理与社会法治化。

参考文献

［1］《中共中央印发〈法治社会建设实施纲要（2020～2025年）〉》，《人民日报》2020年12月8日。

［2］中共中央办公厅 国务院办公厅印发《关于加强社会主义法治文化建设的意见》，中国政府网，2021－04－05，http：//www.gov.cn/zhengce/2021－04/05/content_5597861.htm。

［3］《坚持法治国家、法治政府、法治社会一体建设》，《人民日报》2020年4月21日。

［4］胡玉鸿：《建设法治国家、法治政府和法治社会的社会基础》，《中国社会科学报》2020年6月10日。

［5］《坚持法治思维法治方式 加快推进全面依法治市制度体系建设》，《天津日报》2020年3月11日。

［6］刘基智、王璐、张志锋、韩玲：《新时代做好普法工作的研究与思考》，《中国司法》2020年第12期。

［7］刘丽：《弘扬法治精神法治文化 推进法治社会建设》，《南方日报》2014年12月1日。

B.18
天津市普法历程回顾
与"八五"普法展望

天津市普法工作调研课题组*

摘　要： 提升公民法治素养是全面依法治国的题中应有之义，也是加强
党的执政能力建设和先进性建设的客观要求。天津市自1985年
始，连续开展了七个五年的法治宣传教育，经历了从对基本法
律常识的启蒙推广到法治理念的培育树立、从政策化到法治化
的变迁发展过程，取得了一系列普法成果。通过丰富的实践活
动，强化公民对法律的信任与尊重是新型普法工作的重点和难
点。2021年是天津市"八五"普法的开局之年，建议通过明确
普法重点内容，在法治实践中探寻普法的制度性创新，进一步
落实普法责任制，探索青少年普法教育新模式，综合运用多种
技术手段丰富普法形式、加强组织保障等，全力推动天津市
"八五"普法工作实现新发展、新突破。

关键词： 法治文化　法治实践　普法责任制　青少年普法　新媒体
普法

党的十八大以来，以习近平同志为核心的党中央一直高度重视普法工
作，强调要坚持把全民普法和全民守法作为依法治国的基础性工作，同时把

---

* 执笔人：赵希，法学博士，天津社会科学院法学研究所，助理研究员。天津市司法局提供相
关资料。

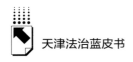
全民守法与科学立法、严格执法、公正司法一起作为全面依法治国的新十六字方针。党的十九大指出："加大全民普法力度，建设社会主义法治文化，树立宪法法律至上、法律面前人人平等的法治理念。"这为新时代法治宣传工作指出了前进的方向，提供了根本遵循。

我国普法工作自20世纪80年代末以来已历经30余年，对普法工作的整体规划和具体制度探索逐步完善。《中央宣传部、司法部关于开展法治宣传教育的第八个五年规划（2021～2025年）》继续把宣传中国特色社会主义法律体系作为基本任务，在总结前七个五年普法规划经验基础上，提出实施公民法治素养提升行动、加强社会主义法治文化建设、推动普法与依法治理有机融合等新举措。中共中央办公厅、国务院办公厅印发的《关于加强社会主义法治文化建设的意见》明确提出，"在法治实践中持续提升公民法治素养"。这意味着，随着法制宣传向法治宣传转型，真正的普法宣传应立足法治生活，将普法与人民现实生活相互融合，这是避免普法宣传形式化、运动化的根本途径①。

广大人民群众法治素养的高低关系到中国特色社会主义事业大局，关系到全面依法治国的实践进程。天津市以人民群众的法治需求为工作导向，在"七五"普法期间取得了显著成效。为进一步落实中央关于提升公民法治素养的新要求，同时为"八五"普法开创新局面，建议天津市在普法制度性创新、落实普法责任制、青少年法治教育、普法媒介创新、加强组织保障等方面加以完善。

一 天津市普法历程及主要成果

（一）天津市普法的主要历程

自1985年11月5日《中央宣传部、司法部关于向全体公民基本普及法

---

① 陈思明：《"谁执法谁普法"普法责任制的法治思考》，《行政法学研究》2018年第6期，第109～110页。

律常识的五年规划》公布实施以来，天津市依照党中央、国务院的统一部署，接连开展了七个五年的法治宣传教育。经历了由无到有、由浅入深，从对基本法律常识的启蒙推广到法治理念的培育树立，从单纯普法到普治结合，从政策性到法治化的发展历程。

1. 普法对象的全面与重点相结合

在多年的普法实践中，天津市由面向广大人民群众的全面普法教育，转变为全面普法与突出重点对象相结合。一方面，坚持将提高全民法治素养作为基本出发点；另一方面，将领导干部、公务员、企业经营管理人员、青少年、农民和进城务工人员等作为重点对象，针对各类人群的不同特点开展不同形式的法治宣传活动，切实推进公民依法律己、依法维权。

2. 普法内容中基本点与社会热点的融汇

由对法律基本知识的宣讲，过渡到结合社会热点问题进行专项主题宣讲。天津市始终坚持以需求为导向，以提升基层依法治理水平为出发点，以教育普及重点、难点、热点法律常识为主要内容，全面推进法律六进工作，实现普法工作覆盖基层与突出重点内容相互嵌入，不断巩固和夯实基层治理的法治基础。与此同时，紧密围绕党和政府各个时期的重点任务，结合本市社会热点、难点问题，天津市还及时开展了多项具有一定深度、广度的专项法治宣传活动和其他专项行动，以法治保障中心工作的成效检验普法效果，促进法律制度转化为实际的治理效能。

3. 普法社会影响力的深化与拓展

扩大法治宣传的社会影响力，从努力营造法治氛围拓展到与创建法治品牌相结合。为进一步提升法治宣传的舆论指引力和社会影响力，充分发挥传统媒体在法治宣传中的独特优势和重要作用，市级和区级广播电台、电视台、报纸刊物等新闻媒体纷纷开辟一系列普法品牌栏目，受到社会公众的普遍欢迎和广泛关注。新闻媒体还通过采用新的宣传手段，将普法宣传与新型传播渠道相结合，开辟了新的宣传阵地，不断增强法治宣传的实效性、针对性、新颖性。

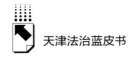

4. 法治文化的群众导向与氛围培育

加大法治文化培育力度，从满足人民群众基本法治需求，延展到将法律传播与法治文化建设相结合。在艺术创作和基层文化建设中不断渗透法治宣传，将法律咨询、普法教育、法治文艺等内容融入各类公众活动，将法治要素不断深入社会生活各领域，渗透到各个角落，形成天津市独特的法治文化景观，在"润物细无声"的法治文化氛围中改进和提升人民群众的法治观念。

（二）天津市"七五"普法的主要成果

具体来说，"七五"普法以来，天津市坚持以习近平新时代中国特色社会主义思想为指导，全面贯彻落实习近平法治思想，紧紧围绕提升各级各部门领导干部法治治理能力和法治思维、提高全民法治素养、提高社会治理法治化水平等目标，以落实普法责任制为抓手，注重普法实效，夯实普法载体，创新普法形式，在实现了"七五"普法工作目标的基础上，措施扎实，重点突出，成效显著，亮点频出，为法治天津建设营造了良好的法治环境和社会环境，主要表现为以下 3 个方面。

1. 重点人群法治素养提升工作的全方位推进

一是紧抓领导干部这个"关键少数"，不断推进国家工作人员学法用法规范化、制度化。将宪法法律纳入各级党校和行政学院教学内容，坚持并完善党委（党组）中心组集体学法、法律知识考试等制度，持续开展领导干部旁听庭审特殊"法治教育课"。天津市自主研发了学法用法网上考试系统，该系统覆盖全市国家工作人员 12 万余人，该系统可以实现手机版、真人语音朗读和"中国知网"账号认证"三级跳"，这一创新成果被司法部作为"司法行政改革新亮点"广泛宣传。

二是聚焦作为普法"源头"的青少年群体。广泛推行"法治副校长"制度，法治副校长目前已遍布全市 877 所小学、527 所中学。开展中小学课堂法治教育活动，推进"六落实"，构筑学校、家庭、社会"三位一体"的教育网络。针对青少年群体的年龄特点开展特色法治宣传活动，包括编印

《小智宣法》漫画读本 3 万册并发放全市，开展高校大学生法治辩论赛活动，举办法治原创作品征集大赛以及"学宪法、讲宪法"演讲比赛等各类法治实践活动。其中原创作品大赛获线上百万围观，成为天津市 2018 年末最火的法治直播节目。

三是注重普法的公众"普惠性"。在针对群众需求重点、供给方式等开展深度调研的基础上，连续多年围绕重要人群、重要节点进行持续动态评估，探索建立天津市"法治宣传教育发展测评数据库"，打造"津门普法"基层普法平台，适时推送优秀普法产品，上述措施可以精准对接基层群众需求，畅通普法宣传的"最后一米"。

2. 对重要法律文本的全覆盖式宣讲

一方面，突出《宪法》宣讲。天津市广泛持续开展"宪法精神七进""送宪法进万家"等活动，印发宪法宣传册达 400 余万本。依托"12·4"国家宪法日以及宪法宣传周，开展"宪法知识竞答"、"宪法诵读"、微视频创作评选等活动，"宪法在身边"知识竞赛掀起学宪法热潮，宪法公益广告进院线播放 16700 余场次，受众达 82.7 万人次。天津广播电视台制作专题节目《宪法为新时代护航》，《法制日报》头版报眼刊发《天津把宪法精神送到千家万户》，全市形成线上线下同推进、宪法精神全域覆盖的宣传格局。

另一方面，掀起《民法典》宣传热潮。紧抓领导干部这个"关键少数"，通过成立理论学习中心组、政府常务会、举办专家讲座等形式倡导带头学法，开启宣传学习《民法典》的热潮。天津市成立了《民法典》宣讲团，举办"津门普法"《民法典》与你同行法治沙龙活动，累计共吸引约 300 万人次参与云端学法。与此同时，天津主流媒体不断在重点频率、时段推出专栏、发布专刊，各新闻网站遴选 3600 余篇稿件及时推送相关信息，发布《民法典与你同行》《打卡民法典》等公益宣传片配合普法传播，达成了显著的社会宣传效果。

3. 特色普法工作的开展

天津市的特色普法工作主要以"服务大局普法行"主题实践活动为依

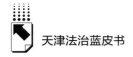
托，围绕重要的时间节点如"3·8"妇女节、"3·15"消费者权益保护日、"4·15"全民国家安全教育日、"6·26"国际禁毒日等进行集中宣传。特色普法活动还聚焦防范非法集资、打击电信网络犯罪、扫黑除恶等热点领域开展法治宣传活动。

在抗疫期间，天津市以"防控疫情 法治同行"专项法治宣传行动为纽带，通过发布倡议书、召开新闻发布会、进行新闻访谈，赢得疫情防控的主动权。在疫情防控的特殊时期，天津市创新推出"非接触式"普法，发布以案释法案例，推送快板书、电子海报等法治文化产品，开通12348疫情防控专线，开办公益法律服务空中课堂，疫情防控法治公益广告在全国铁路、天津机场、地铁和1400辆公交车上广泛投放，得到司法部和群众的肯定和认可①。

二 天津市普法工作的经验与成效

（一）健全机制，为普法奠定扎实基础

第一，完善普法相关机构设置。为适应新时代普法宣传需求，天津市成立了市委全面依法治市委员会守法普法协调小组和市普及法律常识办公室，由市司法局承担守法普法协调小组联络员和办公室职责。守法普法协调小组会暨落实普法责任制联席会议定期召开，为确保守法普法工作高效运行、实体运作提供了组织保障。

第二，强化普法效果的督导考核。天津市将普法工作纳入国民经济和社会发展"十三五"规划，并作为全面依法治市考核重要内容纳入全市绩效考核指标体系，实现对各区、市级政府部门和党群组织的全覆盖。另外，还在全市部署开展宪法学习宣传实施和"七五"普法中期督查，确保各项工

---

① 参见刘基智、王璐、张志锋、韩玲《新时代做好普法工作的研究与思考》，《中国司法》2020年第12期。

作任务落实落地。

第三，狠抓普法责任制落实。深化全域普法"一盘棋"理念，建立"谁执法谁普法、谁服务谁普法、谁主管谁负责"普法责任制，以及以案释法和落实普法责任制联席会议等配套制度，发布 105 家单位的普法责任清单，深入推进全市各部门、各单位切实履行普法职责，在全社会构建"大普法"工作格局①。

（二）培育亮点，基层依法治理规范有序

首先，加强法治乡村建设。推动中央关于法治乡村建设的部署落实落地，研究制定天津市加强法治乡村建设实施方案，实施"法律明白人""法治带头人"培养工程，推动建设自治、法治、德治相融合的城乡基层社会治理体系，促使法治乡村建设重点突出、特色鲜明、创新发展。

其次，深化法治创建活动。组织开展"天津市民主法治村（社区）"创建评选，推进民主法治示范村动态发展，圆满完成 7 个批次、53 个全国民主法治示范村（社区）复核。确定 16 个市级普法依法治理基层联系点，推动帮扶困难村的民主法治建设。全市有 3 个区被评为"全国法治县（市、区）创建活动先进单位"，9 个村、社区被评为"全国民主法治示范村（社区）"，法治建设水平显著提升。

最后，打造普法特色品牌。坚持发挥品牌效应，将"12·4"国家宪法日暨宣传周活动打造成为全市普法宣传的窗口和焦点，奏响年度普法宣传最强音。开展天津市法治人物推选活动，开展天津市精准普法"十大品牌"推选活动，推动法治宣传教育工作在新媒体普法、法治文化等不同领域、不同层面形成品牌，推动天津市法治建设水平进一步提升。

（三）聚焦津门，不断培育法治文化

坚持将法治宣传融入法治文化建设，传承法治精神，润泽社会民生。第

---

① 参见刘基智、王璐、张志锋、韩玲《新时代做好普法工作的研究与思考》，《中国司法》2020 年第 12 期。

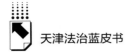

一，推动传统媒体和新兴媒体融合发展。积极搭建声、屏、报、网立体宣传平台，《天津日报》、《今晚报》、天津广播电视台等市级媒体加大宣传力度，各主流媒体开设《今日开庭》《法眼大律师》等普法栏目，北方网《津门普法》、"天津司法"微信微博、12348 天津法网等密集推送普法产品，全面提升法治文化的引导力和影响力。

第二，培育具有地域特色、时代特色的法治文化。组织开展深入学习贯彻十九大精神暨打击传销法治文艺基层行巡演、京津冀法治宣传教育协同发展法治文艺汇演，开展法治动漫微视频征集评选，举办法治"普法大讲堂·企业环境保护沙龙"等，倾心培育具有天津特色的法治文化产品。

第三，精心打造法治文化基地、阵地。以法治惠民为核心，目前已评选命名 29 个市级法治宣传教育基地和优秀阵地品牌，2 个获评全国法治宣传教育基地，16 个区至少建成一个或多个区级法治宣传教育基地，倾力打造一批主题鲜明、互动性强的法治文化宣传教育精品项目，开辟了津城民众学法用法新境界。

三 推动天津市"八五"普法工作开创新局面的对策建议

2021 年是天津市"八五"普法的开局之年，结合《中央宣传部、司法部关于开展法治宣传教育的第八个五年规划（2021～2025 年）》以及《关于加强社会主义法治文化建设的意见》的要求，提高普法的针对性和实效性。建议从以下方面强化法治宣传教育，全力推动天津市"八五"普法工作实现新发展、新突破，为天津市经济社会高质量发展提供坚实的法治保障。

（一）明确普法重点内容

首先，要突出宣传习近平法治思想，把习近平法治思想作为党委理论学习中的重点内容，列入党校和干部学院重点课程，推动领导干部带头学习、模范践行。将习近平法治思想纳入高校法治理论教学体系，推动习近平法治思想进教材、进课堂，入脑入心、走深走实。其次，要深入持续开展宪法宣传教育活动，在青少年成人仪式、学生毕业仪式等活动中设置相应的礼敬宪法等环节，大力弘扬宪法精神。再次，突出宣传《民法典》，提高广大市民运用《民法典》维护个人权益、化解矛盾纠纷的能力，让《民法典》走到群众身边，帮助群众解决实际问题。最后，需要深入宣传与社会治理现代化密切相关的法律法规。例如，开展经常性的防治家庭暴力、个人信息保护、社区管理服务、和谐劳动关系等方面的法治宣传教育，推动市民增强风险防控能力，持续提升其法治素养。

（二）在法治实践中探寻普法的制度性创新

根据《关于加强社会主义法治文化建设的意见》精神，普法教育的顶层设计应从传统的侧重法治宣讲过渡到以法治实践为载体的新模式，这就需要在法治实践的具体环节探索体验式、"沉浸式"新型法治宣传形式。在执法和司法环节，建议引入公众参与互动的一些具体机制，使公众能够在具体的法治实践中感受公平正义，实现法治宣传目的。

2021年新修订的《行政处罚法》增设了3项行政执法程序制度，即执法公示制度、执法全过程记录制度、重大执法决定法制审核制度。在行政执法过程中应制定有关配套制度，方便群众参与行政处罚程序。及时回应群众关切，解答群众的法律困惑，使群众对执法结果和执法人员更为信服。再如，司法案例一直被视为最好的法治教科书，天津市的庭审直播活动已成为常态化普法宣传方式，能够使公众同步亲历法庭调查、法庭辩论等审理环节，以身临其境的方式消除民众对法律的陌生感和神秘感。在此基础上可以探索法院普法的其他创新形式，如创作普法短剧、情景剧、原创漫画、短视频，开展普法巡回讲堂、网络课堂等，以群众喜闻乐见的方式介绍法院的创新工作，满足群众多元化的普法需求，让人民群众更了解和信任法院和法官。

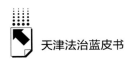
（三）进一步落实普法责任制，增强普法实效

普法责任制的提出是新时代普法宣传工作的核心制度创新和重要顶层设计。因此，天津下一步的普法工作，要进一步贯彻落实普法责任制的核心制度内涵，进一步明确普法责任主体范围，凝聚普法的更大合力。普法责任制的具体运转需要不断探索，建立普法与立法、司法、执法、法律服务等的合作机制，制订并贯彻将普法嵌入执法等重要领域的标准化操作流程，加强对社会热点的法治解读评论，推进在立法、执法、司法和法律服务过程中开展实时普法。另外，需要规范普法责任制考评机制，针对普法责任制落实这一重点工作，专门开展履职评议和督促检查，切实推动各部门认真落实普法职责并不断改进完善相关工作。

（四）探索青少年普法教育新模式

探索符合青少年特点的法治教育模式，优化升级青少年普法教育方式，在普及基本法律常识的基础上，注重青少年参与法治实践，将书本上的法律转化为实践中的法律。建议组织青少年开展法律相关的模拟法庭、讨论、辩论、法治"情景剧"比赛以及组织观看公开的法庭审理等活动，使青少年学习和掌握更有深度的法律知识，加深对法律的认知和理解。此外，可以通过运用 VR 等新技术，增强青少年普法活动的体验感、参与感与学习兴趣。例如，青少年只需佩戴 VR 眼镜就可以 360 度全方位观看整个庭审现场，沉浸式体验审判流程、感受法庭的庄重，树立正确的法治观念。再如 VR 实景模拟体验项目，以游戏的方式让青少年体验垃圾分类、交通法规等的具体运用，通过体验实际感受法律法规的重要性。

（五）综合运用多种技术手段丰富普法形式

一方面，应当改革和完善传统媒体的普法模式。习近平总书记强调："要创新宣传形式，注重宣传实效"。普法宣传在由"灌输式"向"以人为本"的精神渗透式转变过程中,应当努力建设专业法治频道,打造知名法治节目、特色法治栏目,在对法律知识、法律案件的报道中不局限于凶杀、抢劫等吸引眼球的刑事案件,或局限于内容雷同的家长里短的民事纠纷,或局限于对司法案件的简单还原和演绎,而应注重节目报道的内容品质,影响和培育观众的法治精神。可以邀请权威专家开展在线交流与互动,增加观众的参与感。

另一方面,应当加强新媒体技术在普法中的运用,开展智慧普法,使互联网这个最大变量成为普法创新发展的最大增量,实现"指尖上的微普法"。运用各类网站、微博、微信、手机 App 等将普法教育信息及时推送到民众手中。积极探索多种媒体协同普法传播的新模式,构建广播、电视、报纸、网络、移动客户端等多位一体的法治宣传平台①。此外,需要注意对新媒体进行严格监督审核,避免和纠正信息传播过程中出现的虚假信息、低俗信息等情况,保证普法宣传工作平稳运行。

(六)完善普法工作保障机制,加强普法能力建设

第一,在普法工作机构力量的强化方面,需要健全完善党委领导、政府主导、人大监督、政协支持、部门各负其责、社会参与的法治宣传教育体制,进一步提升法治宣传教育工作的组织力和执行力。第二,在人员配置方面,应强化普法队伍建设,提升人员配备和编制数量,适应新的工作要求。第三,在绩效考核方面,各级党政主要负责人严格按照法治建设第一责任人职责要求,认真履行普法领导责任,把法治宣传教育工作纳入法治建设总体部署,纳入综合绩效考核、文明创建等考核评价内容,确保工作实效。第四,在经费保障方面,加强经费保障,明确经费标准,推动建立普法经费动态增长机制,保障普法工作健康发展。第五,在规范化保障方面,修订《天津市法治宣传教育条例》,推进法治宣传教育制度化规范化。

---

① 林凌:《新媒体普法传播模式创新研究》,《当代传播》2018 年第 5 期,第 87 页。

B.19
天津市社会矛盾纠纷多元化解
机制建设实践分析[*]

天津市社会矛盾纠纷多元化解机制研究课题组^{**}

摘　要： 天津市在社会矛盾纠纷多元化解机制建设中积极推动创新
　　　　 探索和实践，取得显著成果。通过强化政治引领，实现机制
　　　　 创新，完善了资源结构。经验做法是：分工明确、权责清
　　　　 晰；打造集约型工作模式；实现调节机制的综合发展；重视
　　　　 心理服务，加强源头疏导。目前，社会矛盾纠纷多元化解机
　　　　 制在应用普及、主体沟通衔接、队伍建设、智能化平台建设
　　　　 等方面还存在一定发展空间，未来应继续提升"枫桥经验"
　　　　 天津模式的实践水平，拓展矛盾纠纷多元化解机制的实践
　　　　 广度和深度，强化内外政策相互辅助的工作机制，提升矛
　　　　 盾纠纷化解智能化技术水平，形成更加有力的心理服务干
　　　　 预体系。

关键词： 矛盾纠纷　多元化解　社会治理

　　2019年10月党的十九届四中全会通过的《中共中央关于坚持和完善中国特色社会主义制度　推进国家治理体系和治理能力现代化若干重大问题的

---

　* 本文系天津市法学会2021年法学研究专项委托课题"天津市社会矛盾纠纷多元化解机制建设实践分析"（课题编号：TJWT2021003）的研究成果。

** 执笔人：李悦田，法学博士，天津社会科学院法学研究所助理研究员。研究方向：基层治理与法治。市委政法委、市司法局提供相关资料。

决定》（以下简称《决定》）指出，要"完善社会矛盾纠纷多元预防调处化解综合机制"。2020 年 3 月 30 日，习近平总书记在浙江安吉考察调研社会矛盾纠纷调处化解中心时强调，"基层是社会和谐稳定的基础。要完善社会矛盾纠纷多元预防调处化解综合机制，把党员、干部下访和群众上访结合起来，把群众矛盾纠纷调处化解工作规范起来，让老百姓遇到问题能有地方'找个说法'，切实把矛盾解决在萌芽、化解在基层"[①]，为社会矛盾纠纷多元化解机制的发展指明了方向。

中国共产党第十九届中央委员会第五次全体会议提出"十四五"时期经济社会发展的主要目标，其中包括社会治理特别是基层治理水平明显提高，防范化解重大风险体制机制不断健全。社会矛盾纠纷多元预防调处化解综合机制是全面推进依法治国、建设中国特色社会主义法治体系的内在要求，是创新社会治理、增强发展活力的客观需要，是强化源头治理、坚持标本兼治、切实解决社会矛盾纠纷的重要举措。天津市把矛盾纠纷化解作为社会长治久安基础性工作的重要内容之一，及时应对群众需求多样化问题，根据不同的矛盾纠纷导入不同的渠道予以化解，有效避免渠道拥堵导致的系统性失灵，建设更加完善的社会调节体系，进一步提升社会矛盾调解中心的功能。

一　全国社会矛盾化解的总体趋势

（一）新变化和新走向

进入新时期，我国经济体制和社会结构都经历了深刻的变革考验。多元利益格局日趋形成，人们的思想观念产生了深刻变化。外部环境日趋复杂多变，风险挑战不断增加。社会矛盾纠纷呈现增长趋势，个体性矛盾纠纷导致

---

① 《习近平在浙江考察时强调：统筹推进疫情防控和经济社会发展工作　奋力实现今年经济社会发展目标任务》，中国政府网，http://www.gov.cn/xinwen/2020－04/01/content_5497891.htm，2020 年 4 月 1 日。

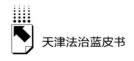

的公共安全事件时有发生，对社会和群众生活产生一定影响。加快推进社会治理体系现代化，完善矛盾纠纷防范化解机制，建设高水平平安中国，有效解决基层问题，对于维护公共安全、保障群众安全感，具有重要的现实意义。

随着经济社会发展，整个社会矛盾纠纷也出现很多新的变化和走向。全国人民调解组织每年解决基层矛盾纠纷900多万件①。2019年7月31日发布的《最高人民法院关于建设一站式多元解纷机制、一站式诉讼服务中心的意见》首次提出"一站式多元解纷、一站式诉讼服务"工作要求。全国3500多家法院成立近7000个调解工作室、3200多个在线调解室，一站式多元解纷制度体系逐步建立健全，多元解纷和诉讼服务工作更加规范化、标准化、专业化②。

在十三届全国人大四次会议第二次全体会议上，最高人民法院报告指出，"坚持把非诉讼纠纷解决机制挺在前面，推动矛盾纠纷源头预防化解。全面应用人民法院调解平台，与全国总工会、公安部、司法部、人民银行、银保监会、证监会等完成'总对总'在线诉调对接，涵盖劳动争议、道交事故、金融保险、证券期货、知识产权等纠纷领域，3.3万个调解组织、16.5万名调解员入驻平台，为群众提供菜单式、集约式、一站式服务，诉前调解案件424万件。全国人大代表、全国政协委员积极参与矛盾纠纷多元化解，人民法院对接'老马工作室'等代表委员调解工作站，合力化解纠纷。全国法院受理案件在先后突破2000万和3000万关口后，出现2004年以来的首次下降，特别是民事案件以年均10%的速度增长15年后首次下降，充分体现了在各级党委领导下推进一站式多元解纷机制建设，促进矛盾纠纷源头治理、多元化解的显著成效"③。

---

① 《司法部解析社会矛盾纠纷变化 从四方面着手应对》，环球网，https：//baijiahao. baidu. com/s？id=1598881256996160075&wfr=spider&for=pc，2018年4月27日。
② 《矛盾纠纷"一站化解"公平正义提速增效》，人民网，https：//baijiahao. baidu. com/s？id=1676623647629249456&wfr=spider&for=pc，2020年9月1日。
③ 《2021年3月8日下午周强作最高人民法院工作报告》，中国法院网，https：//www. chinacourt. org/chat/chat/2021/03/id/52780. shtml，2021年3月8日。

（二）新时代"枫桥经验"

20 世纪 60 年代初，浙江诸暨枫桥的干部群众创造性发展和总结出依靠和发动群众，坚持矛盾不上交，就地解决，实现捕人少、治安好的基层管理经验与社会矛盾解决经验。经过 50 多年的发展创新，"枫桥经验"内涵不断丰富完善，对坚持群众路线与法治方式相结合，创新群众工作方法，完善多元化纠纷解决体系，具有重要指导意义。社会矛盾纠纷的多元化解，要充分发挥基层群众的能动作用。选择代表深入群众调解矛盾纠纷在我国有悠久的传统，《周礼》中就有专门设置调解纠纷的官职"调人"的记载①。在深入群众了解群众的基础上，形成高效便捷的情感与制度双重调节机制，既符合群众的权利意识要求，还能减少诉讼成本和公共资源浪费。

新时代"枫桥经验"是习近平新时代中国特色社会主义思想的重要实践成果。习近平总书记强调，要推动更多法治力量向引导和疏导端用力，完善预防性法律制度，坚持和发展新时代"枫桥经验"，完善社会矛盾纠纷多元预防调处化解综合机制，更加重视基层基础工作，充分发挥共建共治共享在基层的作用，推进市域社会治理现代化，促进社会和谐稳定②。习近平同志对"枫桥经验"的深入阐释，推动"枫桥经验"成为新型社会治理的重要范式。新时期"枫桥经验"经过实践和时间的检验，可复制可推广，把实现好、维护好、发展好广大人民的根本利益作为基层治理的最重要目标，具有理论和实践双重价值。

二 天津市社会矛盾纠纷多元化解机制建设的成果及特点

天津市相关单位深入贯彻落实《决定》精神和习近平总书记重要指示

---

① 《周礼·地官·调人》。

② 《推动法治力量向引导和疏导端用力》，中国法院网，https：//www.chinacourt.org/article/detail/2021/04/id/6010053.shtml，2021 年 4 月 29 日。

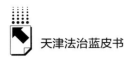

要求，立足天津的发展实际，以及特殊地缘位置带来的责任强化，创新和发展新时代"枫桥经验"，为维护全市社会稳定，筑牢首都"政治护城河"发挥了重要作用。近年来，天津市主动适应时代发展要求，积极回应人民群众关切，传承和发扬"枫桥经验"，构建和完善多元化纠纷解决体系，不断创新方式方法，拓宽纠纷解决渠道，取得了一定成果。

（一）强化政治领航作用

从顶层设计上总体谋划，在全市建立社会矛盾纠纷调处化解综合机制，以市委办公厅、市政府办公厅名义印发《关于建立社会矛盾纠纷调处化解综合机制的通知》。强化主要领导实地调研，重点调研社会矛盾纠纷调处中心，现场指导推动工作。深化对多元调解机制建设的认识，每周汇总社会矛盾纠纷调处化解综合机制建设情况，及时准确作出分析并指导落实。通过随机到市、区、街（乡镇）中心暗访的方式，深入了解工作的具体落实情况，面对面接待群众，每季度召开工作例会，推动三级中心建设。全市2000余名各级各部门"一把手"主动到三级中心接访，主动到基层下访、与群众约访，落实各级党委、政府对群众的关怀，推进三级中心有序运行。

（二）形成有效创新机制动能

社会矛盾纠纷调处化解综合机制既是对传统信访机制的创新，也是"大调解"工作机制的创新。实践中，全市三级中心充分发挥综合机制的"综合"作用，把社会治理各项机制运用到矛盾纠纷调处化解的生动实践，初步形成了矛盾纠纷一站式接收、一揽子调处、全链条解决的"天津实践"，工作经验被中央政法委《政法动态》推广、《人民日报》等媒体刊发，国家信访局予以肯定，多个省市来津学习。天津市从满足人民群众的多元化法治需求出发，通过利用诉前甄别等方法，进一步形成多层次、差别化的纠纷处理机制，实现繁简分流、轻重分离、快慢分道。借助"人民调解＋司法确认"制度，发挥司法确认制度"不收费、抗反悔、可执行"的优势，实现诉调顺畅对接，打通了司法为民的"最后一公里"。通过网络平台统一整合在线调解资源，对调解成功的案件信息无缝接入人民法院立案平台，依法赋予人民调解协议强制执行效力，进一步提高非诉调解协议公信力，促成多数纠纷诉讼外解决，实现了从粗放型向立体化的转型升级，提升了纠纷解决体系的精细化水平。

（三）充实和完善资源配置结构

天津市将统筹各方资源、畅通和规范群众诉求表达的渠道，作为打造共建共治共享社会治理新格局的有力抓手和构建社会矛盾纠纷调处化解综合机制的亮点。天津实现市、16 个区、257 个街（乡镇）和功能区三级社会矛盾纠纷调处化解中心全部挂牌运行，市、区、街（乡镇）三级联动、上下贯通的组织架构，也成为全国首创。运行 8 个月来，三级中心累计接待群众10.4 万人次，受理事项 2.1 万件，为群众提供咨询 1.2 万人次，化解矛盾纠纷 1.2 万件。优化中心资源配置，整合 25 个市级部门和调解员、律师等70 多名进驻市级中心，平均 25 个区直部门进驻各区中心，联调联动、一体运行，形成相互补位、相互监督、相互促进的矛盾纠纷多元化解平台。

三 天津社会矛盾纠纷多元化解机制建设的经验做法

天津市将做好社会矛盾纠纷调处化解工作作为提升社会治理水平的重中之重，矛盾纠纷化解新机制分级建设，树牢以人民为中心的发展思想，形成矛盾纠纷的人民调解、行政调解、司法调解联动工作体系，畅通和规范群众诉求表达、利益协调、权益保障通道，打造矛盾纠纷"一站式接收、一揽子调处、全链条解决"新模式，切实做到对人民负责、让人民满意、为人民服务。

（一）坚持党委领导，分工明确，权责清晰

天津市在完善多元化纠纷解决体系过程中，始终坚持党的绝对领导，是

多元化纠纷解决体系建设的最大政治优势。在各级党委的领导下，行政机关、有关组织能够通力配合，更好地发挥多元化纠纷解决体系的功能。以党的领导作为根本保证，构建群众"遇事能找到说法"的平台。深刻认识矛盾纠纷调处化解工作本质上是党的群众工作，是党在新时期密切联系群众的桥梁和纽带，坚持"以人民为中心"的发展思想，着力把党的政治优势、组织领导优势转化为推进市域社会治理的强大效能。以制度建设为抓手，运用平安天津建设机制、党建引领基层治理机制、信访联席会议机制和大调解工作机制，建立党委主管、政法委主抓、信访办和司法局主责的工作责任体系。围绕综合机制建设，制定《天津市三级社会矛盾纠纷调处化解中心规范》和闭环工作流程，制定《运用"四方"调处方式化解矛盾纠纷的意见》等配套文件。

天津通过精准定位管理的方式，将社会矛盾纠纷按照类别、层级进行相应分类。各级各部门主要领导主办，对于复杂情况采取负责承包的方式，明确各项工作的主体责任，提升了工作效率和水平。形成日报告、周分析、月通报的科学工作流程，市级中心每月通报各区各部门"一把手"交办办结、进京越级访和到市重复访情况，第一时间完成问题的溯源和处理。在推行在线调解平台等新型工作模式过程中，依靠相关单位的支持和统筹协调以及司法行政部门的积极配合，在线调解工作及时步入正轨并开始发挥重要作用。随着各种民间调解组织陆续进驻，人民群众参与矛盾化解的广度和力度得到极大提升，实现了由"一元"向"多元"的转型升级，切实提升了纠纷解决的多元化水平。

（二）打造集约型工作模式，提升服务效能和服务水平

以资源整合优化工作模式，打造群众"遇事仅跑一地"的窗口。天津市坚持以"资源集中、功能齐全"为目标，打造"一站式"社会矛盾纠纷调处化解共同体。建立部门驻中心工作人员直接联系"一把手"、代表"一把手"现场接待和调处化解的工作程序，确保问题处理的权威性和及时性。下沉到区、街（乡镇）中心，运用好"吹哨报到"机制，汇集各级部门资

源和社会力量，联合解决基层问题。以联动协同创新工作机制，打通群众"遇事就地解决"的终点。80%的法院与交警队、司法局、市场监管局、金融工作局、妇联、工会、劳动仲裁委员会等两个以上单位或组织有效对接，合力推动多元解纷。80%的法院与本区、街道两级矛盾纠纷调处中心进行对接。

本着高效解决群众问题的原则，防止群众"多地跑""反复跑"现象，同时增设机构、不增加编制，避免行政资源浪费，市区两级依托信访办、街（乡镇）依托综治中心，建立"授办一体、即接即办"工作模式。在三级中心设立矛盾调解、信访代办、人民调解、法律援助、诉讼服务、心理咨询等功能区块，开放30个接待窗口，每个窗口挂牌明示，办事群众按需对牌入座。对于涉访问题，坚持有访必接，对于群众性信访事项，三级中心争取做到全部吸收，严格把控登记、初访、重复访、越级访各个程序，做好梳理分类、自办交办。公安机关三级矛盾纠纷调处化解新机制落地实施，深入推进向群众汇报、听群众意见、回应群众诉求常态化制度化。天津法院系统全面推进"分调裁审"机制改革，有效促进了纠纷化解提质增效。

（三）打破调解类别界限，实现调解机制的综合发展

天津市社会矛盾纠纷多元化解机制建设，打破了人民调解、行政调解、司法调解的类别界限，设立调处"主持人"角色，并视情况设立观察员，运用"四方"调处方式，主动引导矛盾双方选择调解。在主持方中立主导以及观察方公正建议下，依法依规综合运用各种调处手段，帮助矛盾双方实现和解。市级调解中心建立由各单位主官、人民调解员、律师等45人组成的主持人库以及由"两代表一委员"等组成的观察员库，在实践中发挥了重要作用。80%的法院建立了专业调解团队，专门负责诉前调解案件，在实践中不断积累调解经验，并充分运用于矛盾纠纷化解，切实提升诉前调解成功率。

对于复杂疑难问题，采用分系统、分领域、分类别总结的方式，精细梳理调处化解成功的案例，发现潜在规律和社会治理内涵，形成一类一案一例

的指引经验积累，推动同类问题有效解决。市级社会矛盾纠纷调处中心运行以来，召开联席会议52次，联合解决复杂疑难问题200个。编发《成功典型案例汇编（第一辑）》，20篇成功案例向全市推广，推动同类问题有效解决。通过在基层落实网格员"九全"机制，全市4.8万名专兼职网格员开展矛盾纠纷滚动排查、就地化解，会同民警、人民调解员等力量，及时处置，把问题化解在域内，全年排查调处各类纠纷23.3万余件，调处成功率97%，群众到信访接待场所集体访同比下降58.5%。

（四）提升群众的信任度，重视心理服务，加强源头疏导

天津市注重提升群众对基层矛盾纠纷化解能力的信任度，对安抚社会情绪和倾听群众心声进行了更多探索。矛盾纠纷调处化解综合机制建立后，通过全市"吹哨报到"机制赋予基层"战区"吹哨职权，上级解决问题部门闻哨而动，拿出各方资源帮助基层解决问题，推动了大事小事都在基层得到化解。自2020年10月以来，市级社会矛盾纠纷调处中心响应区级吹哨30余次，带领市级资源下沉服务，使20多件积案难案在下级"战区"得到有效化解。把基层化解作为首要选择，压实"市事市办、区事区办、街（乡镇）首办"责任，矛盾纠纷由街（乡镇）中心首办，健全重大矛盾纠纷提级办理制度，下级办理不了的及时上报、逐级解决。三级中心运行以来，80%的群众初访化解实现不出区和街（乡镇）。

社会矛盾纠纷历史性问题的当事群众，由于多种原因，往往形成偏执、多疑等心理问题。矛盾纠纷调处化解多元机制建立后，发挥社会矛盾纠纷调处中心评理说法的作用，通过培训以及引入心理服务团队等方式，首先倾听投诉人的心声，打开对方心结，再站在群众的立场和角度，依据情理法，释法明理，疏导劝解。充分认识源头预防是保障矛盾纠纷不上行、不外溢，把各类矛盾纠纷解决在基层的有效方式。坚持早发现、早处置，把负面影响严格控制在最低限度，形成化解矛盾纠纷、防控风险的整体合力。

落实重点人群精准管理，通过落实登记、帮扶、救助措施，加强服务管理，从源头上有效防止矛盾风险发生。对矛盾苗头或矛盾倾向，形成"日

研判、日报告、日推送"科学流程。在新冠肺炎疫情防控期间，及时化解因疫情引发的企业关停、租费减免、劳资纠纷等矛盾纠纷，群众到信访接待场所集体访同比下降58%，把各类风险隐患化解在市域的能力水平明显提升，人民群众的安全感满意度保持在98%以上。

四 进一步完善矛盾纠纷多元化解机制的主要举措

（一）与深入推进市域社会治理现代化紧密结合

要把完善矛盾纠纷多元化解与推进市域社会治理现代化相结合，深入推进服务探索。进一步提升新时代"枫桥经验"实践水平，增强问题意识，从细微小事入手，站在群众角度分析可能出现的矛盾纠纷，提升预见的准确性和处理问题的灵活性。创新群众工作，满足人民群众的切实要求。

充分利用天津城市人文精神，继续发挥传统优势，将城市整体文明建设与多元化解机制充分融合。发挥基层"网格化"治理等基层治理创新实践的作用，确保矛盾纠纷化解于网格内、社区内，通过提升群众自治水平防止矛盾纠纷产生。通过继续延伸服务下沉，职能部门把服务送到基层"神经末梢"，群众派单、服务到家，消除矛盾源头隐患，进一步用服务助推社会稳定和谐。

（二）提升矛盾纠纷化解智能化水平

应用大数据、人工智能等科技手段，进一步加强对社会矛盾纠纷的预见、监测、排查、评估工作。通过大数据分析，掌握矛盾纠纷的动态和分布，提升问题预警能力，对风险等级、概率进行科学标注，形成稳定的动态分析能力。推进矛盾纠纷化解智能平台升级，进一步拓展智能终端的基层延伸。通过科技手段优化智能平台操作模式，提供更加丰富的服务内容，以 App 等形式让群众通过手机即可获得矛盾纠纷化解服务。

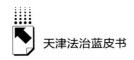

建设多元矛盾调解案例数据模型，构建矛盾调解虚拟场景，利用技术手段建设矛盾纠纷化解虚拟演练平台。相关部门和工作人员，可以在虚拟平台上进行案例重现和调解演练，随时随地进行业务练兵。依据过往矛盾纠纷化解案件建设数据库，通过充分的数据分析整理，集中相关专家和研究人员形成可视化研究成果。

（三）构建各类政策实施协调配合工作机制

通过政策保障进一步畅通和完善群众利益诉求表达对口分流机制，确保各相关职能部门解决群众诉求窗口渠道畅通，规范群众诉求表达、利益协调、权益保障通道，实现"群众少跑腿、问题快解决"。心理服务机构、法律服务机构紧密配合，加强基层工作人员的多元素质培训，增强矛盾调解相关技能训练，在公平公正的基础上，依法依情灵活处理矛盾纠纷。广泛发动公益组织、志愿者参与矛盾纠纷化解，动员更多的社会力量参与矛盾纠纷化解机制建设。加强民生保障和社会救助机制建设，不断增强公共服务能力，减少社会矛盾纠纷产生的社会条件。

（四）德治法治双向建设共同发力

2021年中共中央、国务院发布的《关于加强基层治理体系和治理能力现代化建设的意见》提出，推进基层法治和德治建设。矛盾纠纷产生与社会环境有密不可分的关系，推进落实基层法治德治建设，能够净化社会环境，逐步消除矛盾纠纷产生的土壤。法治社会的发展让人民群众普遍尊法守法，道德素质的提升使社会更加和谐。将矛盾化解在基层，就要在基层法治和思想道德双向建设上形成完善的工作机制，在规范和道德层面共同提升，进一步夯实社会稳定的基础。

典型经验与案例
Typical Experiences and Cases

B . 20
天津市营商环境法治化报告

天津市营商环境法治化研究课题组 *

摘　要：　近年来天津市积极推进营商环境法治化建设，取得了良好成效。天津市营商环境法治化建设主要集中于立法保障、司法保障、为京津冀协同发展提供法治保障等方面。立法保障方面主要表现为：优化政务环境、市场环境、法治环境，健全公共服务体系，清理法规规章，完善工作机制，制定配套规范性文件。司法保障方面主要体现为：着力构建"三大体系"，积极打造法治化营商环境。京津冀协同优化营商环境的法治保障方面，体现为立法、司法、执法上的协同。

关键词：　营商环境　立法保障　司法保障　京津冀协同发展

---

* 执笔人：龚红卫。课题组成员：龚红卫，法学博士，天津社会科学院法学研究所助理研究员。张智宇，天津社会科学院法学研究所，助理研究员。市委依法治市办、市司法局、市政务服务办提供相关资料。本文系天津市法学会 2021 年度法学研究专项委托课题"天津市营商环境法治化建设研究：现状评估与发展路径"（课题编号：TJWT2021002）的研究成果。

营商环境是一个国家和地区的重要软实力，也是核心竞争力。2019年2月25日，中央全面依法治国委员会第二次会议指出，法治是最好的营商环境。世界银行发布的《全球营商环境报告2020》显示，中国营商环境得分为77.9分，全球排名从上年的第46位上升至第31位，连续第二年位列营商环境改善最大的经济体全球前十名。在优化营商环境的制度供给层面，国务院出台的《优化营商环境条例》于2020年1月1日起施行。在地方性法规层面，《天津市优化营商环境条例》在国务院条例颁布前就已颁布实施，具有先行性立法的特点。天津市在建章立制促进法治环境公正透明方面取得了良好成效，优化了营商环境，引来了优质的项目和企业，更引来了人才。

一 天津市营商环境法治化概况

营商环境法治化不仅是对市场主体的约束，也包括对政府的约束。2019年9月，《天津市优化营商环境条例》正式实施，将《关于营造企业家创业发展良好环境的规定》（天津八条）、《关于进一步促进民营经济发展的若干意见》（民营经济十九条）、《天津市承诺制标准化智能化便利化审批制度改革实施方案》（"一制三化"改革）等一系列行之有效的政策、做法、经验上升为法规制度，进一步规范化、制度化、系统化。《天津市优化营商环境条例》规定了容错免责条款，明确了容错免责的条件，为保障改革创新提供法律支撑；在"法律责任"部分，详细界定各级人民政府、有关部门及其工作人员损害营商环境追责的12种具体情形以及应承担的法律责任，不仅保障了市场主体的合法权益，也为政府更好地发挥职能提供了稳定的预期，有利于营商环境在法治化轨道上长效运行①。

加强优化营商环境的法治化体系保障。天津市在全国率先制定实施了

---

① 韩阳：《高起点、全覆盖、重落实——〈天津市优化营商环境条例〉的三大亮点》，北方网，2019年9月2日。

《天津市不动产登记条例》，制定了《天津市政府投资管理条例》《天津市知识产权保护条例》《天津市生态环境保护条例》《天津市社会信用条例》《天津市地方金融监督管理条例》《天津市促进大数据发展应用条例》《天津市道路交通安全若干规定》《天津市工会劳动法律监督条例》《天津市养老服务促进条例》等多部专项地方性法规。知识产权保护是营商环境的构成要素和评价指标之一，是衡量一个国家创新能力强不强、营商环境好不好的关键要素和指标，天津市在省级地方立法权限内对知识产权保护综合立法进行了积极的探索和创新。2019 年 9 月 27 日，天津市十七届人大常委会第十三次会议审议通过了《天津市知识产权保护条例》，并于 2019 年 11 月 1 日起实施，这是全国首部省级知识产权保护综合性地方法规。

为优化政务环境提供法治保障。天津市聚焦建设项目审批的重点环节和关键节点，启动实施了新一轮改革，制定印发《天津市深化工程建设项目审批制度改革　优化营商环境若干措施》。从优化项目前期服务、精简审批环节、扩大简易低风险项目范围、提高审批效率、全面实行"一网通办"、加强事中事后监管等方面，提出 20 条改革措施。

二　天津市营商环境法治化的实践成效

2020 年，天津市围绕打造公正透明可预期的法治化营商环境，从立法、执法、司法、守法各环节发力，全面提升营商环境法治化水平。2020 年中国城市营商环境百强榜显示，天津总分 86.71 分，居第 8 位，营商环境综合排名居全国前列。

（一）依法维护市场秩序，强化市场主体公平竞争环境

疫情期间，天津市人大常委会、市政府在全国率先出台依法防控疫情、野生动物管理保护等地方性法规规章，依法维护市场秩序。各级执法司法机关依法严惩哄抬物价、制假售假等违法犯罪行为。市场监管委对津南区某惠民药店处以 300 万元重罚，成为全国第一批严厉打击疫情期间哄抬物价案

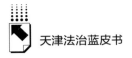

例，在全国产生重要影响。严格开展公平竞争审查，出台《天津市关于进一步加强公平竞争审查工作的实施意见》，开展反不正当竞争执法，查处违法案件77件。畅通市场主体救济和退出渠道，第二中级人民法院仅用3个月时间审结九个"僵尸企业"执转破案件，执行标的达764.5万元。南开区人民法院适用简易程序审结18家企业破产清算案，平均审理周期仅为92天。

依法平等保护民营企业，市委政法委牵头出台《政法机关服务民营经济十条措施》，市委依法治市办牵头评选"政法机关优化法治化营商环境十大典型案例"。实践中把轻微违法违规行为列入免罚清单，全市先后免予处罚轻微违法违规案件600余件，并严格依法纠错，同步开展精准普法，针对性帮助企业改正问题、规范经营，得到企业一致好评。

（二）依法开展涉企服务工作，保障企业顺利复工复产

疫情防控期间，天津市全面优化涉企法律服务，有力保障企业复工复产。一是设立12348服务民营经济专线，先后解答民营企业咨询类电话4074通，转办事项21件，为企业提供疫情防控期间足不出户的专业法律服务。二是构建涉企矛盾纠纷调处化解机制。市司法局与市工商联持续深化行业性、专业性人民调解，推动建立宁波商会、山东菏泽商会等31家商会调解组织，加大复工复产期间各类涉企矛盾纠纷排查化解力度。三是开展民营企业"法治体检"活动。各区公益法律服务团先后开展法律政策宣讲2671件次，帮助企业处理各类民商事纠纷4208件，通过律师调解成功化解1195件，为企业挽回经济损失逾9亿元。针对疫情引发的涉外纠纷，组织成立中小外贸企业专项国际贸易法律咨询志愿服务团，服务企业45家，涉案标的9900万元，挽回损失3523万元。

（三）依法做好法治督查工作，保护市场主体合法权益

在法治督查方面，一是抓好法治化营商环境专项督查。围绕2019年底开展的"营造法治化营商环境保护民营企业发展"专项督查发现的问题，

认真抓好后续问题解决。二是抓好法治服务，协调督办民营企业发展问题。针对武清某药业公司面临抵押厂房被司法拍卖、无法继续经营的困境，积极协调并推动有关法院在法律框架下通过调解等方式帮助企业脱困，避免破产倒闭，保住了近 200 名职工的工作岗位。三是挂牌督办民营企业难点问题。先后督促解决滨海新区政府部门连续 5 年拖欠律师事务所 270 余万元税收返还款问题、东丽区拖欠企业拆迁补偿款问题、静海区某村级组织按计划偿还拖欠应付企业执行款 100 余万元等多个难点问题，进一步提升政府公信力，保护市场主体合法权益。

三　天津市营商环境法治化的主要举措

（一）立法保障

2020 年 4 月，天津市委全面依法治市委员会印发《关于加强全市法治化营商环境建设的 15 条措施》，对天津市加快推进法治化营商环境建设提出了 15 个方面的具体措施，并明确了相应的责任单位和营商环境立法保障的主要内容。

1. 优化政务环境

"十三五"期间，天津市人大常委会先后制定实施了《天津市人民代表大会常务委员会关于市人民政府机构改革涉及地方性法规规定的行政机关职责调整问题的决定》《天津市预算审查监督条例》《天津市政府投资管理条例》《天津市促进大数据发展应用条例》，市政府制定《天津市便民服务专线管理规定》等。

一是推进立法，制定《天津市优化营商环境条例》《天津市知识产权保护条例》《天津市社会信用条例》。二是制定《天津市营商环境建设评价实施方案》，构建了包含 20 个一级指标和 92 个二级指标的天津市营商环境建设评价指标体系。三是推动各市级部门出台营商环境建设政策措施 156 件，形成 2020 年营商环境建设的制度支撑。四是指导相关市级部门出台优化营商环境工作实施细则 23 件。五是通过"政策一点通"平台上传 2020 年政策措施 224 件，有力推动复工复产。六是开展"一制三化"审批制度改革，修改了 32 部地方性法规、15 部政令，取消了 42 项行政许可。七是制定《天津市建立健全企业家参与涉企政策制定机制的实施办法》《天津市营商环境投诉查处回应办法》，在天津市便民服务中心设立企业服务专线。八是结合全市开展的"营商环境大讲堂"活动，帮助广大干部群众进一步熟知、领会《天津市营商环境条例》内容和精神实质。九是建立优化营商环境专家智库和监督员队伍，首批聘请包括人大代表、政协委员、专家学者、律师、企业家、媒体记者、行业协会商会代表等群体在内的 128 名营商环境监督员，参与营商环境建设和监督工作。十是加大监督考核力度，将营商环境工作落实情况纳入相关绩效考核。

2. 优化市场环境

"十三五"期间，天津市人大常委会先后制定实施了《中国（天津）自由贸易试验区条例》《天津市市场和质量监督管理若干规定》《天津市不动产登记条例》《天津市促进科技成果转化条例》《天津市住房公积金管理条例》《天津市基本医疗保险条例》《天津市地方金融监督管理条例》《天津国家自主创新示范区条例》《天津市社会信用条例》《天津市工会劳动法律监督条例》《天津市农业机械化促进条例》，修改了《天津市实施〈中华人民共和国台湾同胞投资保护法〉办法》《天津市专利促进与保护条例》《天津滨海新区条例》，废止了《天津市社会办医机构管理条例》。天津市人民政府制定实施《天津市建设工程勘察设计管理规定》《天津市食品生产加工小作坊和食品摊贩监督管理办法》等，为优化市场环境营造了规范空间。

3. 优化法治环境

"十三五"期间，天津市人大常委会制定实施了《天津市人民代表大会常务委员会执法检查办法》《天津市知识产权保护条例》《天津市司法鉴定管理条例》《天津市人民代表大会常务委员会和区人民代表大会常务委员会规范性文件备案审查办法》《天津市人民代表大会常务委员会关于促进和保障新时代滨海新区高质量发展的决定》《天津市人民代表大会常务委员会关于天津市资源税适用税率、计征方式及减征免征办法的决定》，修改了《天津市地方性法规制定条例》《天津市人民代表大会常务委员会讨论、决定重大事项的规定》。天津市政府制定了《天津市工伤保险若干规定》《天津市行政规范性文件管理规定》《天津市重大行政决策程序规定》《天津市国有土地上房屋征收与补偿规定》等规章。

同时，天津市积极营造法治环境，助推本市经济发展。一是组织开展优化营商环境清理工作，将9部地方性法规、14件市政府规章、50件市政府文件、132件委发文件全部纳入清理范围，对2件政府规章提出修改和废止建议。二是积极推动工程建设项目"清单制＋告知承诺制"审批改革，实现社会投资低风险项目审批时间不超过25个工作日。

4. 健全公共服务体系

"十三五"期间，天津市人大常委会审议通过了《天津市公安机关警务辅助人员管理条例》《天津市司法鉴定管理条例》《天津市学校安全条例》《天津市安全生产条例》《天津市医院安全秩序管理条例》《天津市禁毒条例》《天津市特种设备安全条例》《天津市人民代表大会常务委员会关于依法做好新型冠状病毒肺炎疫情防控工作　切实保障人民群众生命健康安全的决定》《天津市突发公共卫生事件应急管理办法》《天津市道路交通安全若干规定》《天津市预防和治理校园欺凌若干规定》《网络虚假信息治理若干规定》等地方性法规，天津市政府制定或修订并实施了《天津市消防安全责任制规定》《天津市海上搜寻救助规定》《天津市公安机关警务辅助人员管理办法》《天津市城市照明管理规定》《天津市烟花爆竹安全管理办法》等规章，为平安天津建设提供法治保障。

提升社会治理水平。天津市人大常委会制定实施了《天津市街道办事处条例》《天津市宗教事务条例》，在疫情防控期间制定实施了《天津市人民代表大会常务委员会关于依法做好新型冠状病毒肺炎疫情防控工作　切实保障人民群众生命健康安全的决定》和《天津市突发公共卫生事件应急管理办法》，"十三五"期间修改了《天津市物业管理条例》，疫情防控期间修改了《天津市学前教育条例》《天津市供电用电条例》等。

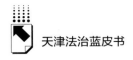
提升全市文明素质和公共服务水平。制定实施了《天津市促进精神文明建设条例》《天津市文明行为促进条例》《天津市志愿服务条例》《天津市见义勇为人员奖励和保护条例》《天津市公共文化服务保障与促进条例》《天津市公共电信基础设施建设和保护条例》，修改了《天津市养老服务促进条例》《天津市公路管理条例》等法规。

改善生态环境。制定实施了《天津市生态环境保护条例》《天津市湿地保护条例》《天津市土壤污染防治条例》《天津市生活垃圾管理条例》《天津市机动车和非道路移动机械排放污染防治条例》《天津市绿色生态屏障管控地区管理若干规定》，制定、修改了《天津市绿化条例》《天津市大气污染防治条例》《天津市水污染防治条例》《天津市节约用水条例》等。

5. 清理法规规章

为贯彻党中央、国务院决策部署，深化天津市"放管服"改革，进一步减少市场准入限制，优化营商环境。2018 年打包修改了《天津市客运出租汽车管理条例》《天津市计量管理条例》等 32 部地方性法规；2019 年通过两次打包，修改了《天津港保税区条例》《天津经济技术开发区条例》等 9 部地方性法规；2020 年修改了《天津市供电用电条例》等 7 部地方性法规，废止了《天津市社会办医机构管理条例》，为营商环境建设提供法治保障。清理政府规章，2018 年通过两次打包，修改了《天津市墙体材料革新和建筑节能管理规定》《天津市商品条码管理办法》等 28 部规章的部分条款，废止了《天津市建设项目环境保护管理办法》《天津市地质灾害防治管理办法》等 7 部规章；2019 年市政府修改了《中新天津生态城管理规定》《天津东疆保税港区管理规定》，废止了《天津市工伤保险若干规定》；2020 年天津市人民政府修改了《天津市城市建设档案管理规定》等 17 部规章的部分条款，废止了《天津市重大建设项目招标投标稽察办法》《天津市土地整理储备管理办法》等 6 部规章。

6. 完善立法工作机制

一是在立法调研和起草修改过程中，注重邀请并认真听取吸纳企业和行业协会、商会的意见建议，深入了解企业利益诉求，降低企业制度性成本。

二是增加基层立法联系点，直接听取企业对立法的意见建议。2015 年 9 月，市人大常委会在和平区、河西区、北辰区、蓟州区人大常委会法制室设立 4 个基层立法联系点。2017 年 3 月，在西青区杨柳青镇人大、武清区下伍旗镇人大、市律师协会南开区工作委员会、天津市康科德科技有限公司增设 4 个基层立法联系点，向企业和行业协会延伸，广泛倾听各方面意见建议，特别是市场主体的意见建议。三是加强规范性文件备案审查，依法对涉及营商环境的《天津市人民政府办公厅关于印发天津市支持中小微企业和个体工商户克服疫情影响　保持健康发展若干措施的通知》《天津市人民政府办公厅关于进一步优化营商环境　更好服务市场主体若干措施》等政府规范性文件和《天津市高级人民法院关于进一步为民营经济发展提供司法保障的实施意见》《天津市高级人民法院破产管理人分级管理办法》等市高院规范性文件进行审查，避免出现有悖于保护民营经济的情况，保障良好营商环境的有序建设。

7. 制定配套规范性文件

自 2019 年 9 月 1 日《天津市优化营商环境条例》实施以来，天津市相继制定出台了一系列配套细化规范性文件（见表1）。

表 1　2019 年 9 月以来天津市优化营商环境相关配套文件制定实施情况

日期	文件名称
2019. 9. 18	《天津市人民政府关于印发〈天津市深化工程建设项目审批制度改革实施方案〉的通知》（津政发〔2019〕25 号）
2019. 12. 19	《市政务服务办关于印发天津市承诺制标准化智能化便利化审批制度改革 2.0 版事项清单的通知》（津政务发〔2019〕37 号）
2020. 1. 21	《关于印发〈天津市建立政务服务"好差评"制度工作方案〉的通知》（津政务发〔2020〕4 号）
2020. 5. 20	《天津市人民政府办公厅关于印发天津市促进汽车消费若干措施的通知》（津政办规〔2020〕8 号）
2020. 6. 28	《市政务服务办　市发展改革委关于印发〈天津市公共资源交易目录（2020 年）〉的通知》（津政务函〔2020〕11 号）
2020. 7. 3	《关于印发〈天津市行政许可事项承诺制负面清单（2020 年版）〉的通知》
2020. 8. 5	《关于印发〈天津市优化营商环境工作联席会议制度〉的通知》（津政务发〔2020〕20 号）

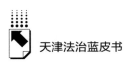

日期	文件名称
2020.8.10	《关于全面实行行政许可事项容缺受理工作的通知》(津政务发〔2020〕19号)
2020.8.24	《市政务服务办 市工业和信息化局 市通信管理局 市城市管理委 市交通运输委 市规划资源局印发〈关于优化通信基站站址建设行政审批工作〉的通知》(津政务发〔2020〕25号)
2020.8.28	《关于印发"零跑动"政务服务事项清单的通知》(津政务发〔2020〕26号)
2020.11.8	《天津市人民政府办公厅印发〈关于进一步优化营商环境 更好服务市场主体若干措施〉的通知》
2020.11.8	《天津市人民政府关于取消和调整一批行政许可事项的通知》
2020.11.24	《天津市人民政府办公厅关于印发天津市加快推进政务服务"跨省通办"工作方案的通知》
2020.12.11	《天津市人民政府关于印发天津市优化营商环境三年行动计划的通知》
2020.12.13	《天津市人民政府办公厅关于印发〈天津市深化商事制度改革 进一步为企业松绑减负 激发企业活力若干措施〉的通知》
2020.12.17	《天津市人民政府办公厅关于印发〈天津市长期护理保险制度试点实施方案〉的通知》(津政办规〔2020〕24号)
2020.12.24	《天津市人民政府办公厅关于印发〈天津市全面推行证明事项告知承诺制实施方案〉的通知》(津政办发〔2020〕34号)
2020.12.24	《天津市财政局关于印发〈天津市政府采购负面清单〉的通知》(津财规〔2020〕2号)
2020.12.29	《关于印发〈关于天津市进一步深化"一制三化"改革 打造一流政务服务体系的实施方案〉的通知》(津职转办发〔2020〕4号)
2020.12.30	《天津市人民政府关于废止部分行政规范性文件的通知》
2020.12.30	《天津市人民政府关于实施"三线一单"生态环境分区管控的意见》(津政规〔2020〕9号)

(二)司法保障

加强优化营商环境的司法保障。天津市高级人民法院制定出台《天津市高级人民法院关于优化营商环境评价指标体系的实施细则》;建立知识产权侵权案件惩罚性赔偿制度,提高知识产权侵权违法成本;设立破产法庭、破产审判专业化合议庭,加强破产审判专业化建设。全市法院积极开展破产案件简易化审理,推进"执转破"工作,提高破产案件审理效率。推动成立市破产管理人协会，建立由58家中介机构组成的破产管理人名册。第二中级人民法院2019年12月设立全市首个破产法庭，集中管辖部分破产案件，优化创新审判工作机制，积极推动府院联动，着力破解制约破产案件受理审理的难题，推动营造良好的法治营商环境。

市司法局着力构建"三大体系"，积极打造法治化营商环境。一是加强行政立法，着力优化法治化营商环境制度体系。二是加强行政执法监督，着力完善法治化营商环境执法体系。建成新市级行政执法监督平台，出台《天津市行政执法监督平台管理办法》，完成727个执法部门的执法基础信息归集工作，实现对执法行为的全方位、实时化监管。三是加强公共法律服务，着力打造法治化营商环境保障体系。组建市级公益法律服务骨干律师"百人团"，成立16个区级企业复工复产法律服务分队。探索"互联网＋公证"服务，推出54项公证事项，为市场主体提供"零跑腿"和"最多跑一次"服务。组织全市公证机构成立专项业务工作小组，简化仲裁立案程序，为企业依法有序复工复产提供服务。

（三）京津冀协同优化营商环境的法治保障

习近平总书记在2014年2月提出，实现京津冀协同发展是优化国家发展区域布局、优化社会生产力空间结构、打造新的经济增长极、形成经济发展新方式的需要。京津冀营商环境水平关系到京津冀三地能否有效实现区域协同发展。基于此，京津冀三地陆续出台了地方优化营商环境条例，为京津冀协同优化营商环境提供了立法协同保障，如2017年12月颁布的《河北省优化营商环境条例》、2019年8月颁布的《天津市优化营商环境条例》、2020年3月颁布的《北京市优化营商环境条例》等。此外，天津市还制定了《加强全市法治化营商环境建设15条措施》《营商环境建设评价实施方案》《天津市社会信用条例》，进一步加强优化营商环境的立法保障。

此外，京津冀三地积极推进行政服务协同，为优化营商环境提供执法保障。一是京津冀三地推进行政审批制度改革协同。2016年10月，京津冀三地签署了《京津冀行政审批制度改革协同发展战略合作共识》，达成了10

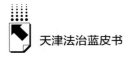

项共识并得到较好推行。二是京津冀三地推动行政许可事项共享互认。2018年4月，京津冀三地签署《京津冀行政许可事项共享清单》，实现清单内事项的事项名称（包括子项名称）、许可内容、设定依据、申请条件、许可结果形式等的统一，并最终实现京津冀三地审批结果互认。三是京津冀三地建立行政实体大厅、通办互认的电子服务平台和网上办事大厅。为推进"互联网＋政务服务"协同，京津冀三地共同起草了《京津冀政务服务"一网通办"试点工作方案》，共同确定了线上线下政务服务事项清单，明确了政务服务"一网通办"事项以及异地办理的政务服务事项，推进公共资源交易服务协同共治。

京津冀确立司法协同，为优化营商环境提供法治保障。为建立健全京津冀法院工作联络机制，提升司法服务保障能力和水平，2016年2月最高人民法院颁布了《最高人民法院关于为京津冀协同发展提供司法服务和保障的意见》，为京津冀三地司法协同助力营商环境优化提供了方向。

B.21
天津市"飞地"治理属地化的创新实践*

天津市飞地治理研究课题组**

摘　要：　由于行政区划与管辖权不统一，社会治理职责不明，"飞地"出现管理和服务盲区，"飞地"居民生活环境、社会服务、权益保障等方面更无法获得充分的社会支持和保障。天津市以党建为引领，建立重点挂牌督办制度，"战区主官"包案负责。各区深入排查与其他区交界处的管理空白点，彻底解决治理真空、职责交叉、行政区划与行政管辖不一致的问题，全部纳入属地街道管理。坚持治理惠民，积极回应群众诉求。下一步将强化政策与法律支持，形成"飞地"治理长效机制。

关键词：　"飞地"　管辖权　属地化　管理职责

"飞地"是一种特殊的人文地理现象，是城市化进程中由于城市规划与社会管理脱节，长期积累形成的、行政区划与管辖区不统一的区域。天津市针对近年来日益突出的"飞地"治理问题，采取治理属地化措施。基层社会治理属地化，即属地承担行政区划内社会治理、服务和管理责任，应管尽管。天津市基层治理属地化推进了一系列创新实践，积累了丰富的治理经验。

---

* 本文系天津市法学会 2021 年度法学研究专项委托课题"天津市'飞地'基层社会治理属地化实践"（TJWT2021004）的相关研究成果。
** 执笔人：魏慧静，法学博士，天津社会科学院法学研究所，助理研究员。市委政法委、市政协社会和法制委员会提供相关资料。

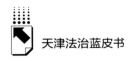

一　天津市"飞地"属地化治理的背景与现状

随着社会经济发展和人口增长，城市化进程加快，天津市在城市规划和社会建设过程中形成了大量"飞地"，主要分布在市内六区、环城四区等区域，共计546处，其中分布较多的是南开区、西青区、河东区、河西区、东丽区、红桥区、北辰区等。天津市"飞地"主要分为四种不同类型："城中村"、接壤"插花地"、不接壤"插花地"以及责任不清地带，其中以"城中村"和接壤的"插花地"比重大、问题体量大，治理效率和质量要求高。此外，"飞地"还涉及居民家庭、产业、企业等不同类别，需要明确不同的治理方案，其中涉及居民家庭的"飞地"治理，问题多、难度大；还有相当一部分"飞地"历史久远，成因复杂，社会问题积累严重，治理难度增加。

行政区划与管辖权不统一，社会治理职责不明，使得"飞地"出现管理和服务盲区，引发了一系列社会问题，"飞地"居民生活环境、社会服务、权益保障等方面更是无法获得充分的社会支持和保障。2020年4月，天津市市委研究提出"飞地"基层社会治理属地化方案，着力解决关系群众切身利益的社会问题。

二　天津市"飞地"治理属地化的主要做法与成效

自开展"飞地"治理工作以来，天津市坚持治理为民、治理惠民，真抓实干，严督实办，全力推进"飞地"基层社会治理属地化工作。各区"飞地"治理工作全面开展，有力推进"城中村"、"插花地"、责任不清地带等"飞地"问题处理，大部分点位已实现顺利交接，并由市工作专班对每处点位开展复查复核。"飞地"问题治理明晰了各方的责任内容、职责边界，解决治理真空和职责交叉、行政区划与行政管辖不一等问题，优化管理体制，压实属地管理责任，实现基层党建和基层社会治理全覆盖；全市共投入专项整治资金 1.6 亿元、拆迁安置资金 3.4 亿元，排除问题隐患 1100 个，兜底民生保障重点扶助人员 209000 人，拆除违建 119000 平方米，改善群众生活居住条件，消除各类隐患，居民获得感、幸福感和安全感显著提升。

（一）以党建为引领，"飞地"治理不断深化

在"飞地"治理工作中，各区不断提高政治站位，强化使命担当，通过探索建立党建引领"飞地"治理领导机制，始终坚持党对"飞地"治理工作的坚强领导。红桥区在党建引领基层治理领导小组架构下，成立区委解决"飞地"治理有关问题专项工作组，指导"飞地"治理工作；北辰区不断强化街道乡镇、城乡社区党组织领导本地区基层社会治理的核心作用，开通"网格化管理系统"，配备网格员管理队伍，启动信息化管理工作，将党支部建在网格上、党小组建在楼栋里，坚持党建引领基层治理，依法治理，整体联动。在党建引领下，各区不断以更高标准、更严要求、更实举措，积极落实市级"六清楚六到位"要求，严格强化整治标准、完善指挥体系、厘清工作职责、加快整治进度，通过区与区、街道与街镇、社区与村三级协调联动，不断推动"飞地"基层社会治理属地化工作走向深化。

（二）加强组织领导和制度保障，"飞地"治理有法可依

一是加强组织领导，按照市委和市政府的决策部署，市党建引领基层治理体制机制创新工作领导小组设立工作组，迅速组织开展"双摸排、双到位"工作，摸清全市底数、深入梳理分析。各区根据实际情况，先后成立"飞地"问题专项工作领导小组，制订详尽方案，整体有效推进"飞地"治理工作。河北区成立"飞地"基层社会治理工作领导小组，下设 4 个专项工作组，明确牵头单位、成员单位和工作分工，确保职责任务全覆盖、无死角；河东区成立"飞地"基层社会治理属地化排查整治工作领导小组，制订排查整治工作实施方案和督办方案，明确工作目标、工作原则、组织机构、整治问题、对策措施和任务分工。

二是加强制度保障，推进"飞地"治理法治化。先后制定《关于解决天津市"飞地"基层社会治理属地化有关问题的督办方案》，坚持以人民为中心，拿出担当精神，采取科学方法，一地一专班、一地一策组织实施；研究起草《关于解决"城中村"飞地基层社会治理属地化有关问题的意见》，明确总体要求、基本原则、对策措施和方法步骤，分类推进实施，依法依规撤村。此外，河北区拟定《河北区关于深入开展"飞地"基层社会治理属地化排查整治工作的实施方案》，进一步明确路线图、任务书、时间表，统筹各职能部门工作有序开展。

（三）强化工作机制，"飞地"治理有效推进

建立并落实"战区制、主官上"的"飞地"治理执行机制，市工作专班加强调研督办，召开工作例会、重点问题分析研判、问题通报、司法管辖权统一移交等各类专题会议，起草专报、简报、规范性文件。落实"吹哨报到"机制，及时解决各区工作中遇到的困难和问题。建立区、镇街、居村三级联动机制、区与区协调联动机制，属地街道与职能部门协同配合，有效沟通，及时反馈。规范程序，严格落实"行政界线"清楚、"治理主体"清楚、"管理职责"清楚、"运行机制"清楚、"移交接管"清楚、"风险隐患"清楚等"六个清楚"，以及"治理责任"到位、"应管尽管"到位、"共治共享"到位、"维护稳定"到位、"组织保障"到位、"责任落实"到位等"六个到位"，即"六清楚六到位"工作标准，建立区级验收机制，提升治理标准，规范工作流程，形成"点位报结、督查复核、反馈整改、验收销号"工作闭环。建立联签联核机制，按照"一地一档"要求，做到风险隐患联查、移交责任联签、报结事项联核；点位治理完成后，由社区、街镇逐级申请报结，由区级做好查访、验收工作。建立复查复核机制，市工作专班办公室组成暗访组，采取实地查看、调研座谈、走访群众等方式，对报结点位进行复核，形成查访记录，发现问题并下达"查访问题提示单"，消除治理隐患。

（四）坚持问题导向，抓住治理重点难点

坚持问题导向，根据不同类别"飞地"现状和属地化治理重点难点，建立重点挂牌督办制度，"战区主官"包案负责，逐个攻坚。一是彻底解决治理真空和职责交叉等问题。各区深入排查与兄弟区交界处的管理空白点，全部纳入属地街道管理。二是彻底解决行政区划与行政管辖不一致的问题。认真落实天津市有关"飞地"行政区划变更工作要求，按照属地发起原则，积极配合兄弟区实施属地发起，共同协调相关变更工作方案。2020年7月，天津市红桥区、北辰区就两区行政区划内13块"飞地"行政管辖和属地化管理有关事项达成一致并签约协议，红桥区首先实施属地发起，与北辰区就240亩菜地、苗圃大院、工业园等5处"飞地"的行政管辖和属地化管理有关事项签订协议书；随后，由北辰区实施属地发起，与红桥区就明确和春里小区、新凯西里、郭辛庄等8处"飞地"行政管辖和属地化管理有关事项签订协议书，推动两区行政区划13处"飞地"各项工作步入正轨，全部实现基层党建全覆盖、基层社会治理全覆盖，属地属事责任全部压实[①]。三是彻底解决各类矛盾隐患问题。在认真排查梳理矛盾隐患的基础上，加大矛盾隐患整治力度。加强环境整治工作，河东区在市级挂牌督办点位整治中，深入开展环境整治工作，整改小作坊和各类违规经营、出租主体，并通过平整坑洼道路、提升冲水厕所环境、修缮管道网线等，推动"飞地"环境治理得到显著改善；红桥区不断加大矛盾隐患整治力度，及时启动点位拆违工作，认真组织开展有关点位小区外墙整修和房屋消防、安全鉴定，确保消除各类隐患。四是彻底解决历史遗留问题。针对历史久远的"飞地"问题，如北辰区京津城际铁路前进村段"飞地"积重50余年、盆景园15年"飞地"治理难题，红桥区暖阳家园、金香里小区配套公建移交问题，各区组织相关部门牵头实施，加大整治工作推进力度，彻底解决历史遗留问题。

---

① 《红桥北辰签约13块"飞地"属地化管理协议 属地属事责任全部压实》，天津市人民政府，http：//www.tj.gov.cn/sy/tjxw/202007/t20200708_2782594.html，2020年7月8日。

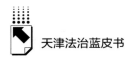

（五）坚持治理惠民，积极回应群众诉求

在"飞地"治理工作中，各区认真维护群众利益，以群众所急、所愿、所盼为指针，积极采取各项措施，不断提高人民群众的幸福感、获得感。一是有效化解各类矛盾纠纷，通过认真落实网格员走访制度，及时掌握社情民意，并以网格排查、接警处置、群众来访、志愿服务等方式，及时发现隐患源头，发挥区、街、社区三级社会矛盾纠纷调处化解中心作用，将矛盾化解在初期萌芽、问题解决在基层。二是及时有效反映和解决群众诉求，通过街镇联合社区居委会和网格员等途径，多次开展集中入户摸排，全面了解掌握情况，对群众反映强烈的医疗卫生、小区停车、拆迁安置、环境治理、安全隐患等多个事项，切实纳入治理范围并以实际行动予以回应，不断提高群众的满意度。三是确保困难群众帮扶到位，持续加大对各类困难群体的帮扶救助力度，针对"飞地"内独居老人、智障人员、精神病人、低保户等困难群体，通过社区民警会同网格员落实每周"两联系一见面"等途径，加强帮扶与照料。

（六）总结治理经验，推广典型实践

2020 年底天津市"飞地"基层社会治理属地化工作基本完成，形成了有效治理经验。北辰区"前进"模式，通过成立前进村清理整治指挥部，综合整治京津城际铁路前进村段"飞地"；通过登记造册、勘测绘图、影像留存，健全了"一户一档"基础数据库，实现区域网格化全覆盖；逐步实现党务、居民事务、治安和司法等交接工作；通过建立调解室，认真做好信访调解工作，及时化解矛盾隐患，"拆"与"建"并行，采取"多帮一"形式，对困难群众进行帮扶和救助，解决前进村积重 50 余年的治理问题①。东丽区与河东区共同打造盆景园治理模式，针对盆景园周转房问题，东丽区

---

① 《北辰区"飞地"治理的"前进"模式》，新华网，http://www.tj.xinhuanet.com/wangqun/wangqun/2020 - 09/02/c_ 1126442595.htm，2020 年 9 月 2 日。

与河东区协同配合,双方建立盆景园工作联络群,互派专人常驻盆景园现场和两区矛盾调解中心、共同入户了解群众情况,互通信息、相互协作、整体联动,逐户建档、一户一策,稳步实施,解决盆景园15年"飞地"治理难题,形成盆景园治理经验并于全市推广①。红桥区坚持"一二三四五六"工作法,即深入思想发动,不断凝聚"一个共识";坚持目标导向,努力做到"两个覆盖";发挥轴心作用,积极构建"三项机制";摸清工作底数,充分掌握"四种情况";抓住治理重点,彻底解决"五类问题";强化工作落实,确保治理"六个到位",不断巩固和深化"飞地"治理成效②;等等。总结治理经验,推广典型实践,不仅在天津市形成良好的治理示范,提升"飞地"治理效率和质量,也为其他省市"飞地"属地化社会治理提供良好的经验借鉴。

三 深化"飞地"治理的相关对策和建议

为不断巩固和扩大"飞地"治理成效,针对"飞地"治理工作中存在的问题,特提出以下意见和建议。

(一)聚焦落实对接,压实属事主体责任

针对"飞地"治理中存在的责任不清、配合不畅等问题,要进一步压实工作责任,持续推动责任不清地带治理问题彻底解决。一是对于还未明确责任主体的点位,如国资系统宿舍点位,积极协调市国资委,推动属地、属事双方签订责任协议,压实属事企业责任,避免"飞地"治理中的责任盲区和推诿现象。若确实无责任主体管理,则由属地街镇政府依法落实属地管

---

① 《东丽区大干60天解决盆景园15年"飞地"治理难题》,北方网,http://www.myzaker.com/article/5fa3c0adb15ec026777d46b6/,2020年11月5日。

② 《红桥区推行"一二三四五六"工作法 不断巩固和深化"飞地"治理成效》,天津市红桥区人民政府,http://www.tjhq.gov.cn/hqxw/hqyw/202011/t20201127_4151011.html,2020年8月5日。

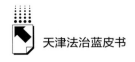
理和相关治理。二是对于配合度不高或不能主事的责任主体，与其上级单位进行对接协商，必要时由市相关部门协调解决，切实厘清属地属事责任，共同配合落实点位属地化管理和整改治理；相关企业也可借助属地政府的力量，共同研究协商解决相关点位存在的历史遗留问题。同时，努力探索公租房物业管理属地化长效机制。一方面，通过区职能部门与市级相关部门沟通，签订公租房项目物业服务及管理协议，形成物业和居委会密切配合的长效机制；另一方面，建议市级相关部门适当作出让渡，赋予属地管辖区对物业公司一定的考核、管理权限，从根本上解决物业管理和属地管理不匹配的问题。

（二）明确解决突出问题，形成"飞地"治理长效机制

在"飞地"治理工作中，要提高紧迫性认识，确保如期将各项工作任务落实到位。在主要阶段任务完成后，要进一步明确"飞地"整治持续性问题。为此，建议拟定出台全市"飞地"整治"三年行动计划"，厘清此后各个阶段需要完成的整治任务，并为进入常态化整治、管理工作提供指导。对于"飞地"治理中的历史遗留问题，如西青区"城中村"点位涉及的历史遗留问题比较复杂，长期难以解决。鉴于此，可以按照属地属事相结合原则，全面摸清底数，分类梳理，推动问题由易到难逐步解决。对短期内无法解决的，将问题备案，做好时间表，依法逐步完成整治，不断推进有关遗留问题的解决，最终按计划、有步骤地实现"飞地"属地化社会治理。

（三）强化政策与法律支持，贯通融合推进"飞地"整治工作

针对部分点位存在缺乏相关政策、法律支持，"飞地"治理工作无法持续推进的问题或现象，建议市级有关部门给予更多政策支持。例如，对于河东区市级挂牌督办点位向阳花园片区的规划调整问题，建议由市规划和自然资源局牵头进行重点研究，借助"飞地"整治工作契机，指导帮助区里合理合规、高效科学地完成规划调整工作，彻底改变片区面貌，节省各类投入

成本。同时，鉴于"城中村"承接难度较大，为确保平稳有序移交，需进一步细化"城中村"移交的意见和办法。对于城市区移交"城中村"的承接，建议由市委编办牵头，明确城市区的统一承接部门及相关方案；相关部门共同对是否增编设岗、属地街道如何管理、集体经济组织如何监管、土地如何承接再利用等提出操作办法，提供政策支持。其他方面，在行政区划隶属关系变更工作中，涉及百姓关切的户籍、学籍、养老等问题，强化一事一议政策支持。为"飞地"辖区残疾人、老年人提供政府兜底保障的管理服务，要克服因点位移交可能产生的异地管理服务不便等问题，可将其设为单项问题，出台市级政策统筹解决。

B.22
疫情防控司法保障的天津典型做法

疫情防控司法保障研究课题组*

摘　要：　新冠肺炎疫情防控期间，天津市法院系统在疫情防控常态化
背景下推进在线诉讼服务；以科技为支撑，推进电子送达；
提升执行阶段信息化建设水平，落实线上执行机制。市检察
院从刑事诉讼检察工作、民事检察工作、行政诉讼检察与公
益诉讼检察工作、刑事执行检察工作四个方面强化疫情防控
司法保障。市公安局严格执法管理，全面依法履职，为确保
疫情防控和经济发展"双战双赢"提供有力保障。

关键词：　疫情防控　在线诉讼　电子送达　线上执行　法治宣传

新冠肺炎疫情防控期间，天津市司法系统为疫情防控提供了全方位司法
保障，探索了诸多多法治化的典型做法，在疫情防控常态化背景下继续推
进，实践中取得了很大成效。

一　法院系统积极提供疫情防控司法保障

（一）落实疫情防控措施，积极应对各类司法问题

市高级人民法院党组始终坚持把加强党的领导作为夺取战"疫"胜利

---

* 执笔人：龚红卫。课题组成员：龚红卫，法学博士，天津社会科学院法学研究所助理研究
员；张智宇，天津社会科学院法学研究所助理研究员。市委依法治市办、市高级法院、市检
察院、市公安局提供相关资料。

的根本政治保证，成立防控工作领导小组，建立形势分析、信息报送、检查通报等制度，形成党组统揽、主官主抓、班子合力、机关尽责的工作机制，强化不间断跟进指导。

1. 建立涉疫案件快速反应机制，加强审判指导

市高级人民法院印发《关于依法严厉打击妨害新型冠状病毒感染肺炎疫情防控犯罪行为的通知》，制定《关于进一步发挥刑事审判职能 为依法防控疫情提供有力司法保障的意见》，指导全市法院依法从严从快打击抗拒疫情防控、暴力伤医、制假售假、造谣传谣等破坏疫情防控的违法犯罪行为。印发《天津市高级人民法院关于加强疫情防控期间矛盾纠纷化解服务 保障经济高质量发展的指导意见》，市高院民一庭、民二庭、民四庭分别就新冠肺炎相关民事案件、商事案件、海事涉外案件的审理形成法官会议纪要，对重点问题进行研讨并形成指导意见，统一审理思路和裁判尺度，稳定用工关系、保障复工复产、维护经济秩序。

2. 强化以案释法，加强涉疫普法宣传

发布一批妨害疫情防控犯罪典型案例，引导公民正确行使权利和履行义务，理解支持政府抗击疫情的措施，为疫情防控工作依法开展营造良好的法治和社会环境。深入宣传习近平总书记关于疫情防控重要指示精神及党中央国务院决策部署，以及最高人民法院关于推行在线诉讼、加强涉疫案件审判指导等具体工作要求，增强群众战胜疫情的决心与信心。充分发挥自媒体优势，积极运用图解、动画、H5、短视频等适合新媒体传播的方式，宣传相关法律法规和疫情防护知识，引导群众提高自我防护能力，倡导健康生活方式，自觉落实防护措施。

（二）疫情防控常态化背景下推进在线诉讼服务

疫情防控常态化背景下，天津法院系统以互联网技术为依托，大力推进智慧法院建设，不断完善诉讼服务体系和纠纷化解机制，广泛推行在线诉讼服务。

1. 全面优化电子送达，完善在线诉讼服务

疫情防控期间，天津高院的送达中心为全市非试点法院提供集中电子送达、电话送达服务，有效保障了审判业务开展。2020 年 1 月至 10 月，天津全市法院共通过移动微法院及诉讼服务网接受网上立案申请 87991 件，通过电子送达系统及集约化送达平台以手机短信等方式实现电子送达 69125 件，通过线上模式缴费 165625 件，极大地提升了诉讼的便捷性。

天津一中院通过购买社会化服务，在诉讼服务中心设立送达中心，推进以电子送达中心为主的送达方式转型升级，将法官从繁重的送达事务工作中解放出来，提升送达质效。送达中心于 2020 年 2 月 25 日试运行至 2020 年 12 月 31 日，已向 7065 件案件的 14429 名当事人成功送达各类文书 22226 件，其中电子送达成功 7687 人，占比 53.27%，成效明显。

天津市河西区人民法院在深化司法责任制综合配套改革过程中，强化系统观念、创新思维、实用导向，以大数据等新兴技术为依托，突出集成效率优势、特色功能需求、配套机制保障，提升送达工作效率，切实解决"送达难"问题。2020 年以来，该院送达中心累计收案 9608 件，涉及 15626 名当事人，共完成送达 9323 件，送达完成率 97%，其中电子送达方式占比达 43%，不仅将送达周期缩短了，而且也明显提升了送达成功率①。

天津海事法院持续完善诉讼服务体系建设，努力为当事人提供便捷、高效、多元的海事诉讼服务。通过微信公众号发布通知，编发"疫情防控期间诉讼服务六个锦囊"，全面推出网上立案、网上缴费、在线保全、网上开庭、在线调解和电子送达等新型服务模块。2020 年度天津海事法院案件调解撤诉率、裁判息诉率、法定审限内结案率等质效指标居于全市中院首位，案件平均审执天数 47.26 天，均创历史最高水平。

2. 积极推进在线解纷和在线庭审

2020 年 1~10 月，通过人民法院在线调解平台处理在线调解案件共计

---

① 天津市河西区人民法院：《构建"集约管理 + 协同运作"电子送达工作新机制》，《人民法院报》2021 年 7 月 11 日，第 4 版。

56864 件。推动道路交通事故损害赔偿纠纷"网上数据一体化处理",法院与公安、司法行政机关、保险监管机构建立信息共享共用机制,发生纠纷后,当事人对交警部门作出的事故责任认定没有争议的,可直接通过一体化平台计算赔偿数额,在线申请理赔。起诉到法院的,由法院引导当事人先行调解。

市高级人民法院搭建了"云间"法庭,实现法官、书记员和诉讼参与人在任意地点可依托互联网完成诉讼活动,在线庭审运用得到大幅提升。2020 年 1~10 月,全市法院共通过互联网法庭审理案件 5190 件(通过"云间"法庭等移动设备开展的在线庭审活动未计算在内),其中第二季度适用数量最多,但随着疫情逐步得到控制,线下诉讼活动的恢复使得适用在线庭审的数量有所下降。

(三)提升执行信息化水平,落实线上执行机制

新冠肺炎疫情防控期间,天津海事法院执行干警开展线上执行,通过移动执行平台、电话、短信、微信等方式联系、接待当事人。充分运用"总对总"系统和天津市网络执行查控系统开展保全和执行查控工作,尽可能减少线下查控。针对执行案件存在大量外地当事人、疫情防控期间外出调查受阻的情况,通过执行指挥中心平台进行事项委托办理,2020 年共委托各地法院办理执行事项 267 件,极大提高了执行效率,缩短了执行周期。充分利用技术手段解决执行难题,深入落实"互联网+"执行机制,充分运用执行指挥中心平台、执行单兵系统、网络技术来提高执行工作水平。2020年海事法院执行结案率达 97.23%、首次执行标的额到位率 38.78%。拍卖船舶、房产、货物 25 次,网拍率达 100%,溢价率最高达 227%。

二 检察系统依法履职保障企业复工复产

市检察院在疫情防控期间重点从以下方面促进各级检察机关依法履职、主动服务,为企业复工复产提供有力的司法保障:依法严惩刑事犯罪,保护

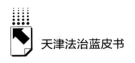

企业合法权益；强化企业产权保护，维护企业正常生产经营秩序；提前介入引导侦查，维护涉案企业及人员合法权益；发挥公益诉讼职能，积极从源头加强疫情防控工作等。

（一）刑事诉讼检察工作方面

2020 年 2 月，市检察院制定出台《关于进一步做好疫情防控期间刑事检察办案工作的提示》，要求各级检察院在办案中坚持依法从严从快原则，办理涉疫情防控刑事案件的审查逮捕、审查起诉工作均要在三日内完成，突出办案效果。制发通知要求各级检察院认真学习两高两部下发的《关于依法惩治妨害新型冠状病毒感染肺炎疫情防控违法犯罪的意见》，并在办案中严格贯彻执行，坚决依法惩治妨害疫情防控的各类违法犯罪，为打赢疫情防控阻击战提供有力的法治保障。其间，对部分检察院办理的寻衅滋事案、妨害公务案等案件进行了指导。制发《关于办理疫情防控期间破坏市场经济秩序案件的提示》，对办理破坏市场经济秩序案件进行重点提示。

（二）民事检察工作方面

市检察院制定《关于疫情防控期间办理民事检察案件的提示》，要求各级检察院在疫情防控期间，办理案件以案卷书面审查为主，及时告知当事人通过邮政、快递等渠道提交证据材料、书面意见等，听取当事人及其代理人意见、调查核实等工作，尽量不以当面方式进行，并记录在案。经全面审查，能作出处理意见的，依法办理结案；案件认定事实、适用法律等存有争议，因疫情防控要求无法调阅法院卷宗，无法进行调查核实，导致案件不能正常办结的，可依法中止案件审查，并及时向当事人说明情况。同时，还要求各级检察院加大法律宣传，做好矛盾纠纷化解，维护社会稳定。

（三）行政诉讼检察与公益诉讼检察工作方面

市检察院制定《关于在疫情防控期间积极履行检察职能 做好行政和公益诉讼检察工作的通知》，要求各级检察院结合疫情防控工作，加强对《野生动物保护法》《传染病防治法》《野生动物防疫法》等法律和检察公益诉讼职能的宣传，注意发现野生动物保护中存在的监管漏洞，积极稳妥拓展野生动物保护领域的公益诉讼；对发现的生鲜、肉类市场检验检疫中存在的漏洞，及时提出检察建议，促进完善相关治理措施；积极收集涉及疫情防控公益诉讼案件线索，待适当时机，依法启动监督程序。同时，检察系统加强与行政执法机关的协调沟通，影响疫情防控的重要线索及时通报相关行政机关处理。

（四）监所检察监督工作方面

市检察院制定《关于切实做好对全市监狱和看守所疫情防控检察监督工作的紧急通知》，要求各级刑事执行检察部门要把疫情防控作为当前压倒一切的最重要工作，在依法履行刑事执行检察职责的同时，主动与监管场所协作配合，做好监管场所的各项疫情防控和维护稳定工作，并在疫情防控期间派驻监狱检察干警进驻监狱，与监狱干警一同封闭、一同工作、一同生活。同时，督促看守所加强所内消毒、排风相关措施，做好在押病人治疗，尽量避免外出就医，减少非单位人员进入监区，对来所律师会见及提讯在押人员的工作人员必须检测体温并佩戴口罩，加强对在押人员家属所送物品的检查、消毒工作，加强对留所服刑人员的接见管理，确保看守所防疫安全。

三 公安系统严格执法，强化法治宣传

（一）严格执法管理，全面依法履职

疫情防控期间，各级公安机关严格规范公正文明执法，充分运用法治思维和法治方式开展疫情防控工作，杜绝过度执法、粗暴执法，防止因执法不当引发负面炒作。市公安局组织有关职能部门，抽调精干力量，对公安机关在防控新冠肺炎疫情工作中的执法依据以及有关法律适用等进行研究，相继

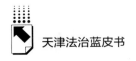

出台《天津市公安局关于依法查处妨害预防、控制传染病疫情等灾害违法犯罪活动的指导意见》《关于防控新型冠状病毒疫情相关执法活动操作规范（试行）》《关于印发全市各级公安机关执法执勤单位和窗口服务部门疫情防控工作要求的通知》《天津市公安局疫情防控期间助企复工复产服务保障十条措施》等一系列疫情防控期间执法办案指导意见或工作方案。

同时，市公安局充分运用信息化手段提供精准培训指导。一是利用视频会议方式，举办疫情防控专题执法培训会，对公安部和市公安局下发的打击疫情防控期间各类违法犯罪行为规范性文件和执法注意事项进行讲解，对办案程序、法律适用、处置原则等提出具体要求。二是通过警务通和警智执法办案平台及时发布执法办案区疫情防范工作要求、防控新型冠状病毒疫情相关执法活动操作规范（试行）等内容。三是制作防控新型冠状病毒疫情相关执法活动操作规范网络视频课程，既便于基层民警随时学习掌握，又有效减少人员聚集接触。

（二）开展法治宣传，营造良好氛围

市公安局严格落实"谁执法谁普法"责任制，按照疫情防控指挥部的统一部署，充分利用"声屏报网端"加大"以案释法"和典型案例曝光力度。市公安局专门印发《进一步深化应对新型冠状病毒感染的肺炎疫情舆论宣传工作方案》《关于加强对违反〈中华人民共和国传染病防治法〉违法犯罪宣传报道的通知》，就深化舆论宣传工作，维护社会稳定，大力弘扬正能量，营造积极正面舆论环境提出要求。主动加强工作对接，在市委宣传部的大力支持下，先后在《人民公安报》《天津日报》《今晚报》《每日新报》，天津广播电视台《天津新闻》《都市报道》栏目，天津交通广播及央视影音客户端、中国警察网等媒体网站，中央政法委长安剑公众号、"平安天津"、网信天津、津云新媒体矩阵等各类媒体平台，及时报道依法惩治疫情防控违法犯罪活动，集中宣传公安机关依法打击涉疫情违法犯罪典型案例，以案释法，教育广大群众遵法守法，加大警示教育，提供良好的外部舆论氛围。

市公安局主动协调天津广播电视台等新闻媒介，加强《传染病防治法》

等疫情防控相关法律法规的宣传，对刻意隐瞒情况、拒绝隔离治疗等致使病毒传播扩散、危害公共安全，以及哄抬物价、制假售假、伤害医务人员、贩卖野生动物等违法犯罪行为的认定及处理进行权威解读。在"平安天津"新媒体矩阵开设"战'疫'一线"等专栏，利用"平安天津"抖音、快手平台制作推送原创宣传短视频作品，教育广大群众自觉维护社会秩序，配合政府落实各项防疫措施。

参考文献

[1] 《构建"集约管理＋协同运作"电子送达工作新机制》，《人民法院报》2021 年 7 月 11 日。

[2] 《创设"共享法庭"化解诉讼"数字鸿沟"》，《法治日报》2021 年 6 月 18 日。

[3] 刘庭梅：《从"跨域"到"跨境"人民法院立案诉讼服务工作新发展巡礼》，《中国审判》2021 年 3 月 25 日。

[4] 《天津河西：司法全程高效护航经济社会发展》，《人民法院报》2020 年 12 月 28 日。

B.23
七里海湿地环境治理法治化报告

张智宇*

摘　要：　七里海湿地曾因过度经济开发导致生态环境急剧恶化。近几
年天津市各级党委和政府积极贯彻习近平新时代中国特色社
会主义思想，以习近平法治思想和绿色发展理念为引领，推
动法治化生态环境治理。制定《天津市湿地自然保护区规
划》《天津市湿地保护条例》《天津市湿地生态补偿办法》
等一系列法规和制度文件，推动环境保护严格执法和公正司
法，培养、增强群众生态环境保护的观念和意识。经过各方
面共同努力，七里海湿地完成了水源调蓄、苇海修复、鸟类
保护、生物链恢复等各项湿地生态保护修复工程，法治化环
境整治工作取得重大成效，生态得到根本性改善，重现了昔
日"草木竞秀百鸟云集"的七里海。

关键词：　湿地　环境保护　法治化

　　七里海湿地，位于天津市宁河区，湿地总面积 87 平方千米。国务院
1992 年将其列为国家级古海岸与湿地自然保护区，2020 年国家林业和草原
局将其列入国家重要湿地名录。它是天津市"南北生态"空间布局重要节
点，是东亚—澳大利亚候鸟迁徙大通道的"重要驿站"，素有"京津绿肺"
之称。丰富的古地质遗迹是七里海的一大特色，七里海现存牡蛎礁、古河道

---

　　* 张智宇，天津社会科学院法学研究所，助理研究员。市委依法治市办提供相关资料。

海岸、古泻湖、古岭等地址遗迹以及古生物残骸鳁鲸骨、麋鹿角等，七里海的牡蛎滩是迄今为止发现的世界范围内分布最广、规模最大的古海岸遗迹。七里海古海岸遗迹序列最清晰，对海洋学、湿地生态学等领域科学研究具有不可估量的价值。七里海自古就有"北国江南"的美誉。以往生活在七里海湿地内的居民，"靠山吃山、靠水吃水"，依托湿地得天独厚的地理环境，通过水产养殖、水稻芦苇种植和旅游经济，用勤劳的双手创造着幸福美好的生活。但长期经济开发和过度密集的人类活动造成当地生态脆弱和湿地退化，湿地保护和环境治理迫在眉睫。天津各级党委和政府贯彻习近平法治思想和绿色发展理念，对七里海湿地生态环境进行法治化综合治理，取得了显著成效。

一 七里海湿地经济开发之痛

（一）湿地开发背景下的经济快速发展

七里海开发利用湿地发展农业经济，最早可追溯至 20 世纪 80 年代。当时七里海开始渔业养殖，村民从长江口购置优质蟹苗，利用七里海天然沼泽、水塘、稻田的湿地环境尝试养殖河蟹。经过二三十年发展，河蟹等渔业养殖帮助当地农民走上了富裕道路。每逢"十一"长假，七里海河蟹成为市民餐桌上的美味佳肴。经过二十多年发展和推广，"七里海河蟹"成为天津市民心目中有相当知名度的高端水产品。地方政府大力扶持河蟹养殖，为七里海河蟹注册了地理标志，并取得国家证明商标。河蟹养殖促进了区域特色经济发展，取得了明显的经济效益和社会效益。2011 年，农民河蟹养殖人均纯收入年均增长 15% 以上，七里海周边 6 个乡镇的养殖从业人口占比达到 10%，河蟹收入已占农民人均总收入的10% 以上①。

---

① 王绍芳：《天津七里海蟹农养殖河蟹致富路小河蟹成大产业》，《今晚报》2012 年 10 月 11 日。

河蟹养殖取得了令人瞩目的经济效益，改善了农村家庭生活。当地农业部门以河蟹养殖为基础，充分利用七里海生态湿地的自然风光特色，积极推动"农家乐""垂钓园"等民生风情旅游项目，开发各类生态园、餐饮娱乐项目。保护区核心区内大片芦苇荡被砍伐一空，大面积的野生湿地被改造成鱼塘。宁河区政府2011年引进大额商业投资，在七里海核心区建设颇具规模的旅游项目——"七里海湿地公园"，2012年项目建成，当年就吸引了各地游客30万～40万人进入核心区[①]。曾经荒凉、幽静的七里海呈现熙熙攘攘的繁荣景象。

（二）长期过度的经济开发引发环境全面恶化

养殖业规模扩张伴随着农药、饲料大量投喂，引起水质恶化。同时，旅游业发展的嘈杂热闹，改变了鸟类需要的安静栖息环境，排放的生活污水，随处堆放的垃圾，曾经草木繁茂湖水澄清的水生资源环境遭到重大破坏。湿地水源陈旧化，供水逐步短缺，供水量严重不足，从潮白河上游河道下泄的河水水量明显减少，汛期拦蓄洪水也明显减少，湿地内部水系严重堵塞淤积，七里海区域年均降雨量仅500多毫米，自然降水的明显减少导致当地缺水十分严重，周边土地盐碱化日渐明显。鸟类等野生动物明显减少及各种植被萎缩，历史形成的独特湿地自然生态系统明显出现退化。根据2017年统计数据，七里海自然保护区核心区内的自然湿地损失超过一万亩，占七里海保护区核心区总面积的16%。湿地退化，附近居民割苇造纸、高密度养殖等低产能、低附加值的不合理利用，结合苇田老化、土壤板结等诸多自然及社会因素，导致七里海区域呈现湿地生物多样性水平不断下降趋势，湿地生态自我调节优化功能运转失常，七里海生态环境愈显脆弱。

---

① 童克难、郭文生、任效良：《天津七里海湿地环境问题整改取得成效》，《中国环境报》2019年9月27日。

二　七里海生态环境治理法治化的经验做法

（一）专项立法，落实湿地修复保护相关措施

面对七里海湿地生态环境不断恶化的严峻局面，2016 年天津市人大常委会颁布《天津市湿地保护条例》，从法律角度对市域范围包括七里海在内的所有湿地保护工作进行制度设计。确立统筹规划、保护优先、科学恢复、合理利用和可持续发展法律原则，明确管理体制、规划名录、监督管理、法律责任，实施分级分类保护。条例将湿地保护的各项举措转化为法律制度，为七里海保护、修复以及建立相应治理机制提供法治化保障。条例的出台，为七里海湿地修复亟须解决的水资源输入、土地流转、建筑物拆迁、人员迁移等现实问题，提供了明确的法律依据。

七里海国家自然保护区的缓冲区，历史上长期有村民居住，缓冲区内土地以耕地为主，涉及范围包括造甲城镇的大王台村、北淮淀镇的乐善庄、七里海镇的齐家埠村、潘庄镇的西塘坨村和东塘坨村等 5 个村庄，共计约 2.3 万人。为彻底恢复七里海湿地的原初生态，维护保护区内动植物的生长环境，禁止保护区内的人类活动势在必行。依据条例，2017 年开始，七里海湿地进入全面恢复时期，核心区和周边坨荟 856 座全部迁出，43 条通往核心区道路全面实施封闭断交，新建了长达 49 千米环海围栏。对自然保护区核心区进行全面封闭管理，禁止包括养殖、砍伐、放牧、狩猎、捕捞、开垦等活动在内的任何人类活动。

随着各项核心区管理措施到位，七里海湿地内全面停止了农业渔业生产和村民生活活动，生态搬迁当地村民是湿地保护和恢复的一项根本性举措。2017 年天津市人民政府又出台《天津市湿地生态补偿办法》，明确提出"对国家级和地方级湿地自然保护区核心区、缓冲区实施退耕还湿、退渔还湿工程流转集体土地，实施生态移民，以及对湿地自然保护区实施生态补水的补偿"。通过经济补偿形式彻底解决了七里海湿地原有的渔业养殖、耕地还湿

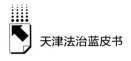

以及生态移民等一系列村民生产生活与自然环境保护的矛盾问题，对湿地恢复所需的生态补水问题也确定了根本性解决措施。依据《天津市湿地生态补偿办法》，通过征收与补偿方式彻底改变核心区土地村集体所有、大户承包的经营状况，核心区内 68400 亩苇田全面完成水域统一流转，缓冲区内 55600 亩土地流转合同全面签订，并拨付相关流转费用，结束了长达 30 年"村自为战、割据管理"的局面，为统一规划、统一保护、统一修复、统一管理奠定基础。通过土地流转，共修复湿地 3.5 万亩，芦苇产量明显提升，湿地"绿肺"功能有效增强。

（二）严格执法，纠正毁坏生态环境的违法现象

当七里海旅游开发如火如荼，湿地环境日渐恶劣时，环保部门数次对七里海保护区建设管理委员会作出行政处罚决定，纠正其违法行为，引导七里海国家自然保护区回归生态保护的正确轨道。

2017 年，当地行政部门持续加强整治湿地及周边乡镇生态环境执法，拆除了七里海湿地公园内水上木栈道、木屋、亭台、码头、吊桥等一系列违法建筑，景观带、地面砖石、混凝土基础全面清理，累计完成核心区、缓冲区和实验区内 230 处违法建筑的拆除，面积达 105.5 万平方米。2017 年以来累计执法活动 1000 多人次，执法检查商户及企业 400 余家，清理注销违规企业 168 家，立案查处各类环境违法行为 16 起，处罚金额 216.33 万元。

（三）重拳出击，重点打击破坏生态环境行为

2018 年七里海设立公安警务站，巡查巡护队伍扩大到 80 人。根据《七里海保护区巡护管理制度》，巡护人员与七里海公安警务站人员实施全天候巡防巡控，常态化开展巡查监管及联合执法行动，时刻观察检查保护区内动植物情况，对陷于危险境地的动物展开及时救助，及时发现、制止和查处各种破坏湿地生态的行为。

2020 年 1 月，七里海湿地自然保护区巡查巡护支队在七里海西海核心区北淮淀滩地巡查时，发现一只东方白鹳落在水泽中，巡护队员发现后将其

迅速转移至室内进行救助，并及时移交林业部门对白鹳实施针对性治疗，成功救助了这只国家一级保护鸟类。

七里海当地公安部门每年组织 2～3 次联合执法行动，深入集市、饭店，检查捕鸟贩鸟食鸟违法行为，严打非法进入七里海湿地保护区核心区捕杀野生动物、偷捕野生鱼类的违法犯罪行为。2017 年依法处理魏某某、于某某等人非法猎捕、杀害珍贵、濒危野生动物、非法狩猎犯罪案件，魏某某、于某某等人在 3～11 月禁渔禁猎期内利用有毒饵料在七里海古海岸与湿地国家级自然保护区内毒杀诱杀野生动物，酿成东方白鹳 7 只，绿头鸭、苍鹭、斑嘴鸭共计 68 只死亡的严重后果，人民法院对魏某某、于某某等人采取非法手段猎杀东方白鹳等濒危鸟类，及在禁渔禁猎期内猎杀非国家重点保护的野生鸟类的犯罪行为给予从重处罚。法院环境资源司法与行政执法相互衔接、协调配合，强化环保类案件执行，维护环保行政机关的裁决效力，为七里海湿地自然保护区环境整治和生态修复提供有力的司法保障。

（四）深入法治宣传，提升群众生态维护观念和环保意识

各级党组织和政府全面加强面向七里海当地群众的法治宣传教育，法治宣传定期开展长期不辍。2017 年市委主要领导带领十九大代表"宣讲小分队"，向村民宣讲湿地保护政策知识，引导村民在乡村振兴战略实施过程中，坚持环境治理与发展兼顾，实现农民增收、生态保护共赢。帮助当地群众树立牢固的绿色发展理念。基层法治宣传认真落实"谁执法谁普法"普法责任制，在七里海湿地执法司法保护中开展精准普法，借助集镇、学校、企业等人员集中区域开展专项普法活动，教育引导企业和个人提升环境保护意识。

利用"宁河生态环境"微信公众号等新媒体平台，开设以案释法专栏，广泛宣传习近平法治思想和绿色发展理念。七里海管理委员会则将定点宣传与流动宣传相结合，联动基层环境治理，宣讲野生动物保护、湿地环境维护法律法规，激发当地群众自觉参与保护湿地、保护野生动物资源和保护生态环境的积极性，促使其从"靠水吃水"转变为"靠水护水"，积极引导各方

力量参与湿地保护、建设、管理，形成全社会共建共治共享新模式。同时就关系七里海土地流转及村民生态移民等群众切身利益的问题，深入进行生态补偿政策专项宣传，将生态补偿向群众解释清楚、落实到户，积极落实生态补偿规定，坚持以高于土地承包收入的流转费，让群众得到实实在在的生态补偿，同时广泛宣传生态补偿的法律法规，教育引导群众依法表达诉求、维护自身合法权益。

（五）公正司法，推动湿地修复，维护七里海生态环境

为加强天津区域内滨海湿地和候鸟保护，天津市委、市政府研究制定了《天津市湿地自然保护区规划》和七里海湿地、北大港湿地、团泊湿地、大黄堡湿地四个湿地保护区规划细则。天津检察机关以上述规划为依托，加强与水务局、海洋局、生态环保局等部门的沟通合作，联合推动湿地保护工作。市检察院分别与天津市规划和自然资源局、市河（湖）制办公室会签《海洋生态和资源保护协作意见》《发挥检察公益诉讼职能 协同推进河（湖）长制工作的意见》，市检察院与两家单位分别联合开展为期一年的水资源保护和河湖水生态环境保护专项行动。检察系统相关领导主动走访海洋局、生态环境局等行政主管部门，亲赴一线参与办理与湿地保护有关的公益诉讼案件，确保办案质量和效果。人民法院完成七里海环境保护公益诉讼案件 1 件，公正审理涉七里海民事、刑事和行政案件 122 件，切实推动湿地环境修复中的违法建筑拆除、土地流转和生态移民各项工作的解决落实。

三 法治化治理重现七里海"草木竞秀百鸟云集"

（一）法治化治理整体提升湿地生态人文环境

随着《天津市湿地保护条例》和《天津市湿地生态补偿办法》的落实，七里海自然保护区核心区内建筑和人造景观拆除一空，经济补偿拓宽了湿地修复的资金筹集渠道，原有严重淤积的环海深渠、骨干沟渠和支系沟渠得以

清淤疏浚。2019年宁河区为彻底解决湿地供水不足问题，对河道进行改造，并更新水利设施，在潮白河、蓟运河、还乡河的河面新建了三处橡胶坝，用于拦截积蓄上游来水，仅潮白河的蓄水量就大幅增加，该河道由4000万立方米增至5700万立方米，达到了中小型蓄水库规模，疏通了青龙湾故道、青污渠和曾口河，将永定新河、蓟运河、北京排水河等河道进行连通，形成5条补充替代的补水线路。整个水利项目工程完工后，全域水系最大蓄水量能达到8000万立方米，切实满足七里海湿地的天然水来源需求，构成一个相互连通的供水体系。水系贯通后，七里海的水一改既往的浑浊陈腐，水澄清了，水质等级也从原来的劣V类提升至近Ⅳ类①，部分河流的水质等级甚至达到了Ⅲ类标准，芦苇再现勃勃生机。七里海的天空变蓝了，苇田里的芦苇生长更好了，"京津绿肺"又恢复了它的功能和活力。七里海区域内每立方厘米负氧离子含量已经上升到3000个，对比大城市中心区，超过了30倍甚至50倍，切实改善了空气质量，并对调节区域气候产生难以估量的价值。俵口镇兴家坨村、造甲城镇造甲城村等环七里海29个自然村全部建成市级"美丽乡村"，七里海湿地重现了当年"北国江南、湿地水乡"的美丽风光。

（二）严格执法保护动植物，重新打造华北地区鸟类乐园

行政执法和公安司法联动，严打非法进入七里海湿地保护区核心区捕杀野生动物、偷捕野生鱼类，为七里海湿地内动植物提供了安全的生活家园。七里海湿地内生物多样，种类繁多，是全球范围内水鸟迁徙重要的繁育、停歇"驿站"和越冬生活地，是东亚—澳大利亚约5000万只候鸟迁徙路线的关键区域。七里海湿地目前营造出约1.5万亩浅水区，水中有成片的香蒲、荆三棱等水生植物，为水鸟栖息觅食提供了场所。随着修复工作的全面开展和落实成效，七里海湿地生态环境整体发生变化，越冬飞临七里海湿地的鸟类总数由之前的每年二三十万只，逐步增加到2019年的四五十万只。湿地区域鸟类监测记录由2016年的227种增加到2020年的19目258种。其中

---

① 陈妍卉、于增会：《天津七里海整治带来生态功能恢复》，《中国环境报》2021年4月26日。

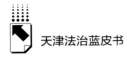

国家Ⅰ级保护鸟类6种，国家Ⅱ级保护鸟类20余种。七里海湿地内现有比较常见的苍鹭、鸬鹚、野鸭、白鹭、燕鸥、长脚鹬等普通鸟类，还有大量稀有珍禽，如东方白鹳、天鹅、白琵鹭等国家高等级的保护鸟类。2000年秋季在七里海及周边地区发现的东方白鹳已经超过5000只，甚至出现了消失十多年的中华攀雀、震旦鸦雀、文须雀等近危鸟类。

（三）行政司法共同推动，规划落实，营造完整七里海生态系统

2017年天津市政府出台规范性文件——《天津市湿地自然保护区规划》以及《七里海湿地生态保护修复规划》，各级行政部门和司法机关严格保障规划落实，陆续完成了水源调蓄、苇海修复、鸟类保护、生物链恢复等各项湿地环境修复工程、生态保护项目，现在七里海湿地已经形成一个完整自我循环的生态系统。当前七里海湿地形成6万亩的苇田，3.5万亩水域，其中1.5万亩浅水区，水深0～50厘米不等，适合涉禽栖息的浅滩、鸟岛区域近2万亩。湿地内位于食物链顶层的猛禽有鹰、隼、乌雕、白尾海雕等二级保护动物，黄鼠狼、蛇、野鸡、野鸭等常见动物。湿地特有的植物品种，在减缓全球气候变化方面发挥着重要作用。当前已监测到的植物种类多达70科201属292种。随着生态好转，野生植物群落，包括香蒲、荆三棱、稗子草等，这些植物已经由原来的点状分布、少量分布转化成片状、区域化分布。上至食物链顶层，下至小哺乳动物、昆虫、鸟类，再到广泛密布繁多的植物种群，湿地内形成一个完整的食物链，七里海湿地生态系统初具规模。

近些年的法治化治理，推动七里海经历了历史性的"蜕变"。今日的七里海，河道交织，港汊纵横，水流潺潺，兼葭丛生，草木竞秀，百鸟云集，已完全恢复原有的宁静祥和、绚丽多彩和生机勃勃。

Abstract

As the first blue book of Rule of Law in Tianjin, *Annual Report on Rule of Law In Tianjin No. 1* (*2021*) comprehensively displays the major achievements of Tianjin's rule of law construction, which relate to the implementation of the central government's major decision-making and deployment of governing the country according to law. The book is composed of a general report and 22 sub-reports.

The general report comprehensively and systematically summarizes the accomplishments and experiences of Tianjin's legal construction in various fields since 2018 in implementing the central government's major decision-making and deployment of comprehensively governing the country according to law, and in-depth promotion of the construction of a legal city. This part summarizes a large number of practical innovations that Tianjin has made in various aspects of the construction of the rule of law, and proposes important measures to promote Tianjin's development during the 14th Five-Year Plan period.

In the work of the People's Congress and the local legislation section, this part provides a basic review of Tianjin's local legislative history, summarizes the outstanding achievements and local legislative innovation, proposes predictive analysis and specific measures for the future Tianjin legislation. In terms of Beijing Tianjin Hebei coordination, ecological environment and social governance, we have highlighted the characteristics of local legislation, promoted the standardization and legalization of the governance system, and achieved great results.

In the section of government under the rule of law, a comprehensive analysis was carried out. This part describes Tianjin's specific achievements in transforming government functions, administrative law enforcement in key areas, optimizing the

business environment, and strengthening law enforcement supervision. This part also summarizes the main measures, experience and practices of Tianjin's legal government construction, and puts forward the plan for the construction of Tianjin's rule of law government during the 14th Five-Year Plan period. The implementation of the "double random and one open" supervision mode, the reform of administrative reconsideration and the reform of comprehensive administrative law enforcement, Tianjin attaches importance to system design, standardizes law enforcement with systems, ensures the effect of law enforcement with laws, and ensures the full implementation of reform measures.

In the judicial system reform section, it summarizes the fruitful achievements in key areas such as the basic reform with the judicial responsibility system as the core, in-depth promotion of the comprehensive supporting reform of the judicial system, the reform of internal mechanism and working mechanism, and the reform of criminal procedure system centered on trial. Since 2018, the judicial administration system and the public security system have carried out active practical exploration, reform and innovation, accumulated rich reform experience, and made in-depth and detailed planning and deployment for the development during the 14th Five Year Plan period.

In the rule of law society, Tianjin has made remarkable achievements in law popularization, legalization of social governance, construction of rule of law communities and villages, resolution of social contradictions, social security and promotion of rule of law culture in recent years. During the 14th five year plan period, Tianjin will continue to improve the legalization of grass-roots governance, expand the practical breadth and depth of diversified mechanisms for resolving contradictions and disputes, and improve the construction of various mechanisms.

In addition, Tianjin has accumulated various innovative experiences in the legalization of business environment, epidemic prevention and control, and "enclave" governance.

Keywords: Rule-of-Law Development; Promoting Rule-of- Law; Reform and Innovation

Contents

I   General Report

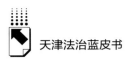

Abstract: In recent years, Tianjin has thoroughly studied and implemented Xi Jinping's thought of rule by law, and further promoted the construction of the rule of law in Tianjin. We will uphold the rule of law and make every effort to serve the sustained and healthy development of the economy. We will plan for the development of the thinking of rule of law and the way of rule of law, make comprehensive efforts from the links of legislation, law enforcement, judicature and law-abiding, and strive to create a legalized business environment. We will uphold social stability and make every effort to promote innovation in social governance in accordance with the law. Adhere to the rule of law for the people and spare no effort to protect the people's high-quality life according to law. Adhere to prevention and control according to law and spare no effort to ensure the victory of the overall war of epidemic prevention and control. During the "14th five year plan" period, Tianjin should improve the system and mechanism of the party's leadership in comprehensively ruling the city according to law, comprehensively consolidate the political foundation of the construction of Tianjin under the rule of law, promote the construction of Tianjin under the rule of law, government under the rule of law and society as a whole, and promote good law and good governance. It is necessary to optimize the business environment under the rule of law, strengthen high-quality legislation, further promote the reform of the judicial system, and promote the construction of government under the rule of law We will promote the development of a society ruled by law and strengthen the legal security system, deepen innovative practice and strive to achieve greater results.

Keywords: Rule of Law Construction; Rule of Law in Tianjin; Rule of Law Government; Business Environment; Social Governance

II Legal Work and Legislation of People's Congress

B.2 Achievements, Experiences and Prospects of Tianjin Local Legislation since the 18th CPC National Congress

Abstract: Since the 18th National Congress of the Communist Party of China, Tianjin Municipal People's Congress and its Standing Committee, under the leadership of the municipal Party committee, have always adhered to scientific legislation, democratic legislation and legislation according to law, made great efforts to give play to the leading and promoting role of legislation, formulated and adopted a large number of local laws and regulations to ensure the economic and social development of Tianjin, and the legislative work has made great progress. Adhere to the party's leadership, give full play to the leading role of the National People's Congress, and form a strong joint force in legislative work. We have formed experience and practice worthy of summing up by adhering to the principle of steady progress, paying attention to practical results and ensuring the high quality of legislation. At present, the demand for local legislation is becoming stronger and stronger, the pace of legislative work is faster and faster, and the requirements for legislative quality are higher and higher. During the 14th Five Year Plan period, Tianjin will further strengthen legislation in key and emerging fields, highlight the characteristics of Tianjin's local legislation, pay attention to small incision legislation, and further improve the refinement level of local legislation.

Keywords: Local Legislation; Collaborative Legislation; Characteristic Legislation; Meticulous Legislation

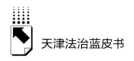

B.3   Practice of Beijing Tianjin Hebei Collaborative Legislation and
Exploration of Perfecting the Guarantee Mechanism

Zhang Yiyun / 051

Abstract: Since the coordinated development of Beijing, Tianjin and Hebei
has become a major national strategy, Tianjin has strengthened communication and
consultation with Beijing and Hebei Province, focused on promoting the
coordination of legislative work in Beijing, Tianjin and Hebei, established and
improved the collaborative legislative system and mechanism, gave priority to the
deployment of legislative projects related to the coordinated development of
Beijing, Tianjin and Hebei, and organized special research on the legislative
guidance and guarantee of the coordinated development of Beijing, Tianjin and
Hebei, From the legislative level, ensure the implementation of major national
strategies to promote the coordinated development of Beijing, Tianjin and Hebei,
and achieve remarkable results in collaborative legislation. In the future, we will
further innovate the system and mechanism of collaborative legislation, broaden the
field of collaborative legislation and collaborative work, give play to the role of
regional synergy as a pilot, constantly explore and improve the scope of
collaborative legislation, and creatively work well in legislation and supervision.

Keywords: Collaborative Legislation; Legislation Project Collaboration;
Collaborative Mechanism; Guarantee Mechanism

B.4   The Characteristics and Practical Exploration of Ecological
Environment Legislation in Tianjin

Tianjin Eco-environment Legislation Research Group / 064

Abstract: Chinese President Xi Jinping has emphasized that " a good
ecological environment is the most inclusive people's livelihood" . The construction
of ecological civilization is related to the sustainable development of the Chinese

nation, as well as the well-being of hundreds of millions of Chinese people. To develop and protect the ecological environment, we must rely on institutions and the rule of law. We must constantly improve the responsibility system for environmental protection, giving priority to targeted, scientific and law-based pollution control, and accelerating the modernization of the system and capacity for environmental governance. Since the 18th National Congress of the Communist Party of China , Tianjin municipality has studied and implemented Xi Jinping's thought on ecological civilization, continuously strengthened the legislative work in the field of ecological environment, to made ecological environment legislation a priority for many years. Since 2013, China has formulated and adopted 16 local laws and regulations and rulings in the field of ecological environment, and adopted the strictest system and rule of law to protect the ecological environment and escort the beautiful City.

Keywords: Ecological Environment; Local Legislation; Ecological Supervision; Safety Responsibility

B.5   Practice and Reflection on the Integration of Socialist Core
Values into Tianjin Local Legislation

—Take the Legislation of Tianjin Regulations on the Promotion of Civilized Behavior as an Example

Tianjin Civilization Promotion Regulations Research Group / 075

Abstract: In recent years, with the hard constraints of local laws and regulations, Tianjin has formed a legal system with Tianjin characteristics to carry forward and practice the socialist core values. Comprehensive content, high standards, specific norms and strict punishment are the basic ideas for formulating the regulations of Tianjin Municipality on the promotion of civilized behavior. It is divided into six chapters and 81 articles: general provisions, basic norms of civilized behavior, management and promotion, advocacy and reward, law

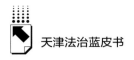
enforcement and punishment and supplementary provisions. The process of putting socialist core values into law is the process of realizing moral legalization. We should carefully grasp the "degree" of moral legalization and determine the reasonable entry point of morality into law. We should pay attention to enhancing the enforceability, effectiveness and balance of the integration of socialist core values into local legislation.

Keywords: Socialist Core Values; Local Legislation; Civilized Behavior; Moral Legalization

B. 6 Practice and Reflection on the Filing and Review of Normative Documents

Research Group for Archival Review of Normative Documents / 087

Abstract: It is an important power granted by the Constitution to the standing committees of people's congresses at all levels to put normative documents on record and review them. Efforts have been made to improve the system for filing and reviewing regulations, rules, and normative documents, strengthen the system and capacity building, bring all normative documents into the scope of filing and reviewing, and revoke or correct normative documents that violate the Constitution or the law in accordance with the law. In order to further accumulate the experience of the record-keeping and review of normative documents of the Standing Committee of Tianjin People's Congress, find ways to strengthen and improve the record-keeping and review work, and improve the quality and effectiveness of the work, the study on the record-keeping and review of normative documents in Tianjin was carried out to comprehensively promote the institutionalization, standardization and informatization of the record-keeping and review work.

Keywords: Normative Documents; Record Review; Division of Functions; Institutional Procedure

Ⅲ   Government Ruled of Law

B.7   Overall Analysis and Prospect of the Construction of Tianjin
Law-Ruled Government

Research Group on the Construction of Tianjin Law-Ruled Government / 097

Abstract：In recent years，Tianjin has deeply promoted the construction of
law-ruled government，and made great achievements in government scientific
legislation，changing government functions，strict administrative law enforcement，
optimizing business environment and strengthening law enforcement supervision.
The construction of the city's government ruled by law has leapt to a new level. In
the process of building a government ruled by law，Tianjin has accumulated some
effective experience and practices. Strengthening leadership responsibility，
improving the ability of administration according to law，scientific decision-making
and resolving social contradictions are all measures for the construction of a law-
ruled government with Tianjin characteristics. In view of the current problems，
during the "14th five year plan" period，the construction of Tianjin's Government
under the rule of law will further explore and innovate in strengthening the party's
leadership，optimizing the decision-making mechanism，performing government
functions and improving the level of administrative law enforcement，so as to
complete the construction goal of the government under the rule of law.

Keywords：Law-Ruled Government；Administrative Decision-Making；
Administrative Examination and Approval；Administrative Law；Enforcement
 Supervision

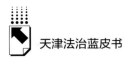
B.8　Practice Exploration and Innovative of "Double Random, One
　　　Open" Administrative Law Enforcement Supervision
　　　Mechanism in Tianjin　　　　　　　　　　*Wang Guo* / 114

　　Abstract：The full implementation of "double random, one open"
supervision in the field of market supervision is a major innovation of the Party
Central Committee and the State Council in the concept and mode of market
supervision under the new economic environment. Tianjin has formulated and
implemented a series of policy documents, made detailed arrangements for the
requirements of the central government, and orderly and steadily promoted the
"double random and one open" supervision of various departments and cross
departments under the leadership of the market supervision bureau. It has formed
major experiences such as "comprehensive coverage as the basis, key supervision as
the supplement", "timely updating inspection items according to time and
situation", "credit supervision, classification and classification", "departmental
combination, convenience and efficiency". However, at the same time, there are
some problems, such as imperfect joint random inspection mechanism, insufficient
specialization of law enforcement team, blind area in data collection, untimely
update of one list and two databases, insufficient connection with other supervision
methods and so on. In the future, we should continue to strengthen the
coordination and cooperation between departments, optimize the allocation of law
enforcement personnel, increase the scope of data collection to reduce the blind
area of supervision, achieve the normal update of one order and two databases, and
strengthen the supervision of social industries.

　　Keywords："Double Random, One Open"；"One List and Two Libraries"；
Law Enforcement Supervision；Market Supervision

B.9   The Current Situation, Practice and Effectiveness of
Administrative Reconsideration Reform in Tianjin

Tianjin Administrative Reconsideration Research Group / 125

Abstract: In the reform of the administrative reconsideration system, Tianjin has strengthened the layout of reform planning, comprehensively improved the information construction, improved the legal guidance system for reconsideration, integrated the reconsideration institutions, enriched personnel, strengthened the publicity of administrative reconsideration, and strengthened the supervision of administrative reconsideration. Since 2020, the number of administrative reconsideration cases in Tianjin has continued to grow and the field of litigation has been concentrated. The error correction rate of administrative cases has decreased significantly, and the reform of administrative reconsideration has achieved remarkable results. Professional guidance from top to bottom to improve the overall handling level of reconsideration cases, give full play to the function and role of administrative mediation in reconsideration work, and the responsibility division mechanism in administrative system reform are the highlights and characteristics of administrative reconsideration work and administrative reconsideration system reform in Tianjin.

Keywords: Administrative Reconsideration; Law-Ruled Government; Institution Construction; Informatization

B.10   Research on the Reform and Innovation of Comprehensive
Administrative Law Enforcement in Tianjin

Tianjin Comprehensive Administrative Law Enforcement

Reform Research Group / 134

Abstract: Comprehensive administrative law enforcement is an important measure to promote the continuous upgrading of national governance and the only

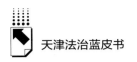
way to improve the national and even regional governance capacity and the modernization of governance system. Tianjin has strengthened the party's leadership over the reform of comprehensive administrative law enforcement, attached importance to system design, standardized law enforcement with systems, and guaranteed the effect of law enforcement with laws. All departments strengthened the construction of supporting systems for comprehensive administrative law enforcement reform to ensure the full implementation of reform measures. Experience and practices with remarkable characteristics and good results have been formed in eight aspects: strengthening organizational leadership, system design, procedure and mechanism construction and capacity improvement.

Keywords: Administrative Law Enforcement; Systems and Norms; Law Enforcement Procedures; Law Enforcement Supervision

IV   Reform of Judicial System

B. 11   Practice, Exploration and Prospect of Comprehensively

Deepening the Reform of Judicial System in Tianjin

Tianjin Judicial Reform Research Group / 145

Abstract: Since the Fourth Plenary Session of the 18th CPC Central Committee, Tianjin has fully completed a series of basic judicial system reforms, namely, the reform of judicial responsibility system, the reform of judicial professional security system, the reform of post system and the reform of unified management of human and property. We have further promoted the comprehensive and supporting reform of the judicial system, made more achievements in the reform of internal and working mechanisms, the reform of the criminal procedure system centered on trial, improved the mechanism for the prevention and resolution of social contradictions and disputes, and judicial reform in key areas. Since 2018, it has promoted multi-level political and legal reform in the judicial administration system and public security system. During the 14th Five

Year Plan period, Tianjin's judicial system reform will continue to focus on the further deepening of the reform of judicial responsibility system, the continuous strengthening of the reform of litigation system and execution system, the continuous improvement of intellectual property protection system and mechanism, the strengthening of enterprise property protection and the optimization of enterprise related legal services.

Keywords: Judicial Reform; Judicial Responsibility; System for Specified Number of Personnel; Litigation System; Implementation System

B.12 Exploration Research on Tianjin's Deepening the Special Struggle against Underworld and Evil and Creating a "No Underworld" City

Special research group on the special struggle against underworld and evil in Tianjin / 171

Abstract: Tianjin has made great strategic achievements in the fight against underworld and evil, and explored a lot of valuable experience and practices. Always adhere to the party's leadership and improve the political position; Adhere to the position of serving the people, highlight fairness and justice, and let the people fully feel the great advantages of the socialist system with Chinese characteristics; Adhere to the strict law, do not waste, do not indulge, and reflect the powerful power of the rule of law; Adhere to the principle of treating both symptoms and root causes, and build a higher level of safe Tianjin and Tianjin ruled by law with the achievements of "no underworld" city.

Keywords: Safety of Tianjin; Eliminating Underworld and Evil, Rule of Law in Tianjin; System Governance

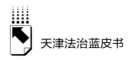
B.13   Construction and Innovative Development of Linkage
Mechanism of Judicial Judgment Execution

Tianjin Judicial Judgment Execution Linkage Mechanism

Research Group / 182

Abstract: the "difficult execution" of judicial judgment is a persistent disease in China's judicial practice, which hinders the reform of China's judicial system to a certain extent. In order to effectively solve the problem of difficult execution of judicial decisions, Tianjin implements the opinions of the Supreme Court on Several Issues concerning the establishment and improvement of the execution linkage mechanism, adheres to the overall leadership of the Party committee, relies on the in-depth linkage of the government and all sectors of society, and forms a new pattern of execution with external linkage of the court, horizontal linkage of member units and joint force. At present, there are still some problems in the practice of judicial judgment execution in Tianjin, such as the implementation linkage mechanism can not be effectively implemented, the implementation linkage mechanism system is immature, the implementation linkage work assessment system is not strict, and the information construction of the implementation linkage mechanism is relatively backward. This requires Tianjin to further improve the implementation linkage connection mechanism and the power supervision and restriction mechanism of linkage units, Strengthen the information construction of executive linkage and strengthen team construction to improve the social credit system.

Keywords: Referee Execution; Linkage Mechanism; Party Committee Overall; Social Credit System

B. 14   The Current Situation, Perfection and Development of the
Operation Mechanism of Procuratorial Suggestions in Tianjin

Tianjin Procuratorial Suggestion Operation Mechanism Research Group / 193

Abstract: In order to adapt to the new situation and requirements of procuratorial work in the new era, procuratorial organs at all levels in Tianjin attach great importance to procuratorial suggestion work, and have achieved remarkable results in promoting the standardization of procuratorial suggestion work and improving the quality and effect of procuratorial suggestion. Since 2019, the overall situation of the preparation and issuance of procuratorial suggestions in Tianjin has improved, the preparation and issuance of various suggestions have been more balanced, the supervision ability of similar cases has been significantly improved, and the scope of application of announcement service has become more extensive. At the same time, procuratorial organs at all levels in Tianjin have made many useful explorations in strengthening the rigidity of procuratorial suggestions, mainly including building demonstration sites, innovating internal mechanisms, relying on external forces and so on. In order to further strengthen the standardized construction of the preparation and issuance of procuratorial suggestions by the procuratorial organs in Tianjin, the procuratorial organs also need to gradually improve and explore a set of long-term mechanism reflecting the characteristics of procuratorial suggestions in Tianjin by updating the concept of legal supervision, exploring the "case-based" handling mode and improving the collaborative supporting mechanism.

Keywords: Procuratorial Suggestion; Operation Mechanism; Legal Supervision; Social Governance

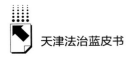

B.15 "Diversion, Mediation, Quick Adjudication and Quick Trial" and the Construction of Diversified Dispute Resolution Mechanism

Research Group on "Diversion, Mediation, Quick Adjudication and Quick Trial" and Diversified Dispute Resolution Mechanism / 208

Abstract: Represented by the implementation measures on comprehensively promoting the reform of the "Diversion, mediation, quick adjudication and quick trial" mechanism issued by Tianjin Higher People's court in 2020, Tianjin courts at all levels, on the one hand, actively implement the relevant policies and measures of the central and Supreme People's court, on the other hand, make breakthroughs and innovations from the local actual situation, reflecting distinctive local characteristics. Great progress has been made in the areas of pre-litigation diversion, mediation before litigation, quick trial of cases and professional trial, and a number of experiences and practices worthy of promotion and reference have been formed. Looking forward to the future, we should constantly optimize the system in improving the rule system, strengthening diversion guidance services, clarifying the identification standards of complex and simple diversion, and continue to promote the construction of "Diversion, mediation, quick adjudication and quick trial" and diversified dispute resolution mechanism to a higher level.

Keywords: "Diversion, Mediation, Quick Adjudication and Quick Trials"; Multiple Dispute Resolution; Complex and Simple Diversion; Mediation; Rapid Adjudication

B.16 The Innovative Development and Corresponding Evaluation of the Juvenile Procuratorial System in Tianjin

Tianjin Juvenile Procuratorial Work Research Group / 221

Abstract: Juvenile procuratorial work is an important part of juvenile justice.

At present, China has basically formed a socialist juvenile procuratorial system with Chinese characteristics. The Juvenile procuratorial Department of the Tianjin People's Procuratorate has made great efforts to reduce and prevent juvenile crimes and severely punished crimes that infringe on the legitimate rights and interests of minors. On the premise of handling juvenile criminal cases in accordance with the law, the procuratorate has implemented education, probation, and rescue policies throughout the handling of cases. Innovative development has been made in legal education for minors, the public interest litigation mechanism, the social support system for juvenile procuratorial work, the trial of one-stop evidence collection for juvenile victims, and the community correction work for juveniles involved in crimes. In the current period, the situation of juvenile protection is still complex. It is necessary to expand the public interest litigation of minors in cyberspace, deepen the judicial protection of minors, and further connect professional case handling with social protection.

Keywords: Juvenile Procuratorial System; Juvenile Legal Education; Community Correction; Judicial Protection

V Society Ruled of Law

B.17 Overall Evaluation and Prospect of the Development of legal Society in Tianjin

Tianjin Legal Society Development Research Group / 232

Abstract: In recent years, Tianjin has made remarkable achievements in law popularization, legalization of social governance, construction of rule of law communities and villages, resolution of social contradictions, social security and promotion of rule of law culture. However, there are still some aspects that need to be further improved, such as the responsibility system for law popularization, citizens' legal practice and promoting the resolution of social contradictions. The construction of a rule of law society in Tianjin in the 14th Five-Year will be a

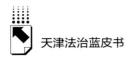
primary task of studying and implementing Xi Jinping's rule of law thought. We should vigorously promote and publicize constitutional learning, build a socialist legal culture, protect the rule of law publicity and education of key subjects in key areas, continue to carry out the work of popularizing the law, carry out the implementation of the law enforcement responsibility system, and continue to further improve the rule of law at the grass-roots level.

Keywords: Legal Society; Law Popularization; Social Governance; Legal Quality; Rule of Law Culture

B.18　Review of the Process of Law Popularization in Tianjin and Analysis of the Prospect of Law Popularization in the Eighth Five Year Plan

Tianjin Law Popularization Research Group / 251

Abstract: Improving citizens' legal literacy is the subject of comprehensively governing the country according to law, and it is also an objective requirement for strengthening the party's ability to govern. Since 1985, Tianjin has continuously carried out seven five-year publicity and education on the rule of law. It has undergone a series of development processes from the enlightenment of the basic legal knowledge to the cultivation and establishment of the concept of the rule of law. How to establish citizens' trust and respect for the law is the focus and difficulty of the new-type law popularization work. 2021 is the first year of the "Eighth Five-Year Plan" law popularization in Tianjin. It is recommended to clarify the key content of law popularization, explore the institutional innovation of law popularization in the practice of the rule of law, further implement the responsibility system for law popularization, explore new models of juvenile law popularization, and comprehensively use multiple methods. Through the use of the above methods, it's expected to promote the "Eighth Five-Year Plan" law popularization work in Tianjin to achieve new developments and breakthroughs.

B. 19   Practical Analysis on the Construction of Multiple Resolution
Mechanism of Social Contradictions and Disputes in Tianjin

Abstract: The social contradiction diversified prevention and settlement comprehensive mechanism is the internal requirement and objective need of comprehensively promoting the rule of law and innovating the social governance system. Tianjin has achieved significant results in the innovation, exploration and practice of social contradiction diversified settlement mechanism. Through enhancing political guidance and realizing mechanism dynamic innovation, the resource structure has been improved a lot. The practical way is to clarify rights and duties, build centralized working mode, realize the comprehensive development of adjustment mechanism, focus on psychological service and strengthen source persuasion. But there are still some improvements in the social contradiction diversified settlement mechanism, such as application and promotion, subject communication connection, team formation, intelligent platform construction, etc. In the future, the practice level of "Fengqiao Experience" Tianjin mode should be continuously improved, the practice width and depth of social contradiction diversified settlement mechanism should be expanded, the working mechanism of support between internal and external policy should be enhanced, and the intelligent technology level of contradiction diversified settlement mechanism should be increased to form a more powerful psychological service interference system.

Keywords: Contradiction Dispute; Diversified Settlement; Social Government

Ⅵ Typical Experiences and Cases

B . 20 Report on the Legalization of Business Environment in Tianjin

Research Group on Legalization of Business Environment in Tianjin / 273

Abstract: In recent years, Tianjin has promoted the legalization of the business environment and achieved good results actively. The construction of the rule of law in Tianjin's business environment mainly focuses on three aspects: legislative guarantee, judicial guarantee, and legal guarantee for the coordinated development of Beijing-Tianjin-Hebei. In terms of legislative guarantee, it is mainly reflected in optimizing the government environment, market environment and legal environment, improving the public service system, cleaning up laws and regulations, improving the working mechanism and formulating supporting normative documents; In terms of judicial guarantee, it is mainly reflected in the efforts to build "three major systems" and create the legal business environment actively; The legal protection of the Beijing-Tianjin-Hebei cooperative optimization of the business environment is reflected in the coordination of legislation, justice and law enforcement.

Keywords: Business Environment; Legislative Guarantee; Judicial Guarantee; Coordinated Development of Beijing-Tianjin-Hebei

B . 21 The Innovative Practice of Localization of "Enclave" Governance in Tianjin

Tianjin Enclave Management Research Group / 285

Abstract: Due to the inconsistency of administrative division and jurisdiction and the unclear responsibility of social governance, there is a blind area of management and service in the "enclave", and the living environment, social services and rights and interests protection of residents in the "enclave" can not obtain sufficient social support and protection. Under the guidance of Party building, Tianjin has established a key listing supervision system, and the "chief officer of the theater" is responsible for the case. Each district thoroughly investigated the management gaps at the junction with brother districts, thoroughly solved the problems of governance vacuum, overlapping responsibilities, and inconsistency between administrative divisions and administrative jurisdiction, and all of them were included in the local street management. Adhere to governance and benefit the people and actively respond to the demands of the masses. The next step will be to strengthen policy and legal support and form a long-term mechanism for "enclave" governance.

Keywords: "Enclave"; Jurisdiction; Localization; Management Responsibilities

B.22 Typical Practice of Judicial Guarantee for Epidemic
　　　 Prevention and Control in Tianjin

Research Group on Judicial Guarantee of Epidemic

Prevention and Control / 294

Abstract: Under the background of novel coronavirus pneumonia epidemic prevention and control, Tianjin court system promotes online Litigation Service under the background of normalization of epidemic prevention and control. Promote electronic delivery supported by science and technology; Improve the informatization level construction in the implementation stage and implement the online implementation mechanism. The Municipal People's Procuratorate strengthened the judicial guarantee of epidemic prevention and control from four aspects: criminal procedure procuratorial work, civil procuratorial work, administrative litigation procuratorial work and public interest litigation procuratorial work, and criminal execution procuratorial work. The Municipal Public Security Bureau strictly enforced the law and performed its duties in accordance with the law,

providing a strong guarantee for the "double win" of epidemic prevention and control and economic development. .

Keywords: Epidemic Prevention and Control; Online Litigation; Electronic Delivery; Online Execution; Rule of Law Publicity

B.23 A Case Study on the Legalization of Qilihai Wetland
Environmental Governance *Zhang Zhiyu* / 302

Abstract: Qilihai wetland once led to rapid deterioration of ecological environment due to one-sided economic development. In recent years, Party committees and governments at all levels in Tianjin have actively implemented Xi Jinping's new socialist ideology with Chinese characteristics, guided by the concept of green development and Xi Jinping's rule of law, and promoted the rule of law in China's ecological environment. Formulate a series of laws, regulations and system documents such as the plan of Tianjin Wetland Nature Reserve, Tianjin wetland protection regulations and Tianjin wetland ecological compensation measures, promote strict law enforcement and fair justice of environmental protection, and cultivate and enhance the people's concept and awareness of ecological and environmental protection. Through the joint efforts of all parties, Qilihai wetland has completed various wetland ecological protection and restoration projects such as water source regulation and storage, Reed Sea restoration, bird protection and biological chain restoration. Significant achievements have been made in legalized environmental remediation, and the ecology has been fundamentally improved, reproducing the Qilihai where "grass and trees compete and hundreds of birds gather" in the past.

Keywords: Wetland; Environment Protection; Legalization

中国社会发展数据库（下设 12 个子库）

　　整合国内外中国社会发展研究成果，汇聚独家统计数据、深度分析报告，涉及社会、人口、政治、教育、法律等 12 个领域，为了解中国社会发展动态、跟踪社会核心热点、分析社会发展趋势提供一站式资源搜索和数据服务。

中国经济发展数据库（下设 12 个子库）

　　围绕国内外中国经济发展主题研究报告、学术资讯、基础数据等资料构建，内容涵盖宏观经济、农业经济、工业经济、产业经济等 12 个重点经济领域，为实时掌控经济运行态势、把握经济发展规律、洞察经济形势、进行经济决策提供参考和依据。

中国行业发展数据库（下设 17 个子库）

　　以中国国民经济行业分类为依据，覆盖金融业、旅游、医疗卫生、交通运输、能源矿产等 100 多个行业，跟踪分析国民经济相关行业市场运行状况和政策导向，汇集行业发展前沿资讯，为投资、从业及各种经济决策提供理论基础和实践指导。

中国区域发展数据库（下设 6 个子库）

　　对中国特定区域内的经济、社会、文化等领域现状与发展情况进行深度分析和预测，研究层级至县及县以下行政区，涉及省份、区域经济体、城市、农村等不同维度，为地方经济社会宏观态势研究、发展经验研究、案例分析提供数据服务。

中国文化传媒数据库（下设 18 个子库）

　　汇聚文化传媒领域专家观点、热点资讯，梳理国内外中国文化发展相关学术研究成果、一手统计数据，涵盖文化产业、新闻传播、电影娱乐、文学艺术、群众文化等 18 个重点研究领域。为文化传媒研究提供相关数据、研究报告和综合分析服务。

世界经济与国际关系数据库（下设 6 个子库）

　　立足"皮书系列"世界经济、国际关系相关学术资源，整合世界经济、国际政治、世界文化与科技、全球性问题、国际组织与国际法、区域研究 6 大领域研究成果，为世界经济与国际关系研究提供全方位数据分析，为决策和形势研判提供参考。

法律声明

"皮书系列"（含蓝皮书、绿皮书、黄皮书）之品牌由社会科学文献出版社最早使用并持续至今，现已被中国图书市场所熟知。"皮书系列"的相关商标已在中华人民共和国国家工商行政管理总局商标局注册，如 LOGO（ ）、皮书、Pishu、经济蓝皮书、社会蓝皮书等。"皮书系列"图书的注册商标专用权及封面设计、版式设计的著作权均为社会科学文献出版社所有。未经社会科学文献出版社书面授权许可，任何使用与"皮书系列"图书注册商标、封面设计、版式设计相同或者近似的文字、图形或其组合的行为均系侵权行为。

经作者授权，本书的专有出版权及信息网络传播权等为社会科学文献出版社享有。未经社会科学文献出版社书面授权许可，任何就本书内容的复制、发行或以数字形式进行网络传播的行为均系侵权行为。

社会科学文献出版社将通过法律途径追究上述侵权行为的法律责任，维护自身合法权益。

欢迎社会各界人士对侵犯社会科学文献出版社上述权利的侵权行为进行举报。电话：010-59367121，电子邮箱：fawubu@ssap.cn。

社会科学文献出版社